巧讀資治通鑑

（北宋）司馬光◆原著　高欣◆改寫
余秋雨推薦

經典著作優秀改寫，全白話無障礙讀本，
內含精美手繪插圖，人物、典故、成語、知識點隨文注釋，
是一本適合青少年閱讀的國學入門書。

我们也许逃不过这样的荒诞：阅读极其泛滥又极其荒凉，文化极其壅塞又极其贫乏。

这里倒有一条安静的自救小路：趁年轻，放松心情读一点经过选择的经典。

余秋雨

目錄

經典

梅子涵

成年人文化多，知道得多，上下五千年，心裡著急，恨不得把一切有價值的書都搬來給小小的孩子看。

成年人關懷多，責任多，總想著未來幾千年的事，恨不得小小的孩子們都能閱讀著幾千年的經典，讓未來因為他們的經典記憶風平浪靜、盛世不斷，給人類一個經久的大指望。

我們要說，這簡直是一個經典的好心腸、好意願，唯有稱頌。

可是一部《資治通鑑》，如何能讓青少年閱讀？即使是《紅樓夢》，那裡面也是有多少敘述和細節，是不能讓孩子有興致的，孩子總是孩子，他們不能深，只能淺，恰是他們的可愛；他們不能沉湎厚度，而只可薄薄地一口氣讀完，也恰是他們蹦蹦跳跳的生命的優點，絕不是缺點！

這樣，那好心腸、好意願便又生出了好靈感、好方式，把很長的故事變短，很繁複的敘述變簡單，很滔滔的教誨變乾脆，很不明白的哲學變明白，於是一本很厚很重的書就變薄變輕了。是的，它們已經不是原來的那一本那一部，不是原來的偉岸和高大，但是它們讓孩子們靠近了，捧得起來了，沒讀幾句已經願意讀完了。於是，一種原本是成年後正襟危坐讀的書，還在小時候沒有學會把玩耍的手洗得乾乾淨淨的時候，已經讀將起來，知道了大概，知道了有這樣的經典和高山，留在他們的記憶裡當個「存目」，等他們長大了以後再去正襟危坐地讀，探到深度，走到高度，弄出一個變本加厲的新亮度來，當成教授和專家。而如果，長大了，實在忙得不可開交，養家糊口，建設世界，沒有機會和情境再閱讀，那麼那小時候的閱讀和記憶也已經為他的生命塗過了顏色，再簡單的經典味道總還是經典的味道，你說，一個人在童年時讀過經典改寫本，還會是一種羞恥嗎？還會沒有經典的痕跡留給了一生嗎？

所以經典縮寫本改寫本的誕生，的確也是一個經典。

它也許不是在中國發明，但是中國人也想到這樣做，是對一種經典做法的經典繼承。經典著作的優秀改寫，在世界文化先進、關懷兒童閱讀的國家，是一個不停止的現代做法，是一個很成熟的出版方式，今天的世界說起這件事，已經絕不只是舉英國蘭姆姐弟的莎士比亞戲劇的例子了，而是非常多，極為豐盛。

所以，我們也可以很信任地讓我們的孩子們來欣賞中國的這一套「新經典」，給他們一個簡易走近經典的機會；而出版者，也不要一勞永逸，可以邊出版邊修訂，等到第五版第十版時簡直沒有缺點，於是這個品種和你的出版，也成長得沒有缺點。那時，這一切也就真的經典了。連同我在前面寫下的這些叫做「序言」的文字。

為孩子做事，為人生做事，是應該經典的。

導讀

《資治通鑑》問世於北宋年間，由著名史學家、文學家司馬光主持編纂。

司馬光出生於官宦之家，從小就接受了良好的教育，博覽群書，對歷史書尤其感興趣，生平最愛讀史書《春秋左氏傳》。司馬光未滿二十歲便考中進士，入朝為官。宋英宗在位時，他開始利用閒暇時間編撰《資治通鑑》。完成前八卷後，他將稿件呈給英宗看，英宗讀後讚不絕口。為支持他完成這部史書，英宗特意為他設立了書局，向他提供一切必要的人力、物力幫助。英宗去世後，他的兒子宋神宗即位，繼續支持司馬光編撰《資治通鑑》。

神宗在位期間，支持王安石在國內實施變法。當時北宋內憂外患不斷，王安石認為只有藉助大刀闊斧的改革才能使國家富強，司馬光卻認為改革太激進，只會過猶不及，因此強烈反對，惹怒了傾向於改革的神宗。司馬光明白自己在朝中難有立足之地，於是主動請求調離京城，到洛陽為官。走馬上任去洛陽時，他將協助自己編纂史書的書局也搬去了洛陽。此後的十五年，他一直待在洛陽，遠離政治爭鬥，將所有精力都傾注在《資治通鑑》的編纂上。司馬光前前後後總共花費了十九年時間，終於完成了這部史書巨著。期間，書局雖有很多人從旁協助他，但這些人只是幫他做校對，具體的編纂工作全由他一人負責，書中的每一字每一句都是他的心血結晶。在洛陽的十五年，他更是為這部書殫精竭慮。這段時期，他的經濟條件很差，妻子去世時，連辦葬禮的錢都沒有，他只能賣掉僅有的一點農田換了些錢。長年累月的艱苦工作和生活毀掉了他的身體，到了後來，他已是「筋骨臒瘁，目視昏近，齒牙無幾，神識衰耗」。《資治通鑑》成書後不久，他就因病去世了。

司馬光嘔心瀝血完成的這部《資治通鑑》共計三百多萬字，二九四卷。作為中國第一部編年體通史，全書以時間為順序編寫而成，從戰國初期一直寫到五代末期，跨越十六個朝代、一千三百多年，其中每個朝代佔據的篇幅有明顯區別，唐朝佔據的篇幅最多，達八十一卷。

書中除了敘述史實外，還加入了大量評論。司馬光希望藉此達到「鑑前世之興衰，考當今之得失」的目的，以歷史的得失勸諫君主實行英明的統治。實際上，「資治通鑑」這個書名已經彰顯了這一創作目的。《資治通鑑》的內容以政治、軍事和民族關係為主，兼及經濟、文化和歷史人物評價，目的是通過描述事關國家盛衰、民族興亡的統治階級政策警示後人。最初，司馬光為這部史書取名為《通志》。後來，宋神宗認為這部書「有鑑於往事，以資於治道」，特意為其更名為《資治通鑑》。

《資治通鑑》是中國古代歷朝君主必讀的一部書，在民間也流傳很廣，清代史學家王鳴盛曾說：「此天地間必不可無之書，亦學者不可不讀之書。」在中國歷史上，它是唯一能與司馬遷的《史記》比肩的歷史巨著。

韓趙魏三家分晉

春秋末期，戰亂不斷。不僅國與國之間紛爭迭起，各國內部也發生了變革，大權旁落。晉國被稱為中原霸主，君權也衰落了，實權被幾個大夫❶把持。周威烈王二十三年，周王室分封魏斯、趙籍、韓虔為諸侯。這三人原為晉國家臣，按理不能封侯。周王室此舉為之後三家瓜分晉國埋下了禍根。

當時，韓、趙、魏、智、范、中行六卿掌握著晉國的政權，他們幾家各有地盤和武裝，經常互相攻打。後來，范氏與中行氏被智氏聯合韓、趙、魏三家滅掉，從此，六卿只剩下智、趙、韓、魏四家，其中又以智家的勢力最大。

智瑤為智家族長智宣子的長子，當初，智宣子想立智瑤為繼承人，族人智果勸阻說：「智瑤與您其他的兒子相比，有五項優點：儀表堂堂、精於騎射、才藝雙全、能寫善辯、處

❶【大夫】古代官職名稱。世襲，有封地。

事果斷。但他有一個致命的缺點，那就是心胸狹隘，不能寬厚待人。如果他仗勢欺人，誰又能與他和睦相處呢？您若堅持立他為繼承人，一定會給智家帶來滅頂之災，不如立庶子智宵。」智宣子根本不聽智果的勸告。智果為了躲避災禍，向掌管姓氏的太史[2]請求脫離智氏，改姓氏為「輔」。

智宣子去世後，智瑤執掌政權。一天，他在藍台設宴邀請韓康子和魏桓子，卻在席間戲弄韓康子，並侮辱他的家臣段規。智瑤的家臣智國聽說此事，告誡智瑤：「您羞辱了他人，應該提防他人的報復，否則災禍一定就不遠了。」智瑤不屑一顧：「災禍只能由我帶給別人。我不給他們降臨災禍就罷了，誰敢給我呢？」智國又說：「非也。《夏書》中說：『一個人多次犯錯誤，結下的仇怨不會在明處，應該在它表現出來之前就提防。』賢明的人處理小事都非常謹慎，所以才不會招致大禍。現在您在宴會上得罪了韓家族長及其重臣，不但不防備他們，還認為他們不敢興風作浪，這種態度是絕對不行的。蚊子、螞蟻、蜜蜂、蠍子都能害人，何況是一個這麼大的家族。」智瑤依舊不聽，智國無奈，也只能不再言語。

智瑤想侵佔其他三家的土地，向韓康子說：「晉國本來是中原霸主，後來被吳、越奪去了霸主地位。為了使晉國強大起來，我主張每家都拿出土地來交給公家。」韓康子知道智瑤存心不良，想以公家的名義迫使他交出土地，不想答應。家臣段規勸道：「智瑤這個人貪財好利又剛愎自用，如果不答應，他一定會派兵攻打我們；不如先答應他的要求。等他拿到地以後，肯定會變得狂妄，一定又會向別人索要；別人如果不給，他必定也會派兵攻打，這樣我們就可以躲過戰禍，再伺機行動。」韓康子認為有道理，便派遣使臣給智家送上有萬戶居民的土地。

這麼輕而易舉就得到了土地，智瑤非常高興，果然又向魏桓子提出同樣的要求。魏桓子準備拒絕，家臣任章問：「您為什麼不答應他呢？」魏桓子說：「無緣無故就來要地，當然不給。」任章說：「就是因為平白無故強要別人的地，所以其他家族肯定會對他的做法感到不滿；我們給他地，他一定會更加驕傲狂妄；我們何不利用這個機會聯合起來，齊心協力對付狂妄輕敵的智瑤呢，這樣智家就一定會滅亡。《周書》中說：『想要打敗敵人，就要先幫助他；想要奪取敵人的東西，必須先給他一些東西。』不如您先答應智瑤的要求，以免被他當作靶子。」魏桓子覺得有理，便交給智瑤有萬戶居民的封地。

智瑤不費吹灰之力就連得韓、魏兩家的土地，於是更加驕縱了。他又向趙襄子要蔡和皋狼這兩個地方。趙襄子不答應，說道：「土地是先祖留下的，怎麼可以隨便送人？」智瑤聽聞勃然大怒，立即聯合韓、魏兩家出兵攻打趙家，並承諾滅掉趙家後，三家平分其領地。

趙襄子抵擋不住三家的進攻，準備出逃，問隨從：「我該去哪裡好呢？」隨從說：「離

---

❷【太史】古代官職名稱，主要掌管史書和曆法。

他又向趙襄子要蔡和皋狼這兩個地方。趙襄子不答應，說道：「土地是先祖留下的，怎麼可以隨便送人？」智瑤聽聞勃然大怒，立即聯合韓、魏兩家出兵攻打趙家……

我們最近的是長安城，而且那裡的城牆很堅固也很完整。」趙襄子說：「老百姓修完城牆肯定都筋疲力盡了，還要他們捨生忘死地為我守城，恐怕沒人能和我同心。」隨從又說：「邯鄲城的倉庫很充實。」趙襄子說：「倉庫充實都是搜刮民脂民膏得來的，現在還讓他們為我打仗送命，恐怕也沒人會和我同心。我還是去投奔晉陽吧，一則那裡是先主的地盤，二則尹鐸又待百姓寬厚，大家一定會與我們同心合力。」

智瑤率領三家聯軍追隨而至，將晉陽團團圍住，還引來河水淹沒晉陽城。水只差六尺就要沒過城牆了。但即使這樣，百姓仍然沒有一個投降的。智瑤在城外面登高查看晉陽城的情況，魏桓子和韓康子護衛左右。智瑤看著即將被水淹沒的城池感慨道：「我今天才知道原來水也可以滅掉一個國家啊！」聽到這話，魏桓子用手肘碰了一下韓康子，韓康子也踩了一下魏桓子的腳。兩人對視一眼，心想：汾水可以淹沒魏國都城安邑，絳水也可以淹沒韓國都城平陽。想到這裡，兩人都不寒而慄。沒想到他們的心思被智家的謀士疵看破了，疵對智瑤說：「韓、魏兩家肯定會反叛，您要早做準備。」智瑤問：「你怎麼知道？」疵說：「以常理而論，您調集韓、魏兩家的軍隊來圍攻趙家，趙家滅亡後，您的目標就會是韓、魏兩家。而且之前您許諾滅掉趙家後三家平分其領地，現在晉陽城被攻破已是指日可待，然而剛才我觀察韓康子、魏桓子，兩人臉上並無喜悅的神色，反倒憂心忡忡，這其中的原因不是明擺著嗎？」

第二天，智瑤把疵的話告訴了韓、魏二人，兩人慌忙辯解說：「這一定是趙家的離間之計，想讓您懷疑我們兩家而放鬆對趙家的進攻。不然我們怎麼可能放著即將到手的土地不要，而和強大的您作對呢？」智瑤聽了很滿意。等兩人出去後，疵進來問為什麼把他的話告訴韓、魏二人，智瑤奇怪他是怎麼知道的，疵回答道：「剛剛在門口碰面，他們凝視我一眼便急匆匆地走了，肯定是知道我看穿了他們的心思。」智瑤聽了不以為然。疵見智瑤聽不進去自己的建議，於是請求讓他出使齊國。

此時，晉陽城內已斷絕糧草。趙襄子沒有辦法，只好派張孟談做使者，秘密出城來見韓、魏二人。張孟談見到韓、魏二人就開始勸說：「你們知道唇亡齒寒的道理吧？現在智瑤率領韓、魏兩家來圍攻趙家，等趙家滅亡之後，就該輪到韓、魏兩家了。」韓康子、魏桓子也說：「我們心裡也明白這些，就怕事成之前洩露了秘密，到時候就會大禍臨頭。」張孟談又說：「現在您二人說的話只有我一個人聽到，有什麼可擔心的呢？」於是三人秘密商議，約好起事日期後就送張孟談回城了。

到了約定這天的夜裡，趙襄子派人秘密殺掉守堤的官吏，並在堤上弄出一個決口，讓大水從決口反灌智瑤軍營。智瑤的軍隊為避免被水淹而亂成一團，場面混亂不堪。這時，韓康子、魏桓子率領軍隊趁機從兩翼夾擊，而趙襄子也親自率領軍隊從正面進攻。智瑤的軍隊被打得落花流水，智瑤也被人擒住殺死。而後，三家又趕到智家的封地滅掉了整個智氏家族，只有改姓的智果得以倖免。

智家被滅後，韓、趙、魏三家趁機瓜分了智家的土地，建立起韓、趙、魏三國。自此，晉國滅亡。

蘇秦合縱抗秦

戰國時期，齊、楚、燕、韓、趙、魏、秦七雄並立。當時，各國之間時而對抗，時而聯合，外交活動非常頻繁。

洛陽有一個人叫蘇秦，他向秦王進獻策略以兼併天下，卻不被秦王採納。於是，蘇秦離開秦國，轉而遊說六國合縱❶抗秦。蘇秦先到了燕國，遊說燕文公道：「因為趙國像屏風一樣擋在燕國南面，所以燕國才沒有受到秦國的侵略。現在如果攻打燕國，秦國軍隊需要長途跋涉幾千里，而趙國軍隊只要行走不到一百里。您現在不擔心近在眼前的趙國，反倒顧慮千里之外的秦國，這是很不明智的想法。我希望您能與趙國結為友邦，這樣燕國才能高枕無憂。」燕文公覺得有理，給他提供車馬，讓他去遊說趙國。

❶【合縱】古代以東西爲橫，以南北爲縱。除秦國以外的六個諸侯國都在東邊，六國的聯合實際上就是南北聯合，所以稱爲「合縱」。

蘇秦見到趙肅侯說道：「當前的形勢，崤山❷以東最強的國家就數趙國，是秦國的眼中釘。秦國一直想攻打趙國，又因擔心後防空虛，遭受韓、魏兩國的算計，所以遲遲不敢行動。而韓、魏兩國就沒那麼幸運，兩國沒有崇山峻嶺作為屏障，秦國想要攻打非常方便。只要被秦國佔領一部分領土，兩國的國都就將遭受威脅。如果韓國、魏國抵擋不了秦國，就只能臣服於秦國；那時候，趙國就要面對毫無顧慮的秦國。」

「再來看這整個天下，各國的土地面積總和五倍於秦國，兵力恐怕更是秦國的十倍。如果六國能夠團結一心，共同抗秦，那麼秦國肯定會被滅亡。但是，有些人卻根本不在乎被秦國欺凌，而是想著怎麼討好秦國，以便將來秦國一統天下時，他們可以加官晉爵，享受榮華富貴。所以，他們不但自己割讓土地討好秦國，還誇大秦國的威勢恐嚇其他各國。」

「大王您在做決定之前可要仔細地想一想。為了您自身考慮，我認為，您應該和韓、魏、齊、楚、燕各國結為同盟，共同抵抗秦國。首先，各國派出大將、國相在洹水舉行會議，互相交換人質，結成同盟；其次，共同宣誓，在抵抗秦國時互相援助，齊心協力，如有不遵守的，則其他五國合力討伐。如此一來，秦國就再也不敢派兵出函谷關，侵越崤山以東各國了。」

蘇秦的話與趙肅侯的心意不謀而合，他高興地將蘇秦奉為上賓，並賞賜豐厚的禮品給他，讓他繼續聯合其他國家。

這個時候，魏國正被秦國攻打，四萬多名魏軍被大將犀首擊敗，魏將龍賈也被活捉。犀首攻下雕陰後，繼續帶兵向東方攻進。蘇秦擔心秦兵進入趙國會破滅聯合各國的計畫，決定派人前往秦國去實施離間計。他思前想後，也不知道派誰去好，突然想起張儀來，覺得他挺合適，於是用激將法刺激張儀前往。

魏國人張儀與蘇秦同出自鬼谷子門下，一起學習治國與縱橫之術。蘇秦認為自己的才能不如張儀，但是張儀遊說各國一直不被人認同，胸有抱負，卻無法施展。蘇秦把流落在楚國的張儀招來趙國，並且故意羞辱他。張儀憤慨難當，認為當世只有最強的秦國能挫敗趙國，於是決定去遊說秦國。

蘇秦害怕張儀不能順利見到秦王，於是派人在暗中偷偷地幫助張儀。秦王見到張儀後非常高興，認為他是個難得的人才，對他以禮相待。暗中幫助張儀的人眼見張儀已取得秦王信任，準備回去向蘇秦覆命，臨走時告訴張儀真相：「這一切都是蘇秦先生計畫好的。他認為以您的才能，秦王肯定會聽取您的意見。為了避免秦國攻打趙國，破壞各國聯合抗秦的計畫，所以用激將法刺激您來秦國，並派我暗中幫助您。」張儀感慨道：「唉！我的才能明顯

---

❷【崤（ㄧㄠˊ）山】秦嶺山脈東段的支脈，位於河南省西部。崤山高山絕谷，峻阪迂迴，形勢險要，自古以險峻聞名，是陝西關中至河南中原的天然屏障。古代將崤山與函谷關並稱爲「崤函」之塞。

蘇秦兼任六國的國相，成為六國聯盟的縱約長。他北上趙國覆命時，車馬隨從成群，氣勢如同君王一般。

不如蘇秦先生。我任人擺布自己卻並無感覺。請您代我謝謝他，並轉告他，只要他在趙國一天，趙國就不用擔心秦國的威脅。」

趙國的問題解決後，蘇秦又啟程去往韓國，面見韓宣惠王，勸說道：「韓國有九百多里土地，有幾十萬的士兵，又盛產強弓、勁弩、利劍。韓國士兵腳踏大型弩箭，可連續發射百發而不力竭。這樣勇猛無比的士兵，只要盔甲堅固，弓弩強勁，寶劍鋒利，以一敵百也不在話下。要是秦國來進攻，您未開戰就投降，秦國一定會向我們索要宜陽、成皋兩座城池。即便您給了他，他暫時滿足於此，也難保明年不會繼續要您割讓別的地方。等到您沒有地可以再給的時候，不但為了討好而割出去的土地白費了，而且還是要與秦國開戰。總之，大王的土地只有那麼多，而秦國的貪欲卻沒有止境。以我們有限的土地，去滿足秦國無限的貪欲，什麼時候才能結束呢？擁有強大的軍隊卻不反抗，不打一仗就白白將土地相讓，難道不是自作自受嗎？俗語說得好：『寧為雞頭，不為牛後。』寧願居小者之首，也不為大者之後。像大王您這樣賢明的人，如果擁有韓國這麼強大的軍隊，卻不在各小國中充當領路之人，反而追隨秦國落個牛後的名聲，恐怕連我都為您感到羞恥。」韓王聽從了蘇秦的勸告，也決定加入聯合的隊伍。

蘇秦又對魏王說：「大王的領地，雖然表面上看只有一千里，疆域並不遼闊，但實際上魏國村鎮房屋建造得非常密集，就連放牧牲畜的地方都沒有了。百姓、車馬之多，好似千軍萬馬，日夜絡繹不絕。我私下裡估算，魏國與楚國相比，也相差無幾。我還聽說您擁有規模龐大的軍隊，有二十萬的武士、二十萬的蒼頭軍❸、二十萬的敢死隊，還有十萬僕從、六百輛戰車、五千匹戰馬。然而，擁有這麼雄厚的力量，您卻想聽從那些淺薄的臣子們的意見，準備放棄抵抗，屈服於秦國。我們趙王聽說了都替您可惜，所以派我向您建議，各國訂立盟約，共同抵抗秦國。希望大王您能仔細分析現在的時勢，早做決斷。」就這樣，魏王也被蘇秦說服，加入到抗秦的聯盟中。

---

❸【蒼頭軍】屬於農民軍的一種。

燕、趙、韓、魏都被成功聯合，蘇秦接著又去遊說齊國了。他對齊王說：「齊國的土地一眼看過去有兩千多里，地勢險要，易守難攻。又有士兵幾十萬，以及堆得像小山一樣的糧食。裝備精良的三軍，再加上郊外二十縣的五都之兵，進攻起來好比離弦的利箭，打起仗來就像震怒的雷霆，解散離去也似風雨掃過。即使爆發戰爭，有了他們，也不用萬里迢迢地到泰山、清河、渤海一帶去徵兵。」

「臨淄城富有殷實，城內住有七萬戶居民，保守估計，每戶最少也有三個男子。路上車馬川流不息，人群更是熙熙攘攘，眾人揮一把汗，都好像下了一場雨。這些百姓們每天以鬥雞、賽狗、下棋、踢球為樂，然而真要打起仗來，拿起武器就能變成勇猛的士兵。真到那時候，都不用到邊遠縣鄉去徵兵了，僅臨淄城的人就夠二十一萬。」

「韓國、魏國因為與秦國接壤，一旦發生戰爭，用不了十天，就將面臨生死存亡，所以非常害怕秦國。這兩個國家與秦國開戰，即便僥倖勝了秦國，自己也會損傷過半，難以堅守邊境；如果敗給了秦國，那麼馬上就會國破家亡。正因為處在這樣的境地，所以韓國、魏國對與秦國作戰十分慎重，往往只能忍氣吞聲。而秦國若要攻打齊國，情況就不一樣了。秦國先要穿過韓國、魏國的領地，再經過衛國陽晉這一條路，跨過亢父的天然險阻，長途跋涉才能到達。這一路上，道路崎嶇狹窄，騎兵和車輛都難以並行，剛好是易守難攻。而且秦國即使想率兵攻入，還要顧慮背後的韓、魏兩國會不會趁機佔便宜。所以別看秦國表面聲勢浩大，其實只是紙老虎虛張聲勢罷了，並不敢貿然進攻齊國。」

「由此可見，齊國根本沒必要害怕秦國的威脅。只是你們看不到齊國的這些優勢，卻被秦國的聲勢嚇到，一味地向秦國俯首稱臣。在這一點上，齊國的眾位大臣都判斷失誤。現在如果您肯接受我的建議，那麼齊國就可以成為一個真正的強國，而再不用低聲下氣地討好秦國。因此我希望大王您仔細地考慮一下利弊，接受我的建議。」

齊王最終也同意了蘇秦的建議，聯合抗秦的盟軍中又多了一個國家。

最後，蘇秦又來到了楚國，勸楚威王道：「楚國是毋庸置疑的強國，有六千多里的土地，數百萬裝備齊全的軍隊，上千輛戰車，上萬匹戰馬，以及十年都吃不完的存糧。秦國把楚國看成心腹大患，正是因為楚國是唯一能和秦國抗衡的國家。秦、楚二國，楚強則秦弱，秦強則楚弱，此消彼長，不能兩立。現在我為大王考慮，不如和其他各國聯合起來孤立秦國。只要大王您願意抗秦，我可以說服崤山以東各國，不僅每年向您進貢，還把江山社稷、祖先宗廟都託付給您；練兵整軍，一切都聽您的指揮。顯而易見，合縱抗秦，則各國都奉上財物歸附於楚國；連橫親秦，則楚國要割讓自己的土地去討好秦國。兩種後果天壤之別的計策，大王您會選擇哪一種呢？」楚王思慮過後，也決定聯合抗秦。

於是，在蘇秦的奔走遊說下，六國終於結成了聯盟。蘇秦兼任六國的國相，成為六國聯盟的縱約長。他北上趙國覆命時，車馬隨從成群，氣勢如同君王一般。

張儀巧舌如簧

張儀兩次出任秦國的丞相，他在齊、楚、燕、韓、趙等國來往遊說，利用各國之間的矛盾，或者拉攏到秦國這邊；或者拆散它們的聯盟，削弱它們的力量，為秦國的強大和以後統一六國立下了汗馬功勞。

西元前三一一年，秦惠王派人通知楚懷王，想用秦武關以外的地方換取楚國黔中❶一帶。因為張儀曾欺騙楚王，令楚王懷恨在心，說：「黔中之地我可以給你，但我不想換地，我要換張儀。」張儀聽說後並不害怕，還主動請求秦王同意。秦王問：「楚國要殺了你才甘心，你為什麼還要去？」張儀說：「當今天下，秦國比楚國強大，只要有大王您在，估計楚國也不敢把我怎麼樣。而且我和靳（ㄐㄧㄣˋ）尚關係密切，他不僅是楚王的寵臣，現在又侍奉著楚王寵妾鄭袖，鄭袖的話，楚王沒有不聽的。」於是張儀欣然前往楚國。

張儀剛到楚國，就被楚王關到牢裡，準備處死。靳尚對鄭袖說：「秦王非常寵信張儀，為了贖回他，願意用上庸等六個縣還有無數的秦國美女來交換。土地原本就是大王所看重的

東西，又加上對秦國的懼怕，恐怕不答應都難。等到交換的美女來了，大王一旦寵幸她們，恐怕就要冷落您了。」鄭袖不敢想像被冷落的情景，於是天天在楚王面前哭著哀求：「當年，張儀也不過是各為其主。現如今，秦王非常寵信張儀，如果您殺了他，秦國必定不會就這麼算了。我還是帶著孩子先遷居江南避避難吧！以免將來成為秦國砧板上的魚肉。」於是，楚王不但赦免了張儀，還對他以禮相待。

張儀藉此機會勸說楚王：「現在各國宣導聯合起來對付秦國，簡直就是趕著羊群去進攻猛虎，羊再多，也無濟於事。現在大王您不肯臣服秦國，秦國一旦生氣，強逼韓魏兩國聯合起來攻打楚國，楚國可就危在旦夕了。秦國西部有巴、蜀兩個地方，在那裡準備戰船，囤積糧草，只要沿著岷江順流而下，戰船每天可以走五百多里，不出十天就能到達武關❷。武關一旦被驚動，武關以東的各個城池都將人心惶惶，到那時，大王您也就控制不了黔中、巫郡這兩地了。而如果秦國不惜大動干戈攻出武關，那麼楚國的北邊將再也沒有保障。若秦國此時再發兵從南邊進攻楚國，楚國最多只能堅持三個月，根本等不到其他各國的救援。寄希

---

❶【黔中】戰國時期楚國設置黔中郡，在今湖南西部，以及與其相連的四川、貴州的一些地區。

❷【武關】建於春秋時，稱「少習關」，戰國時改爲「武關」。位於丹鳳縣東武關河的北岸，與函谷關、蕭關、大散關並稱「秦之四塞」。

望於那些弱國的救援，卻無視強大秦國的威脅，您現在的做法可真讓人擔心啊！我倒是有一些意見，如果大王您誠心誠意地聽取，那麼我可以說服秦國，讓秦與楚結為永久的兄弟之邦，從此再不互相攻打。」楚王拿黔中一帶地方交換張儀，原本就是一時氣憤之舉，於是不但放了張儀，還接受了他的建議，退出了抗秦聯盟。

張儀對齊王說：「勸說您聯合抗秦的人，肯定這樣對您說：『齊國有三晉作為天然屏障，並且地廣人多，良兵強將無數，即便有一百個秦國，也拿齊國無可奈何。』」

離開楚國後，張儀又前往韓國，勸說韓王：「韓國地勢多山，不適合種植，所產糧食為雜麥而非豆子；國庫內的存糧也很少，還不夠國家支撐兩年。韓國的軍隊也只有區區的二十萬人，和秦國一百多萬裝備精良的士兵根本無法相提並論。並且，崤山以東的人不披上盔甲就無法參戰，而秦國人卻個個都能赤膊上陣，有勇有謀。對於那些不肯臣服的弱國，秦國都用孟賁❸、烏獲❹這樣的勇士去進攻，這就好比用千鈞重石去壓鳥蛋，有哪個國家能夠倖免呢？大王您不肯聽從秦國的命令，如果秦國發兵佔據宜陽，再扼守住成皋，那時候您的國家還會是完整的嗎？恐怕您的宮殿、園苑都再也不能屬於您了吧？我站在您的角度考慮，不如聯合秦國進攻楚國，這樣既可以禍水東引，又可以討好秦國，一舉兩得，簡直沒有比這更完美的了。」韓王聽從了張儀的意見，也決定退出抗秦聯盟。

張儀回到秦國，秦王對他這一次的成果大加讚賞，封他為武信君，還賜給他六座城池，又派他繼續向東遊說齊王。

張儀對齊王說：「勸說您聯合抗秦的人，肯定這樣對您說：『齊國有三晉作為天然屏障，並且地廣人多，良兵強將無數，即便有一百個秦國，也拿齊國無可奈何。』大王您也偏聽偏信，並不考慮實際的形勢。現在的局面是：秦國和楚國已經結為兄弟之邦，互通婚姻，互不侵犯；韓國把宜陽進獻給了秦國；魏國也把河外之地割讓給了秦國；趙王不但親自前去朝拜秦王，為了討好秦國，還割讓了河間一帶。大王您若堅持不肯臣服秦國，秦國肯定會驅使韓國、魏國的軍隊來攻打齊國。一旦這兩國的聯軍攻打齊國南部，秦國再逼迫趙國軍隊傾

❸【孟賁（ㄅㄣ）】戰國時期衛國人，是古代著名的武士。也有說是齊國人。
❹【烏獲】戰國時的大力士，秦國人。孟子說他能舉百鈞（一千五百公斤）。

巢而出，只要渡過清河，就能直奔博關。到那時，臨淄、即墨等齊國的心腹地帶，可就再也不屬於您了。如果等到國家將要滅亡的時候，您再去討好秦國，恐怕就為時已晚了！」齊王也採納了張儀的建議。

說服齊王後，張儀又向西遊說趙王：「大王您最先提出讓各國聯合抵抗秦國，使得秦兵十五年都不能出函谷關[5]侵犯各國。您的威望在崤山以東傳揚得非常廣泛，我們秦國對此十分恐懼，時刻都擔心您來興師問罪。沒辦法，只能厲兵秣馬，積蓄糧草，枕戈待旦，片刻不敢鬆懈。如今，託您的福，巴、蜀、漢中這三個地方都已經被我們秦國攻下，包圍兩周，軍隊也已經抵達白馬津。雖然我們秦國地處偏遠，但是對趙國的怨恨之心卻早就有了。現在秦國有一支殘弱軍隊駐紮在澠池，想要渡過黃河，越過漳水，進據番吾，與您到邯鄲城下相會。就像古時候武王伐紂[6]一樣，跟趙國來一場甲子會戰。為了這件事情，秦王特地派我做使臣來通知您。」

「如今，秦國和楚國已經結為互不侵犯的兄弟之邦，韓國、魏國也已經向秦國俯首稱臣，就連齊國都獻出了盛產魚鹽的海濱之地。這些事情，難道不就像砍斷了趙國的右臂嗎？失去了右臂，沒有了其他國家的支持，還不放棄與人爭鬥，陷入孤立無援的境地，難道還能不滅亡嗎？如果秦國與齊、韓、魏三國聯合，約定共同伐趙，事成之後，四國平分趙國土地。再派出三路大軍，齊軍渡過清河，駐守在邯鄲的東邊，扼守住午道；韓、魏聯軍向河外進軍，駐守在成皋；而秦軍則駐守在澠池。到那個時候，大王您還有把握抵抗得住嗎？為了您著想，您最好是親自去面見秦王，與秦國結為聯盟。只有這樣，趙國和秦國才能和平共處。」張儀的分析嚇得趙王驚慌失措，不得不同意了他的勸說，與秦國聯盟。

最後就只剩下燕國了。張儀對燕王說：「現在趙王已經去朝見秦王了，為了討好秦王，他準備把河間獻給秦國。大王您再不趕緊與秦國交好，等到秦國派兵進入雲中、九原這兩個地方，驅使趙國進攻燕國，易水和長城可就再不屬於您了。更何況現在齊國、趙國已經向秦國稱臣，就像秦國的附屬國一樣，根本就不敢對秦國興起出兵攻伐的念頭。如果您臣服了秦國，有秦國的庇護，就再也不用擔心齊國、趙國的威脅。」燕王於是拿出恆山腳下的五座城池獻給秦國，表示求和。

就這樣，張儀巧言破了齊、楚、燕、韓、趙諸國的合縱，讓各國不再聯合，紛紛割地討好秦國。

---

❺【函谷關】最早記載在春秋戰國時代，由秦國所建。中國建置最早的雄關要塞之一。

❻【武王伐紂】武王即周武王，是西周的開國君主，紂即商紂王，爲商朝最後一位君主。周武王推翻了商紂王的統治。

田單使計退燕

田單是齊國臨淄市的一個小官，他在安平城中時，正好遇上燕國攻齊。他事先叫人把車軸頭都用鐵皮包好，方便安平城被攻破時逃跑。因為提前做了準備，所以城破時田單的車軸沒有在混亂中碰斷，順利逃到了即墨❶。而城中大部分的百姓，則因混亂中車軸斷裂，車輛無法前行，做了燕軍的俘虜。

當時，帶領軍隊一路攻城掠地的是燕國大將樂毅。他驍勇善戰，接連攻下齊國七十多座城池，最後只剩下莒城❷和即墨沒被攻陷。齊國的大王齊湣（ㄇㄧㄣˇ）王也被殺死，他的兒子法章在莒城被立為齊王。為了集中攻打莒城和即墨，樂毅把大軍分成兩路，右軍、前軍包圍莒城，左軍、後軍包圍即墨。

即墨處在富饒的膠東地區，是齊國較大的城市。即墨城內物資充裕，人口較多，具有一定的防禦條件。即墨被圍不久，守城的將領戰死，城中守軍沒有了將領，不知道該如何應對，城池變得岌岌可危。當時，城內有見識的人站出來說：「田單足智多謀，以鐵皮包車軸

的辦法，使族人從被攻陷的安平逃出，倖免於難。這就說明他有行軍打仗的才能。」於是，城中的百姓都推舉田單為守將，在他的帶領下抵禦燕軍。

樂毅一年都沒攻下莒城、即墨，只好命令燕軍撤退九里，在這兩城之外設立營地，利用地形修築工事作為堡壘，與兩城形成相持局面。樂毅想用攻心的辦法來取得勝利，為了讓那些佔領區的百姓安心，不許燕軍抓捕從城中出來的百姓，還要求燕軍對生活特別困苦的百姓給予幫助；同時，允許城中百姓像以前一樣生活，而不會被人干涉。

田單利用兩軍相持的時機，集結了七千多的士兵，對軍隊加以整頓、擴充，並派人增修城牆，加強防務。他不但和軍民同甘共苦，而且總是親自巡視城防；同時，還把自己的妻妾和族人都編入軍隊，並把自己的財產都發給士兵。城內的百姓和士兵都對田單非常信服。

時間轉眼過去三年，樂毅還是沒有攻下莒城、即墨。燕國有小人嫉妒樂毅，便向燕昭王挑撥說：「樂毅聰慧過人，三年攻不下兩城並不是不能攻取，而是他想收服人心自立為王，只是顧慮到妻子、兒子還在燕國，所以才沒有採取行動。如今齊國美女眾多，萬一他拋妻棄子，大王您可不能不防。」

---

❶【即墨】位於今山東半島西南部。因臨近墨水，故名。

❷【莒（ㄐㄩˇ）城】又稱莒州，位於今山東省東南部。

聽了這些話之後，燕昭王不但不為所動，反而當眾斥責說此話的人不該從中挑撥，並殺了那個人，賞賜給樂毅的妻子王妃標準的厚禮，還讓宰相帶著君王才能乘坐的車馬和上百輛屬車，去恭請樂毅當齊王。燕昭王的舉動讓樂毅惶恐不安，不停地磕頭謝恩，並堅持不接受燕王的賞賜，還寫下文書，發誓永遠都對燕王忠誠。從那以後，樂毅的德義和信譽被廣為傳頌，不僅齊國人折服，連其他各國也很畏懼，再也不敢侵犯燕國。

西元前二七九年，燕昭王去世，太子繼位，史稱燕惠王。此時，莒城、即墨依然沒有被攻陷。田單聽說燕惠王從當太子時，就和樂毅不和。為了除去樂毅這個最難對付的敵人，田單在穩定內部的同時，想出離間樂毅和燕惠王的計策。他派人在燕國散布謠言：「樂毅表面上說要攻打齊國，實際上是自己想在齊國稱王。現在齊國已經沒有君主，除了莒城、即墨以外的城池也都被佔領。只剩下兩座城池了，樂毅卻遲遲攻打不下，其實他只是在等待時機進行稱王的大業，所以才故意這樣做。如果燕王派別人攻打即墨，肯定很快就能攻下。」

燕惠王本來就對樂毅遲遲攻不下莒城、即墨感到不滿，聽了這些謠言，果然上當。於是，他收回樂毅的兵權，召他回國，另外派大將騎劫代替大將軍的職位。樂毅知道自己與燕惠王不和，燕王召他回國說不定藏著什麼不可告人的企圖，於是逃奔趙國去了。樂毅對燕國忠心耿耿，又立下不少汗馬功勞，最後卻落個被驅逐的下場。燕軍將士都對樂毅的遭遇感到氣憤，心中不服，軍隊內部也有了分歧。

他讓人在牛角上綁上鋒利的尖刀，牛尾上捆上浸泡了油脂的乾草，再給牛披上畫著五彩龍紋的布料。到了晚上，齊軍點燃牛尾巴上的乾草，把牛從預先鑿好的城牆洞中趕出去。

代替樂毅的騎劫，作戰方式跟樂毅完全不一樣。他採取的是強攻政策。但即使是這樣，也沒有攻下即墨。於是，騎劫想用一些恐怖的手段來懾服齊軍。田單將計就計，為了讓燕軍使用暴力手段，他派人散布消息說：「我最怕的是，燕軍割掉齊國俘虜的鼻子，讓他們衝在最前面，那即墨肯定會守不住。」燕國的將領聽說後，果然相信了，就割了齊國俘虜的鼻子。守城的士兵看到自己的同胞被燕軍割了鼻子，全都氣憤極了，而且也害怕自己被俘虜後會遭受同樣的待遇，所以都暗下決心，一定要守住城池，絕對不能投降。

田單對這一切還是不滿意，再次派人散布消息說：「齊國人的墳墓都在城外，真是讓人擔心。萬一墳墓被燕軍毀了，士兵們肯定會心寒。要是因為這個原因而不想再抵抗，那可就糟了。」燕軍又中了計，真的挖掉了城外所有的墳墓，還把屍體都燒了。齊國人從城上遠遠看見燕國的兵士刨他們的祖墳，恨得咬牙切齒，紛紛向田單請求，誓與燕軍決一死戰。

田單看見齊軍鬥志昂揚，覺得反攻的時機已經成熟。為了麻痺燕軍，他下令強壯的士兵全副武裝潛伏在城下，而讓年老體弱的婦女和年幼的兒童守衛城牆。同時，他派人向燕軍詐降，並讓城內的富豪送上重金賄賂燕國的大將，假稱即墨將要投降，希望能保全自己的妻子兒女。燕國的士兵圍城幾年，早就歸心似箭，聽說他們要投降的消息，個個都歡呼雀躍；燕國的將軍收到金銀，更是高興得合不攏嘴。

燕軍認為齊軍已經喪失了鬥志，只等著接受齊軍的投降，慢慢放鬆了戒備。這時候，田單卻在為反攻燕軍積極地做準備。他派人在城牆上鑿出幾十個大洞，又讓人在城內搜羅了一千多頭牛。他讓人在牛角上綁上鋒利的尖刀，牛尾上捆上浸泡了油脂的乾草，再給牛披上畫著五彩龍紋的布料。到了晚上，齊軍點燃牛尾巴上的乾草，把牛從預先鑿好的城牆洞中趕出去。五千名精壯的士兵緊跟在牛群後面，城內的居民則擂鼓擊器，吶喊助威。牛因為尾巴被火燒得疼痛，像瘋了一樣奔向燕軍大營。燕軍一點兒防備都沒有，加上天黑看不清楚，只見火光中無數角上有刀、身後冒火的怪物直衝過來，一個個嚇得驚慌失措。跟在牛群後面的五千齊國勇士乘勢衝殺，燕軍奪路而逃，互相踩踏，死傷無數。混亂之中，齊軍殺死了燕軍大將騎劫。

燕軍沒有了將領，一路敗退，田單率領軍隊乘勝追擊。沿途各城鎮的齊國子民，也都紛紛拿起武器加入軍隊。齊國的軍隊一天比一天強大，聲威遠震，很快就將燕國的軍隊趕出了齊國境內。自此，齊國失去的七十多座城池全部被收復。

隨後，田單把齊湣王之子法章從莒城迎到齊國都城臨淄。法章在臨淄正式登上王位，史稱齊襄王，封田單為安平君。

毛遂自薦

戰國末年，強大的秦國不斷通過戰爭兼併其他各諸侯國。周赧王五十三年（前二六二年），秦國派兵進攻趙國長平，趙王派老將廉頗鎮守。秦國軍隊因為是遠離自己的國土作戰，所以想要速戰速決。但是，廉頗守在城內，根本就不出城應戰。秦軍沒辦法迅速取得勝利，為了讓趙王換掉廉頗，於是散布謠言說廉頗要謀反。趙王果然上當，撤掉勇猛善戰的廉頗，改為任命趙括鎮守長平。趙括只會紙上談兵，沒有多少實戰的經驗，使得趙國四十萬大軍全部被秦國白起坑殺，精銳喪失殆盡。

第二年，白起領兵乘勝追擊，包圍了趙國都城邯鄲，趙國的形勢非常危急。趙王與平原君[1]商議退敵的政策，平原君說：「現在的情況，只能向其他的國家求救。魏國與我們是姻親，關係一直不錯，只要派人去懇求一定會發兵。楚國是個強大的國家，距離趙國也比較遙遠，只有跟他們結成同盟，才能促使他們派兵來解圍。」趙王於是派平原君出使楚國。

平原君回到家，準備挑選二十個人一起前往楚國。他要求同去的人必須文武雙全，但是

在眾多的食客中，能文的人不能武，能武的人不能文。平原君挑來挑去，最後還差一個人。這時，有個叫毛遂的人求見平原君，並主動要求與他一同前往。平原君問：「先生來我這裡幾年了？」毛遂回答：「三年。」平原君說：「放在口袋中的錐子，一定會戳破口袋，露出錐頭尖尖的部分。才能卓越的人也跟錐子一樣，思想行為一定會脫穎而出。如今先生在我趙勝門下已有三年，我並沒有聽周圍的人稱讚過你，也沒有聽說你有讓人稱道的作為。我們這次前往楚國，責任重大，關係到趙國的存亡，必須非常慎重。如果先生沒有過人之處，還是請留下吧！」毛遂說道：「如果把我比作錐子，那我不過是今天才請求被裝入口袋罷了。要是我早被裝在口袋裡，早就已經大展才華、鋒芒畢露了，哪裡只會露出一點兒錐尖而已。」最終平原君同意毛遂一起前往楚國，其他十九個人都嘲笑他不自量力。

平原君到了楚國，不敢怠慢，第二天一早，太陽剛剛升起，他就上朝與楚王商議聯盟的事情。楚王認為之前六國幾次結盟，最後各國都背信棄義，致使聯合失敗。現在秦國越來越強大，其他六國都不能抗衡，聯盟也只會是一盤散沙，還不如保全自己。再加上，楚國近期正與秦國交好，不想主動興起戰爭，以免秦國把對趙國的怒火宣洩到楚國身上。平原君反覆

❶【平原君】名叫趙勝，趙國人，和齊國孟嘗君田文、魏國信陵君魏無忌、楚國春申君黃歇合稱戰國四公子。

地向楚王敘說聯合抗秦的必要性，但楚王還是因為害怕秦國，猶豫不決。

毛遂等眾人在大殿之外等待，眼看著到了中午，平原君還沒有出來，就知道聯盟的事情肯定沒有談攏。毛遂二話不說，拔出寶劍順著臺階就往大殿走去。毛遂進入大殿，對平原君說：「聯合抗秦的利弊，幾句話就可以說清楚了。現在談論了整整一個上午，為什麼還沒有決斷呢？」楚王見了毛遂的行為，非常生氣，大聲叱責道：「哪裡來的狂妄之人？我和你的主人談話，輪得到你插嘴？還不給我退下！」

毛遂毫無懼色，反而提著劍又上前幾步，說道：「您斥責我，不過是仗著楚國人多勢眾。現在我跟您離得這麼近，若想對您不利，您就算有再多的人也阻止不了。您的命現在掌握在我手裡，您有什麼可囂張的？憑什麼在我的主人面前呵斥我？當年，商湯王憑藉七十里地君臨天下，周文王靠著一百里地建立周朝，又有哪一個是仗勢欺人呢？不過是會利用有利的形勢而發揮自己的威勢罷了。」

「如今，楚國有五千里土地，有上百萬裝備精良的士兵，這些都是可以稱霸天下的資本。以楚國的強大，沒有哪個國家可以抵擋。但是，氣魄宏大的楚國，面對白起這麼個不值一提的小人物帶領的幾萬兵馬，卻連連挫敗。第一戰丟掉了鄢（ㄧㄢ）、郢（ㄧㄥˇ）兩城，第二戰夷陵被火燒了，第三戰白起毀了楚國宗廟，侮辱了您的祖先。這樣勢不兩立的大仇，連我們趙國都替您感到羞恥，大王您卻不思報復，只求偏安一隅、苟且偷生。我們提出聯合抗秦這件事，並非為了趙國，對楚國來說更是有百利而無一害。該說的我都說完了，我的主人就在這裡，您還要斥責我嗎？」

楚王聽完毛遂的一番話，趕緊說：「不敢，不敢，就依先生說的，我定當盡楚國上下的力量，來和趙國一起抵抗秦國。」毛遂又問：「聯合的事情確定了嗎？」楚王說：「確定了。」於是，毛遂讓楚王的左右隨從，將雞、狗、馬的血裝在銅盤裡送來。毛遂雙手托著銅盤，跪到楚王面前說：「大王請歃血表示誠意，我家主人和我也將先後跟隨。」於是，三人在大殿中歃血而盟，訂下了楚、趙兩國的抗秦同盟。毛遂左手還托著銅盤，就用右手招呼同行的十九人，說：「你們

楚王見了毛遂的行為，非常生氣，大聲叱責道：「哪裡來的狂妄之人？我和你的主人談話，輪得到你插嘴？還不給我退下！」

也在殿外共同歃血宣誓吧！你們這些人，碌碌無為，只能依靠別人的力量辦成事情，是這樣吧？」

平原君完成了聯合楚國的使命，回到趙國，感歎道：「我一向自以為能夠識得天下賢士，不會看錯怠慢一人。可是毛先生在我門下待了三年，我卻未能看出他的才華。毛先生在楚國朝堂之上巧舌如簧，豪氣沖天，不但促成了聯盟，還長了趙國的威風。他的三寸之舌，比百萬之師都要強。趙勝以後再也不敢以『能相天下之士』自居了。」於是，他把毛遂奉為上賓。

鴻門宴

秦朝末年，各地紛紛起義。陳勝、吳廣失敗後，項羽和劉邦帶領的兩支隊伍，成為反抗秦朝的主力。

漢元年（前二〇六年），人稱沛公的劉邦，率領部下攻入函谷關，把軍隊駐紮在霸上❶。秦王子嬰向劉邦投降。而後，劉邦又帶領軍隊向西進入咸陽。劉邦進入咸陽後，看見秦朝皇宮富麗堂皇，就想留在宮中居住，被樊噲（ㄎㄨㄞˋ）和張良❷勸阻，於是又率領軍隊返回霸上。

因為之前與各路諸侯有過約定，先進入函谷關的人就可稱王，所以劉邦以關中王自居。

---

❶【霸上】在今西安市東，因在霸水西高原上得名。

❷【張良】約前二五〇—前一八六年，字子房，潁川城父（今河南省寶豐縣李莊鄉古城村）人，與韓信、蕭何並列爲「漢初三傑」。

劉邦召集各縣有名望的百姓，與他們約法三章，並巡視各縣、鄉、城鎮，拒絕收受百姓的財糧，深受百姓的歡迎。為了佔據富饒的關中地區，劉邦採納部下之言，一邊派兵把守函谷關，防止其他各路諸侯的軍隊進關；一邊在關中招收士兵，增強自己的實力。

當時，項羽剛剛取得鉅鹿之戰的勝利，殲滅了秦朝軍隊的主力，在各路諸侯軍中擁有很高的威信。項羽平定黃河以北的地區後，就想率領各路諸侯軍進入關中。等到了函谷關，發現關門緊閉，項羽才知道劉邦已經攻陷關中。項羽非常惱怒，就派黥布❸等人攻破了函谷關，把軍隊駐紮在新豐鴻門。

劉邦駐軍在霸上，還沒來得及與項羽相見，他的左司馬曹無傷為了得到項羽的封賞，就派人告訴項羽說：「劉邦佔有了秦朝的全部珍寶，他想在關中稱王，並讓子嬰做丞相。」項羽聽了勃然大怒，吩咐說：「今天犒勞士兵，明天給我打敗劉邦的軍隊。」當時的形勢，項羽擁有四十萬大軍，駐紮在新豐鴻門；而劉邦的軍隊只有十萬人，駐紮在霸上。

項羽的亞父范增勸項羽說：「劉邦在崤山東邊的時候，既貪戀錢財，又喜歡美女。現在進入關中，他一不掠奪財物，二不迷戀女色，這說明他有不小的志向。我曾經叫人觀望他那邊的氣運，顏色五彩，形如龍虎，這可是天子的氣運啊！我們可不能錯過了時機，應該趕快進攻他。」

項羽的叔父項伯是楚國的左尹，與張良的關係一直很好。張良這時候正跟隨劉邦。項伯聽到項羽要攻打劉邦的消息，就連夜騎著馬趕到劉邦的軍營，偷偷地會見張良。項伯把聽到的事詳細地告訴了張良，想勸張良跟他一起離開，不要跟著劉邦一塊送死。張良認為自己是韓王派給劉邦的人，在劉邦遇到危難的時候逃走，不是仁義的做法。於是，張良進去把事情一五一十地告訴給劉邦。

劉邦聽了非常吃驚，說：「那應該怎麼辦呢？」張良讓他估計自己的軍隊能否抵擋項羽的進攻。劉邦一言不發，過了好一會兒才說：「肯定抵擋不住。」張良請求讓自己去告訴項伯，說劉邦絕對不敢背叛項羽。劉邦對張良如何與項伯成為朋友感到好奇，張良說：「項伯和我在秦朝時就有來往，他曾經殺過人，是我救了他一命。現在事情緊急，還幸虧他來告訴我。」劉邦又問張良與項伯誰大誰小，張良回答項伯比他大。於是劉邦讓張良幫他把項伯請進去，用兄長之禮招待項伯。

張良於是出去邀請項伯，項伯進去與劉邦相見。劉邦親自捧上一杯酒，給項伯敬酒表示祝福，並和項伯約定結為兒女親家。劉邦說：「我進入關中，一點兒東西都不敢佔為己有，只是把官民登記好，把府庫封存，等著項羽將軍來。為了防備盜賊進來發生意外，才派人在函谷關把守。我每天每夜都在盼望將軍到來，怎麼敢反叛呢？希望您告訴項羽將軍，我絕對

---

❸【黥（ㄑㄧㄥˊ）布】秦末漢初名將。六縣（今安徽六安）人，原名英布，因受秦律被處以黥刑（在臉上刺字），又稱黥布。是項羽帳下五大將之一，被封爲九江王。

不敢忘記將軍的恩惠，背信棄義。」項伯答應了劉邦，並囑咐他第二天早點兒親自去向項羽請罪，劉邦答應了。

項伯當天晚上趕回鴻門後，立刻進入軍營求見項羽。項伯把劉邦的話仔仔細細地報告給項羽，並趁機勸說道：「您敢進入關中，難道不是因為劉邦先攻下來了嗎？現在人家有了大功勞，您卻要不講仁義地攻打。不如從此之後好好對待他。」項羽認同了項伯的話。

劉邦第二天早晨就到鴻門來見項羽，只帶了一百多隨從。到了鴻門之後，劉邦向項羽謝罪說：「將軍在黃河以北和秦軍作戰，我在黃河以南和秦軍作戰，大家都是在攻打秦朝。只是我也沒想到自己會先進入關中，滅掉秦朝，再與將軍在這裡相見。現在您與我之間發生了一些誤會，都是因為一些小人在搬弄是非。」項羽回答道：「如果不是你的左司馬曹無傷說的，我也不至於這樣啊！」項羽於是留劉邦和他一起喝酒。

喝酒的時候，項羽和項伯朝東坐，范增朝南坐，劉邦朝北坐，張良朝西陪侍。酒席當中，范增不停地給項羽使眼色，並再三舉起他佩戴的玉玦暗示項羽殺掉劉邦，項羽卻沉默著沒有反應。於是范增起身出去招來項莊，吩咐項莊進去給劉邦敬酒，敬完酒後表演舞劍，然後趁機把劉邦殺死在座位上。項莊進入裡面，端起酒杯給劉邦敬酒。敬完酒後，項莊說：「將軍和沛公飲酒，軍營裡也沒什麼可作為娛樂的，就讓我舞劍為你們助助興吧！」項羽說好，項莊就拔劍起舞。項伯見項莊舞劍，知道他是想趁機殺死劉邦，於是也跟著站起來拔劍

項伯見項莊舞劍，知道他是想趁機殺死劉邦，於是也跟著站起來拔劍起舞。每當項莊想刺殺劉邦的時候，項伯都用自己的身體掩護劉邦，使得項莊無法行刺。

起舞。每當項莊想刺殺劉邦的時候，項伯都用自己的身體掩護劉邦，使得項莊無法行刺。

這時候，張良到軍營門口找樊噲。樊噲問他事情進展如何，張良說：「很危急！現在項莊在裡面拔劍起舞，他的目的是想要刺殺沛公。」樊噲說：「這太危險了，還是讓我進去保護沛公，與他同生共死。」於是樊噲一手提劍一手舉盾，就要衝進去。營門口的守衛想要阻止他，樊噲側著盾牌一撞，守衛就被撞倒在地上，樊噲趁機就進去了。

樊噲進到裡面，掀開帷帳站著，對著項羽怒目而視。項羽握著劍站起來問：「進來的是何人？」張良回答是沛公的護衛樊噲。項羽稱讚樊噲是勇士，賞給他一杯酒喝。樊噲謝過之後，站著就把侍從端來的一大杯酒喝了。項羽又賞賜豬腿給他吃，侍從們便給他一條沒有煮熟的豬腿。樊噲把盾牌往地上一放，把豬腿放在盾牌上面，拔出劍來切著就吃。項羽又問他是否還能喝酒，樊噲回道：「我死都不怕，一杯酒有什麼可推辭的？天下人之所以反叛秦朝皇帝，是因為他有像狼虎一樣的心腸，殺人只擔心殺不完，懲罰人只擔心不能把所有酷刑全部用一遍。楚懷王曾經跟各路將領約定，誰先打敗秦朝軍隊進入咸陽，誰就在關中為王。現在沛公最先打敗秦軍進入咸陽，一點兒東西都不敢動用，就率領軍隊退回到霸上，等待您的到來。沛公功勞這麼大，不但沒有得到賞賜，您還聽信小人的挑撥想殺他。我認為您不該採取這種做法，否則只會走上秦朝滅亡的老路罷了。」項羽不知道該如何回答，只能招呼樊噲在張良旁邊坐下。

沒過多久，劉邦去上廁所，叫上樊噲一塊出去。劉邦出去後，項羽派都尉❹陳平去叫劉邦。劉邦對樊噲說：「我沒有告辭就出來了，怎麼辦啊？」樊噲回答：「我們現在好比人家案板上的魚肉，只能任人宰割，還告什麼辭呀！」於是兩人決定離開。鴻門距離劉邦駐地霸上有四十多里，劉邦把車輛和隨從人員都留下，只帶上樊噲、夏侯嬰、靳強、紀信四人脫身。劉邦自己騎著馬在前面走，樊噲等四人拿著劍和盾牌在後面跟著跑，從驪山下經過，取道芷陽，抄小路走。

劉邦走之前讓張良留下來道歉，讓他獻給項羽一對玉璧，給范增一對玉杯。並告訴張良從小路到己方軍營只有二十里地，讓他估算好時間再進去。張良估計劉邦回到霸上了，才進去向項羽告罪說：「沛公經受不住酒力，不能當面向您告辭，讓我奉上白璧一雙給將軍您，玉杯一對給亞父范增。」項羽詢問劉邦現在何處，張良回答劉邦已經回到軍中。項羽接受了白璧，把它放在座位上。范增接過玉杯放在地上，拔出劍來敲碎了它，說：「唉，真是不值得與你小子共謀大事啊！劉邦肯定會奪取你的天下，我們這些人都將成為他的俘虜了。」

劉邦回到自己軍中，立即殺掉了曹無傷。後來，項羽和劉邦爭鬥了四年，最後項羽被打敗，在烏江自刎，劉邦建立漢朝，史稱漢高祖。

---

❹【都尉】職位僅次於將軍的武官。

韓信嶄露頭角

韓信[1]自幼家貧，性格放縱而不拘禮節。韓信年輕的時候，許多人都討厭他，因為他既不能被推舉做官，又不懂經商掙錢，常常要依靠別人才能勉強維持生活。

韓信曾經在城下釣魚，但是釣的魚還不夠他填飽肚子。有個在水邊漂洗絲棉的老太太，看到韓信很餓，就把自己帶來的飯菜分給他吃，一連數十日都是如此。韓信十分感激，對老太太說：「將來我一定會重重地報答您老人家。」老太太幫助韓信並不圖回報，聽了之後非常生氣，說：「你一個大男人都不能養活自己，我給你飯吃不過是看你可憐，哪裡是希望得到什麼報答！」

當時，淮陰縣有個青年，是個以殺豬為生的屠戶。他一直很看不起韓信，侮辱韓信道：「你雖然長得高大威猛，又喜歡佩戴刀劍，其實就是個膽小怕事的人。」然後又故意等到街市人多的時候，當著眾人對韓信說：「如果你敢拿刀捅我一下，就證明你韓信是個有膽量的人；如果你貪生怕死不敢，就從我的胯下爬過去。」韓信注視了他良久，慢慢低下身來，從

他的胯襠下爬了過去。整個街市上的人都覺得韓信膽小怯懦，個個都恥笑他。

陳勝、吳廣起義後，項梁也渡過淮河北上，韓信帶著寶劍投奔了項梁。韓信雖然留在了項梁的部隊，卻一直沒沒無聞。項梁戰死之後，韓信到了項羽的部隊，做了郎中❷。韓信多次給項羽出謀劃策，以求得到重用，但是項羽從來都不採納他的計策。韓信覺得待在楚軍施展不了抱負，便準備離開。等到劉邦進入蜀中後，韓信便歸順了劉邦。韓信在劉邦手下也只是做個小官，依然不被人所知。後來，韓信與十三個人一起犯了死罪，其他人都被斬首，輪到韓信時，他抬頭看到了滕公夏侯嬰，便大聲喊道：「漢王不是想得到天下嗎？那為什麼要殺死我這樣的勇士呢？」夏侯嬰看他相貌威武，又覺得他說話不同凡響，就放了他。之後，夏侯嬰同韓信交談，很欣賞他，就把他推薦給了漢王劉邦。劉邦封了韓信一個管理糧草的官職，但是並沒有發現他有與眾不同的地方。

韓信多次和丞相蕭何交談，蕭何也很賞識他。後來，劉邦率領軍隊從長安去往南鄭❸，

❶【韓信】約前二三一年—前一九六年，淮陰（今江蘇淮安）人，西漢開國功臣，傑出的軍事家，與蕭何、張良並列爲「漢初三傑」。
❷【郎中】古時官名，護衛、陪從帝王的侍從官。
❸【南鄭】在現在的陝西省漢中市西南。

途中很多將士因為思念家鄉而逃跑。韓信猜測蕭何等人肯定多次推薦他給劉邦，對於劉邦始終不重用自己感到不滿，於是也逃走了。蕭何聽說韓信逃走，立刻騎馬去追趕，連向劉邦報告都來不及。軍中的人不知道是怎麼回事，就向劉邦報告說丞相蕭何逃走了。劉邦一直把蕭何當成最得力的助手，聽聞蕭何逃跑，非常震怒，又茫然若失。

過了一兩天，蕭何前來拜見劉邦。劉邦又高興又生氣，問蕭何為什麼要逃跑，蕭何說他不敢逃跑，只是去追逃跑的人。劉邦問蕭何去追的是誰，蕭何回答是韓信。劉邦又罵道：「那麼多的將領逃跑，都沒見你去追，卻說去追韓信，誰信你啊？」蕭何說：「普通的將領很容易得到，像韓信這樣的人才卻是求也求不來的。他對大王您在漢中稱王沒多大助力，但卻能夠幫助您奪取整個天下。現在只看您心裡是如何想的了。」劉邦表示自己並不甘心僅僅只在漢中地區稱王，也想向東發展，奪取整個天下。蕭何便又說：「既然您想要謀取整個天下，那就請您重用韓信，這樣他才會留下來幫您。如果您不能重用他，他遲早還是會離開的。」劉邦看在蕭何的情面上同意讓韓信做將軍，但蕭何認為將軍一職仍不足以留下韓信，劉邦又表示可以讓韓信做大將軍。蕭何覺得大將軍這個職位可以，於是劉邦就想把韓信召來給他任命。蕭何說：「大王您一向傲慢無禮，現在任命大將軍這樣的重臣，也像招呼小孩子一樣隨便，韓信怎麼能不離開呢？您應該準備好拜將的壇臺和廣場，然後選擇一個好的時日，齋戒沐浴之後，再舉行任命大將軍的儀式，這樣才能表現出您的誠心啊！」劉邦同意了蕭何的要求。眾將領聽說要舉行儀式任命大將軍，都以為會是自己，個個翹首以待。等到韓信被封為大將軍時，眾人都非常吃驚。

韓信拜將之後，劉邦詢問韓信是否有定國安邦的良策。韓信趁機詢問劉邦，在兵力的英勇、強悍、精良等方面與項羽相比，自認在何處能更勝一籌。劉邦沉默許久，自認為各處都比不上項羽。韓信向劉邦拜了兩拜，然後說道：「不僅您這麼認為，就連我也覺得您在這些方面確實比不上項羽。然而，我曾經也在項羽手下做過官，對他的為人還是有一定的了解。首先，項羽只有匹夫之勇。儘管他一聲怒喝，可以嚇得上千人

韓信拜將之後，劉邦詢問韓信是否有定國安邦的良策。

不敢動彈，但是對於手下有才幹的將軍卻並不重用。其次，項羽做事優柔寡斷、不識大體。雖然他對人溫和有禮、愛護有加，對生病的人更會流眼淚，並把自己的飲食分給他們；可是等到部下立了功要封爵時，他把官印的稜角都磨光滑了，還捨不得給人家。」

「項羽擁有各路諸侯的臣服，聲勢浩大，他卻並不佔據富饒且地勢險要的關中，反而跑到彭城去建都，這是其一。項羽把自己的親信和偏愛的人都封為王，違背了與義帝楚懷王的約定，引來各路諸侯的不滿和氣憤，這是其二。項羽把義帝驅逐到江南，又讓各諸侯國將領驅逐他們原來的君王而自立為王，凡是項羽軍隊經過的地方，無不遭受蹂躪和毀滅，這是其三。老百姓都怨恨項羽，只是在他的淫威下勉強屈服，這是其四。綜合上面幾點，不難發現：項羽雖然名義上是天下的領袖，實質上已經失去民心，所以他的強大會很快轉變為衰弱的。」

「現在大王如果能採取與項羽相反的辦法行事，將天下英勇善戰的人都收攏到自己麾下，哪裡用得著擔心敵人不被誅滅呢？把天下的土地都分封給那些有功的大臣，又何愁他們不對您心悅誠服？順從將士們思念家鄉的心情，率領他們一路打回老家，怎麼還會有敵人無法擊潰呢？更何況，在秦地分封為王的章邯、董翳、司馬欣三人，過去都是秦朝的將領，他們率領秦朝的子弟作戰已有數年，戰死和逃亡的人不計其數；後來，他們又欺瞞自己的部下和將領投降了項羽，結果手下二十萬士兵在新安城都被項羽使用手段坑殺了，他們自己卻又安然無恙。秦地的百姓對這三個人早就恨之入骨。現在項羽不考慮實際情況，以武力強封這三個人為王，秦地的百姓根本就不擁戴他們。」

「當初，大王您進入武關，絲毫不侵犯百姓的利益，還廢除了秦朝苛刻殘酷的刑法，並且與百姓約法三章，他們沒有不想擁戴你的。而且關中的百姓也都知道，按照原來各諸侯的約定，大王您理所當然在關中稱王。對於您本來應該在關中稱王，卻被安排去了漢中，秦地的百姓都非常怨恨項羽。如今大王起兵向東，征討三秦之地，只要一聲號令就夠了。」

劉邦聽了這番話後，非常高興，只恨重用韓信太晚。於是，劉邦對韓信言聽計從，立刻召集將領布置出征任務，留下蕭何為軍隊籌集糧草，收取巴、蜀兩地的租稅。韓信的這番議論，為劉邦制定了東征以奪天下的方略。

楚霸王烏江自刎

漢五年（前二〇二年），漢王劉邦率領軍隊追擊項羽，一路到達固陵❶。劉邦與齊王韓信、魏國的相國彭越約好合擊楚軍，到了約定日期，韓信與彭越的軍隊卻沒有來。劉邦聽從張良的意見，派出使者與韓信、彭越聯絡，許諾日後與他們共分天下，並把睢陽以北的地區封給彭越，把陳縣以東到沿海的區域劃給韓信。於是，韓信、彭越都率軍前來。劉邦的堂兄劉賈誘降了楚國的大司馬周殷，與黥布一起跟劉邦會合。

各路諸侯共同出兵，韓信三十萬兵馬自齊南下，切斷了項羽向彭城的退路；彭越率領數萬兵馬與劉邦會師固陵，擔任主攻；劉賈與黥布從壽春率兵北進，切斷項羽南逃之路。項羽的軍隊不斷收縮，退到垓下❷。

項羽的軍隊在垓下安營紮寨，士兵越來越少，糧食也漸漸吃沒了，與漢軍戰鬥了幾次也都不能取得勝利，最後只能退入營壘內，依靠防禦工事堅守。劉邦和各諸侯的軍隊又上前把項羽的營地層層包圍起來。這天夜裡，只聽到陣陣西風夾雜著歌聲傳來。項羽仔細一聽，歌

聲是從漢軍的營地傳過來的，唱的都是楚地的歌謠。項羽聽到四面都是楚歌，大驚道：「楚地已經全部被漢軍佔領了嗎？不然，為什麼漢軍中有這麼多的楚人呢？」項羽心裡惆悵，便連夜起身到軍營中喝酒。項羽喝著酒，回想起過去，不禁放聲悲歌：「力拔山兮氣蓋世，時不利兮騅不逝。騅不逝兮可奈何，虞兮虞兮奈若何？」項羽唱著唱著，禁不住流下了眼淚。旁邊的侍從也都傷心得抬不起頭，個個淚流滿面。

當天晚上，項羽騎上他那匹烏騅（ㄓㄨㄟ）馬，帶上八百多將士，從南面突出重圍，一路縱馬奔逃。等到第二天天大亮，漢軍才發現項羽已經突圍，連忙派遣騎將灌嬰率領五千名騎士追趕。項羽一路馬不停蹄，渡過淮河，跟隨他的人只剩下一百多個。項羽一行人又跑了一程，到達陰陵，結果迷了路。項羽來到一個三岔路口，看到一個莊稼人，就問他哪條路通往彭城。莊稼漢認出他是西楚霸王，不願意為他指路，就騙他往左拐。項羽帶著部下沿著左邊的路走，卻陷進了沼澤地中，等調轉馬頭走出沼澤地後，漢軍已經追上了他們。

項羽又領著部下向東跑，一路上，隨行的將士死的死，傷的傷。到達東城，項羽點了點人數，相隨的將士僅剩二十八個，但是漢軍的幾千名追兵卻密密麻麻地圍了上來。項羽估計

❶【固陵】古地名，位於今河南省太康縣南。

❷【垓（ㄍㄞ）下】古地名，位於今安徽省靈壁縣東南。

自己不能逃脫了，對跟隨的士兵們說：「我從起兵到現在已經八年了，經歷過七十多次戰鬥，從來沒打過一次敗仗，所以才稱霸天下。但是今天終於被圍在這裡，這並不是我用兵有什麼過錯，而是上天要讓我滅亡啊！今天肯定是要決一死戰了，我願為大家痛痛快快地打一仗，一定要突出重圍，斬殺漢將，砍倒帥旗，用一連三次的勝利，來讓各位明白，這是上天要亡我，不是我用兵打仗的失誤。」於是，項羽把僅有的二十八人分為四隊，向四個方向衝殺。漢軍層層包圍了他們，項羽讓眾將士從四面奔馳下

「我聽說砍下我腦袋的人，漢王不僅賞賜一千兩黃金，還給封為萬戶侯，我就送你這點好處吧！」說完，項羽就自殺身亡了。

山，與他們約定在山的東面分三處集合，又對他們說：「看我先斬他們一員大將。」

接著，項羽大喝一聲，向漢軍直衝過去。漢軍抵擋不住，潰敗逃散，竟真的被項羽殺了一名大將。這時，擔任騎兵將領的楊喜負責追擊項羽，項羽瞪著眼睛對他大喝，嚇得楊喜連人帶馬驚慌失措，一連倒退了好幾里。項羽同他的將士在約定的三處會合，漢軍不知道項羽在哪一處，便把軍隊分成三路，重新包圍上來。項羽來往衝殺，又殺了漢軍一個都尉和幾百名兵士。等到項羽把三處人馬會合在一起，發現只不過損失了兩個人，就說：「我說的話怎樣？」眾將士都佩服地說：「大王說的一點兒不錯。」

項羽殺出漢軍包圍，帶著二十六個人到了烏江。烏江的亭長❸撐船靠岸等待項羽，並對項羽說：「江東❹雖然小，可還有一千里的土地，幾十萬的民眾。大王您只要趕緊過了江，還可以在那邊稱王。現在除了我的船之外，這裡沒有別的船了，漢軍即使追到這裡來，也渡不了江。」項羽苦笑一聲說：「上天既要讓我滅亡，我渡江又有什麼用呢？況且我在會稽起兵後，帶了八千江東子弟渡江西征，現如今他們沒有一個能回去。即使江東的父老兄弟同情我，仍然願意擁我為王，我又有什麼臉面再見他們呢？」於是項羽把烏騅馬送給了亭長，並

---

❸【亭長】鄉官名。戰國時始在鄰接他國處設亭，置亭長，負責防禦。

❹【江東】主要指今安徽銅陵以東一帶，也可指以蕪湖爲軸心的長江下游南岸地區。

叫將士們都下馬步行。

項羽和二十六個將士拿著短刀與追上來的漢軍交戰。項羽受了十幾處傷，但也一人殺了幾百個漢軍。他忽然回頭，看見了自己的老朋友呂馬童。呂馬童是漢軍騎兵司馬，他背向項羽，正把項羽指認給王翳(一)。項羽見如此便說道：「我聽說砍下我腦袋的人，漢王不僅賞賜一千兩黃金，還給封為萬戶侯，我就送你這點兒好處吧！」說完，項羽就自殺身亡了。

王翳把項羽的頭顱砍下來，其他的人為了搶奪項羽的軀體，互相殘殺。死了幾十個人後，楊喜、呂馬童和郎中呂勝、楊武四人，終於各奪得一部分項羽的肢體。五個人把項羽的肢體拼湊到一起，正好湊成一具全屍。劉邦於是把原來封賞的封地分割成五部分，將五人都封為列侯。

漢文帝登基

漢高祖劉邦去世之後，惠帝劉盈登基。劉盈年幼，大權掌握在他的母親呂雉❶手裡。惠帝病逝後，呂雉先後立劉恭、劉弘為少帝，繼續執掌政權八年。呂雉掌權期間，打擊劉氏宗親勢力，扶植呂氏家族。呂雉一死，太尉周勃、丞相陳平等大臣便攜手誅滅了呂氏勢力。因為劉弘並不是惠帝的後代，不符合皇位繼承的法統，所以眾大臣商議找人代替。

眾大臣聚在一起討論，因為惠帝沒有親生兒子，所以決定在諸侯王中選取一人立為皇帝。有人提議高祖長孫齊王，因為他的母族勢力過於強大，恐將成為第二代專權的外戚❷，所以被否決。最後，大臣們相中了寬厚仁孝的代王劉恆，於是暗中派出使者接劉恆到長安繼

❶【呂雉（ㄓˋ）】劉邦的妻子，中國歷史上有記載的第一位皇后和皇太后，也是封建王朝第一個臨朝稱制的女子，掌握漢朝政權長達十六年。

❷【外戚】指皇帝的母族、妻族，即皇帝母親或皇帝妻子娘家的人。

承皇位。

劉恆見到使者，不知道該如何決策，便召集左右親信大臣商議。郎中令張武等人認為，這是朝內大臣不滿足於現有權位而準備的陰謀，勸劉恆稱病辭謝，靜觀局勢變化。中尉宋昌卻有不同意見。宋昌說：「你們的意見都不值得採納。第一，當年秦朝統治被推翻，各路諸侯、豪傑蜂擁而起，都想爭奪天子之位，但最終劉氏脫穎而出登上帝位，斷絕了天下群雄稱帝的奢望。第二，高祖皇帝分封劉氏子弟為諸侯王，封地遍布天下、縱橫交錯，使得劉氏宗族根基像磐石一樣穩固，令天下都信服。第三，漢朝建立後，廢除了秦朝的苛政，並制定法律，實施德政，百姓們安居樂業，民心很難動搖。因為這三點，所以即便以呂太后的威嚴，分立呂氏三人為王，掌握朝廷軍政大權，最終也滅亡了。太尉只不過憑藉一個符節在北軍中呼籲一聲，軍士就全都奮起反抗諸呂，擁護劉氏，最終消滅了呂氏。這就說明，劉氏的皇位是上天賜予的，不是誰想奪就能奪走的。現在，大臣們即使另有圖謀，內部也肯定各懷心思，但得不到百姓的擁戴。而且，他們還需顧慮朝廷裡面像朱虛侯、東牟侯這樣的宗室大臣，以及外面強大的吳、楚、淮陽、琅邪、齊、代等宗室諸國。如今，各諸侯王中，高祖皇帝的兒子只有淮南王與大王您。大王您年長，又素有賢聖仁孝的名聲，所以大臣們順應民心迎接大王繼承皇位。大王不需要有什麼顧慮。」

劉恆把這件事告訴了自己的母親薄姬，兩人也沒商量出什麼結果。於是，劉恆準備用占卜來決定吉凶。占卜得了一個「大橫」的結果，意思是：橫線裂開的紋路很是正當，我不久要即位天王，將父親的偉業光大發揚，就像古時啟延續禹的那樣。劉恆說：「我已經是諸侯王了，還做什麼王？」占卜的人向他解釋，天王就是做天子的意思，比諸侯王要高一級。為了以防萬一，劉恆又派遣自己的舅舅薄昭先到長安探聽虛實。薄昭到了長安城之後，就去拜見絳侯。絳侯等人都對薄昭說：「召代王進京，就是要擁立代王登基繼承皇位。」薄昭回來向劉恆報告，大臣們確實是要迎立他為皇帝，不需要再懷疑。劉恆笑著稱讚宋昌推測準確。

於是，劉恆決定啟程趕往長安。劉恆讓宋昌跟自己坐同一輛車，張武等六人乘坐官府的車跟在後面，一起前往長安。一行人到了高陵縣，停下來暫作休

太尉周勃來到劉恆面前，表示想私下裡和他交談，侍立在旁邊的宋昌趕緊說：「如果您要說的是公事，請公開說；如果是私事，代王沒有私事要與您說。」

整，劉恆又讓宋昌先騎馬進城去探路。宋昌到了渭橋，看見丞相及以下百官都來迎接，便回來報告劉恆，劉恆這才乘坐馬車繼續前進。劉恆到了渭橋，大臣們都跪在地上拜見，他也下了馬車還禮。太尉周勃來到劉恆面前，表示想私下裡和他交談，侍立在旁邊的宋昌趕緊說：「如果您要說的是公事，請公開說；如果是私事，代王沒有私事要與您說。」周勃討了個沒趣，只得按君臣之禮跪拜，呈上天子專用的玉璽和符節，請劉恆接任帝位。劉恆推辭，表示到了代王府邸再商量此事。

代王劉恆一行，在朝廷眾臣的護送下，於閏九月的二十九日，到達都城長安，住在長安城內的代王府邸。丞相陳平等人再次跪倒懇請劉恆登基，說：「劉弘等人都不是孝惠帝的親生兒子，不應該繼承皇位。大王您是高祖皇帝的年長之子，繼承皇位理所當然。希望大王能夠登基做皇帝。」劉恆再三地推辭，眾大臣也再三地請求，最終劉恆答應下來。於是，群臣分兩側排班，按朝見皇帝的禮儀和官位的高低侍立。

東牟侯劉興居因誅除呂氏時未曾立功，請求替劉恆前去清理皇宮。於是，劉興居和太僕汝陰侯滕公夏侯嬰一起進入皇宮，告知少帝已被廢除，代王劉恆被立為皇帝，要把少帝請出宮去，命令左右的衛士放下兵器退出皇宮。少帝不知道要被送去哪裡，很害怕，滕公說：「安排您到皇宮外面去住。」於是在宮外設立少府[3]，把劉弘安置在其中。

清理完皇宮之後，劉興居和夏侯嬰安排好天子車駕，來到代王府邸迎接劉恆入住皇宮。

當天晚上，劉恆進入未央宮時，被十個守衛攔在端門處，劉恆只好派人去告訴太尉周勃。守衛在周勃到來後，得知了廢立皇帝的事情，於是放下兵器離開了，劉恆終於住進未央宮。

就這樣，代王劉恆登基稱帝，史稱漢文帝。漢文帝剛即位，就封宋昌為統領南軍和北軍的衛將軍❹，任命張武為負責掌管殿中事務的郎中令；並把梁王、淮陽王、恆山王和少帝都處死，同時，草擬詔書，大赦天下。

---

❸【少府】爲九卿之一，掌管山海土地收入及皇室手工業製造。

❹【衛將軍】軍職，任此職位者往往手握軍權。

張釋之軼事

漢文帝時期南陽有個人叫張釋之，連續做了十年官還是一個騎郎。張釋之對升遷已經不再抱有希望，準備辭官返回故鄉。袁盎知道張釋之是個德才兼備的人，就向漢文帝舉薦他。於是，漢文帝把張釋之提拔為謁者僕射❶。

有一天，漢文帝視察禁苑中養虎的虎圈，帶張釋之同行。漢文帝詢問禁苑的主管各種禽獸的登記數目，主管東張西望，一連十幾次全都答不上來。有一個小吏站立在旁邊，看見主管倉皇失措的樣子，就回答了漢文帝的問題，幫他解圍。漢文帝看見小吏回答得很流利，就又仔細地詢問他關於禁苑中禽獸登記的情況，藉此考察他的才能，結果小吏對答如流。漢文帝聽了之後，認為當官就該像小吏這樣，禁苑主管不值得信賴。於是，漢文帝下詔將小吏提拔為管理禁苑的主管，讓張釋之去執行。

張釋之對漢文帝說：「絳侯周勃，在陛下您看來是個什麼樣的人？」漢文帝回答說，周勃是個令人尊敬的長者。張釋之又問漢文帝如何看待東陽侯張相如，漢文帝回答也是長者。

張釋之說：「周勃、張相如被稱為長者，像他們這樣的人，都有談事答不上來的時候，哪裡會去效仿這個小吏的巧言善辯呢？秦王朝之所以走上土崩瓦解的道路，就是因為喜歡重用那些巧舌如簧的人。這些人的言論往往沒有實際內涵，皇帝喜歡聽什麼就說什麼，從而使得皇帝無法了解朝政的過失，最終使國家走上滅亡。現在陛下您破格提拔這個小吏，就只是因為他能說會道，只怕天下人得知此事後，都會照此學習，忽視真才實學，只練習口辯之術，以求得到提升的機會。到時候下層的官員如法炮製，這樣的不良風氣就會充斥整個朝廷。所以陛下您作為君主，每句話、每個行動都必須小心謹慎啊！」

文帝覺得張釋之說的有理，於是就沒有提拔那個小吏。返回皇宮時，漢文帝讓張釋之與他乘坐同一輛車，一路上向張釋之詢問秦朝政治的弊端，張釋之都有問有答。回到宮中之後，漢文帝就下詔將張釋之提拔為公車令❷。

張釋之任公車令時，太子和梁王同乘一輛車入朝，經過司馬門時沒有下車以示恭敬，逕直駕車去了大殿門口。雖然是皇帝的孩子，張釋之也並沒有放任他們。他追到大殿門口，阻止太子和梁王二人進殿，並彈劾說：「過公門而不下車，是為大不敬。」這件事傳到了薄太后

---

❶【謁（ㄧㄝˋ）者僕射（ㄧㄝˋ）】官名，掌朝廷禮儀與傳達使命。

❷【公車令】官名，負責宮門警衛、接待、傳達等事務。

張釋之追到大殿門口，阻止太子和梁王二人進殿，並彈劾說：「過公門而不下車，是為大不敬。」

的耳中，漢文帝承認自己教子不嚴，脫掉皇冠向太后賠禮，請求太后的原諒。薄太后這才派人傳詔，赦免了太子和梁王的不敬之罪。經過此事，張釋之的膽識被漢武帝發現並且賞識，又提拔他為中大夫❸。不久之後，又任命張釋之為中郎將❹。

後來，群臣跟隨漢文帝巡視霸陵，漢文帝說：「我用北山岩石做陵墓的外殼，用切碎的麻絮把間隙填滿，又用漆將它們黏合在一起，如此堅固，誰還能打得開呢？」群臣連連點頭稱是，只有張釋之又發表不同意見，說：「假若裡面有勾起人貪欲的奇珍異寶，就算把整個南山用熔化的金屬封起來，也會有人想方設法地打開；假若裡面沒什麼東西引起人的貪欲，哪怕連一個石墩都沒有，誰又會去打開它呢？」漢文帝又稱讚張釋之有自己的主見，不隨聲附和。

這一年，張釋之擔任廷尉❺。漢文帝出巡至中渭橋，有一人從橋下跑出來，驚嚇到漢文帝的乘馬。於是，漢文帝令騎士去追捕那人，並交給廷尉治罪。張釋之以此人違反了「皇帝出行，閒雜人等退避」的規定，判處罪犯罰金四兩。漢文帝認為判決過輕，生氣地說：「這個人驚壞了我的馬，若不是這匹馬脾性溫和，說不定會使我受傷，廷尉怎麼只判他罰錢了事呢？」張釋之解釋說：「朝廷制定了法律，天下人都應該遵守。這件案子判處罰金四兩，就是依照現在的法律判決的；若是隨意加重判決，法律就無法取信於民眾了。如果陛下在馬受驚之後殺了他，也就罷了。既然交給廷尉處理，廷尉就得維護朝廷在天下百姓心目中公正嚴明的形象，如果有所傾斜，那麼就失去了用法輕重的標準，百姓如何能夠適應？還請陛下三思。」漢文帝思考之後，終於還是同意了張釋之的判決。

驚馬案件處理後不久，朝廷又發生了一起重大案件。有人膽大妄為，偷取了高祖廟中神位前的玉環。漢文帝對祖廟被盜之事非常惱怒，下令全國嚴查，盜賊很快就被抓到了。漢文

---

❸【中大夫】官名，負責幫皇帝出主意、提意見。
❹【中郎將】官名，負責統領皇帝的侍衛。
❺【廷尉】官名，爲主管司法的最高官吏。

帝下令把盜賊交給廷尉嚴加處置。張釋之按照法律中「偷竊宗廟珍寶、服飾、器物」的條例，判處盜賊斬首示眾。漢文帝又勃然大怒：「此人竟然偷取先帝的器物，簡直大逆不道。我是想誅滅他的全族，才把他交給廷尉審判；而你卻違背我恭承宗廟的思想，依律判他斬首之罪。你太讓我失望了。」張釋之見皇帝如此震怒，摘下官帽磕頭謝罪說：「按照法律這樣判處足夠了。就算同樣是死罪，犯罪的情節還分輕和重。如果今天這個人被滅族，只是因為偷盜宗廟的器物，那萬一將來有人竊取了長陵的一捧土，陛下您又將如何處罰呢？」漢文帝聽了張釋之的勸諫後沒有立即表態，他把此事向太后說明，最終同意了張釋之的判決。

漢武帝打獵

漢武帝❶年輕的時候，經常微服出行。北到池陽縣，西到黃山宮，南到長楊宮，東到宜春宮，都是他出行的範圍。

漢武帝還喜歡出宮打獵。有一次，他自稱平陽侯，帶著一群會騎射的左右親隨，趁夜到終南山下狩獵。漢武帝和親隨們到達終南山下，天才矇矇亮。他們策馬狂奔，射殺獵物，踐踏了百姓的大片莊稼。百姓們呼喝怒罵，紛紛到縣衙去告狀。縣令帶領衙役圍住了漢武帝等人，要將他們逮捕入獄。漢武帝沒有辦法，只能讓親隨們拿出東西給縣官看，都是天子專用的物品。縣官看了之後才明白，眼前號稱平陽侯的人其實是當今皇上，於是趕緊放行。

還有一次，漢武帝一行人夜間到旅店投宿，問店主要酒喝受到冷遇。並且因為漢武帝一

❶【漢武帝】劉徹（前一五六年—前八七年），漢朝的第七位皇帝，傑出的政治家、戰略家。開創了「漢武盛世」。

行人多勢眾，店主懷疑他們是強盜，便召集人手想對付他們。店主的妻子因覺漢武帝姿態與風度不似常人，便勸阻丈夫，不僅遣散了丈夫召集的人手，還熱情地招待漢武帝等人。漢武帝回宮之後，不但賞賜了豐厚的物品給那位婦人，還封她的丈夫做了羽林郎❷。

後來，漢武帝覺得出巡很不方便，於是從宣曲宮往南一共設立了十二處地方，作為秘密的休息場所，晚上則睡在長楊宮或五柞宮。

漢武帝為了方便出行，避免禍害百姓，又決定修建上林苑❸。阿城以南、以東以及宜春以西一帶地方，因可以和終南山連成一片，被漢武帝看中。漢武帝派太中大夫吾丘壽王統計登記土地面積和價格，強令遷徙農民。同時，漢武帝又命中尉、左右內史上報所屬各縣的荒田數量，讓失去土地的農民去開墾這些荒地。吾丘壽王按照指示辦理完畢，漢武帝對他很是讚賞。

這時，侍立在漢武帝身旁的東方朔❹站了出來，勸諫漢武帝說：「終南山對於長安而言，是一道天然的屏障。灞水、滻水之西，涇河、渭河之南，這些地方非常富饒，漢朝因此在這裡建立都城；秦朝能夠打敗西戎兼併崤山以東的地區也是憑藉它豐富的物產。百姓獲得收入的各種手工業的重要原料玉、石、金、銀、銅、鐵、優質木材等，都是產自這一帶山中。百姓能夠脫離饑寒、吃飽穿暖，也是因為這一帶田地中不光盛產稻、梨、栗、桑、麻、竹箭等物品，還適宜種植芋頭，水中又有許多青蛙和魚類，這些全部都能為人們提供食物。

以肥沃聞名的酆水和鎬水之間的土地，每畝都可值一斤黃金。這片土地如果被劃入上林苑，就會讓百姓失去生活依靠。」

「首先，修建上林苑會破壞農桑生產，減少百姓收入，並直接導致減少國家財政收入。其次，要想擴大野獸的活動範圍，就要毀壞百姓的房屋和墳墓，這樣做將會失去民心。再次，營建上林苑，需要在周邊挖溝壑修建護欄，不留心將容易傷到您自己。再來看看各朝各代：商末諸侯叛亂，是因為商紂王硬要修建內有九市的豪華宮殿；楚國百姓逃離，也是因為楚靈王執意築起奢侈的章華台；秦末群雄並起，更是因為秦始皇固執地興造阿房宮。身為臣僕身分卑微的我，冒犯陛下說些不中聽的話，實在是罪該萬死。」

漢武帝並沒有接受東方朔的諫言，仍然大興土木修建了上林苑；但對東方朔敢於直諫的勇氣表示欣賞，任命他為太中大夫，並授他給事中的官銜，賜他一百斤黃金。

---

❷【羽林郎】漢代所設的禁衛軍，爲皇帝的護衛，東漢稱羽林郎。

❸【上林苑】秦代的一個舊苑，漢武帝時期進行了擴建，是秦漢時期建築宮苑的典型。

❹【東方朔】本姓張，字曼倩，西漢著名詞賦家。

漢武帝並沒有接受東方朔的諫言，仍然大興土木修建了上林苑；但對東方朔敢於直諫的勇氣表示欣賞……

司馬相如[5]也寫了一封奏疏[6]，對漢武帝喜歡親自騎馬追擊、捕殺野獸的行為表示勸諫：「烏獲是大力士，慶忌行動敏捷，孟賁和夏育勇猛無敵。這說明每個人都有不同的才能，其實野獸也是如此。如今陛下喜歡親自射殺猛獸來尋求刺激，萬一某天被圍困的野獸因陷入絕境，凶性大發，拼命衝撞陛下的隨從車輛。在這種危急的情況下，就連一根枯樹朽木也能成為阻擋車輛前進的障礙。如果車輛來不及掉頭，再好的技藝、辦法也沒有時間施展。這樣危險的事情，就好比京城突然出現了胡人和越人的軍隊，而陛下的車輛被羌人和夷人所圍困。哪怕已經做好了萬全的準備，確定了沒有任何障礙，陛下也不應該將自己置於這樣的險境。」

「陛下每次出行都很謹慎地戒嚴街道，可即便如此，車輛奔馳於寬闊平坦的大路上，還經常會發生像鐵勒折斷、車輪脫出這樣的意外；更何況是一心想著追捕獵物，而沒有任何防備意識和準備，策馬穿梭在茂密的荒草間呢？由此可見，野獸的危害簡單明了。陛下您只樂於在潛伏著危險的娛樂活動中尋求刺激，卻忘記自己是一國之天子，對自身的安全並不放在心上，這樣的做法在我看來是不可取的。」

「災禍大多隱藏在一些細微之處，人們往往都察覺不到；而當人們忽略它的時候，災禍就發生了。然而，聰明的人卻能夠預見到尚未萌芽的問題，睿智的人更能夠提前避開還沒有完全形成的災禍。所以俗話說得好：『家裡有千金之財，坐的時候就不要靠著堂屋的邊緣。』這句話雖然說的是富有的人不坐在屋簷下的這種小事，卻蘊含著告誡人們不自蹈險地的大道理。」

漢武帝很認同司馬相如的這番話，從此收斂了自己的冒險行為。

---

❺【司馬相如】約前一七九年—前一二七年，字長卿，西漢大辭賦家。

❻【奏疏】臣子向皇帝陳述意見或說明問題的文章。

霍去病的一生

霍去病是衛青❶的姐姐衛少兒與平陽縣小吏霍仲孺的兒子。霍去病在衛青的影響下，自幼精通騎馬、射箭之術，十八歲時就被封為侍中。

在衛青第二次出擊匈奴時，十八歲的霍去病也跟隨衛青出征。漢武帝特地任命霍去病為驃姚校尉，率領八百騎兵。戰鬥期間，霍去病脫離大軍數百里，在茫茫大漠裡奇襲匈奴，斬殺及俘獲匈奴二千多人，生擒匈奴的相國、當戶，殺死匈奴單于祖父輩的藉若侯欒提產，並且活捉單于叔父欒提羅姑。為了表彰霍去病的功勞，漢武帝封霍去病為「冠軍侯」，讚歎他功冠諸軍。

元狩二年（前一二一年），漢武帝任命霍去病為驃騎（ㄆㄧㄠˋ ㄐㄧˋ）將軍，獨自率領一萬騎兵出征匈奴。霍去病率領部隊自隴西出發，六天中轉戰匈奴五個部落，並越過焉支山一千多里，斬殺了匈奴折蘭王和盧侯王，渾邪王子及相國、都尉也都被俘虜。這一戰，霍去病斬殺的匈奴軍士高達八千九百多人，匈奴休屠王祭天用的金人也成了漢軍的戰利品。為此，漢

武帝下詔書增加霍去病食邑二千戶。

同年夏天，漢武帝決定乘勝追擊，派遣霍去病和合騎侯公孫敖率領數萬騎兵從北地分兩路出征；衛尉❷張騫和郎中令李廣也率軍從右北平出擊。李廣率領的四千先鋒部隊，被匈奴左賢王率領四萬騎兵包圍。李廣帶領將士與匈奴士兵激戰兩天，殿後的張騫大軍趕到，匈奴軍才撤圍離去。張騫和李廣率領的部隊或趕路，或激戰，都疲憊不堪，無力再追趕匈奴軍，只能撤兵而還。同時，與霍去病所部配合作戰的公孫敖所部，因中途逗留，與深入匈奴地區二千餘里的霍去病所部失去聯絡，沒有起到應有的助攻作用。霍去病孤軍深入，率領部隊跨越居延海，經過小月氏，到達祁連山。就在祁連山，霍去病所部生擒匈奴王單桓、酋塗，斬殺敵人三萬多人，俘虜匈奴小王七十多人；匈奴丞相、都尉率眾二千五百人投降。漢武帝再次增加霍去病食邑五千戶，其部下有功的將領也各有封賞。

當時，霍去病統帥的將士、馬匹、兵器都經過挑選，比漢軍中老資格的將領們所用的還要好。霍去病因為經常率領精壯騎兵走在大部隊的前面，敢於深入敵軍作戰，加上似乎得到

---

❶【衛青】字仲卿，河東平陽（今山西臨汾市）人，與外甥霍去病並稱「帝國雙璧」。衛青率領漢朝軍隊對抗匈奴軍隊，連戰連捷，無一敗績，成爲那個時代的英雄。

❷【衛尉】九卿之一，負責統率衛士，守衛皇宮。

上天青睞從未陷入絕境，所以屢屢立功。因此，霍去病的地位也越來越尊貴，漸漸追上了大將軍衛青。

到了秋天，匈奴單于想把一再戰敗的渾邪王與休屠王召到王庭處死，渾邪王與休屠王因為害怕便計畫投降漢朝。漢武帝收到消息，不知道匈奴二王投降的真假，於是就派霍去病前往黃河邊受降。渾邪王殺了對降漢之事後悔的休屠王，吞併了他的屬下部眾。當霍去病率部渡過黃河的時候，渾邪王部下將領很多人不願投降，紛紛逃走。面對這樣的情形，霍去病縱馬馳入渾邪王大營，斬殺了其企圖逃跑的部下八千人，又讓渾邪王一人乘坐傳旨的車去朝見

西元前一二一年，漢武帝任命霍去病為驃騎將軍，獨自率領一萬騎兵出征匈奴。

漢武帝；同時，霍去病命渾邪王部下眾人全部渡過黃河。渾邪王到達長安後，漢武帝封他為漯陰侯，食邑一萬戶，並賞賜數十萬財物。渾邪王部下呼毒尼等四位小王也全部被封為列侯。受降這件事又增加了霍去病食邑一千七百戶。

元狩四年（前一一九年），為了徹底消滅匈奴主力，漢武帝發起了規模空前的「漠北之戰」。這一戰規模宏大，有十萬騎兵，四萬匹馱運行裝的馬匹，數十萬步兵和運送輜重的人夫。漢武帝命衛青、霍去病各率領五萬騎兵出征，把敢於深入作戰的兵士都歸屬給驃騎將軍霍去病，讓霍去病正面攻擊匈奴單于。後來從俘虜口中得知匈奴單于在東邊，於是漢武帝又改命霍去病從代郡出塞，衛青從定襄出塞，卻不知道匈奴單于已經將輜重運到北方，並命精銳部隊在沙漠以北等候漢軍。

霍去病率領騎兵從代郡、右北平郡出塞，奔襲兩千多里尋找匈奴主力。在穿越大沙漠之後，霍去病所部與匈奴左部的軍隊遭遇。霍去病以一萬五千的損失數量，殲滅了七萬多敵人，俘虜了匈奴王爺三人，及將軍、相國、當戶、都尉八十三人。霍去病一路追殺，來到了狼居胥山一帶。在這裡，霍去病暫作停頓，率大軍在狼居胥山舉行祭天儀式，在姑衍山舉行祭地儀式。祭祀天地之後，霍去病繼續率軍深入追擊匈奴軍，一直打到翰海，俘獲了匈奴七萬零四百四十三人。這一仗過後，漢武帝增加霍去病食邑五千八百戶。

因為衛青與霍去病兩支部隊出塞入塞之時，都曾在邊塞檢閱官私馬匹數量，於是，漢武帝增設大司馬一職，大將軍衛青、驃騎將軍霍去病皆加官為大司馬。同時，漢武帝下令，驃騎將軍俸祿與大將軍相同。從此，霍去病日益尊貴，而衛青的權勢日漸衰落，衛青的許多朋友和門客都轉而投奔了霍去病。

霍去病為人性情沉穩，不愛說話，有氣魄，有擔當。漢武帝曾想教霍去病學習孫武、吳起兵法，霍去病回答說：「作戰用不著古代兵法，只看謀略如何罷了。」漢武帝讓霍去病前往觀看為他修建的府第，霍去病又說：「匈奴的威脅還沒有完全解除，不能先經營自己的家。」漢武帝因此更加器重霍去病。

霍去病因為年紀很小就顯達尊貴，所以不懂關心部下。他率軍出征時，漢武帝派人裝了數十車的食物送給他，結果班師回朝時，有的士兵餓著肚子，車上卻裝滿剩下的糧食和肉類。在塞外時，霍去病也不顧軍隊因缺糧而士氣不振，還修建蹴鞠場地供自己娛樂。

元狩六年（前一一七年），郎中令李敢因為父親李廣抱恨而死，怨恨大將軍衛青並將其打傷，衛青卻隱瞞了此事。後來，霍去病用箭射死隨漢武帝到雍地甘泉宮狩獵的李敢。漢武帝當時正寵信霍去病，便為其隱瞞真相，宣稱是鹿奔跑撞死了李敢。

同年九月，二十四歲的冠軍侯霍去病因病去世。漢武帝對霍去病的死非常悲傷，下令將霍去病的墳墓修成祁連山的模樣，彰顯他力克匈奴的奇功。

蘇武牧羊

自衛青、霍去病率軍穿越大沙漠打敗匈奴以後，匈奴很少再對漢朝進行侵擾，並多次派使臣到漢朝請求和親。但匈奴並非真心求和，還扣留了漢朝出使匈奴的使者路充國等人。漢朝因此也扣留了一些匈奴使者。匈奴單于死後，其弟左大都尉且侯被立為單于。剛剛即位的且侯單于害怕漢軍襲擊，便派使臣向漢朝進貢，還把漢朝的使者都放回來。漢武帝為了答謝且侯單于的好意，派中郎將蘇武攜帶厚禮，將留在漢朝的匈奴使臣送回匈奴。

蘇武與副使張勝及隨員常惠到達匈奴後，送上禮物，發現且侯單于比前任單于更加驕橫，並非漢朝希望的樣子。當時，匈奴有個叫衛律的人原是漢朝使者，後來投降匈奴被封為王。衛律有個部下叫虞常，跟副使張勝原是朋友，與張勝暗中商量，想殺了衛律，劫持單于的母親，逃往漢朝。後來事情敗露，張勝怕受到牽連，告訴了蘇武。蘇武為避免有負朝廷，企圖拔刀自殺，被張勝和常惠阻止。

後來虞常供出張勝，單于大怒，想殺死漢使，被大臣勸阻。單于又叫衛律去傳話給蘇

武，讓他投降。蘇武豈肯喪失氣節，拔刀刺入自己的身體，經搶救才慢慢甦醒。單于佩服蘇武的氣節，每日都派人問候。蘇武痊癒之後，單于又想逼蘇武投降，讓他旁觀審訊虞常和張勝。虞常被定為死罪，斬首；張勝貪生怕死，投降了匈奴。衛律說蘇武要被連坐，被蘇武反駁，他又舉劍嚇唬蘇武，蘇武不為所動。衛律又耐心勸說蘇武，被蘇武怒罵一頓。

衛律碰了一鼻子灰，只得稟報單于。單于越發想要蘇武歸順，便把蘇武關在地窖裡，不給他吃的喝的，想以此逼他屈服。當時正是冬天，外面下著大雪，蘇武躺在地上，渴了就捧一把雪止渴，餓了就扯衣服上的毛皮充饑，過了幾天也沒有死。單于見折磨蘇武也沒用，就把他放逐到北海[1]荒無人煙的地方去放羊，並說等公羊產奶就放他回國。常惠等使團中不肯投降的官員，也被分別扣留在其他地方。

被放逐到北海後，蘇武沒有糧食來源，就只能去挖掘野鼠所藏的草籽吃。北海周邊沒有別的人，唯一陪伴蘇武的只有漢朝的符節。他白天拿著符節放羊，晚上也抱著符節睡覺，一天二十四小時都不離手。符節上的毛纓經過長時間的風吹日曬都完全脫落了。

蘇武在漢朝當侍中時，有一個同僚叫做李陵[2]。李陵官職與蘇武相同，後來卻投降了匈奴。李陵自覺與蘇武相比很是慚愧，所以不敢去見蘇武。轉眼之間，距離蘇武到北海去牧羊已經很久。匈奴單于因為李陵與蘇武曾經同朝為官，所以派李陵去北海，想讓他勸說蘇武投降。李陵到達北海之後，當天晚上就命人擺酒設宴，並親自邀請蘇武參加，還叫上樂隊在旁邊歌舞助興。

宴席上，李陵勸說蘇武：「單于聽說我們兩個同朝為官，交情一向深厚，所以讓我來勸說你，答應你歸順他之後，會誠懇地對待你。你在這荒無人煙的地方，再如何忍受煎熬，也回不去漢朝了。你對漢朝的信義，除了老天，也沒人看得到。你的兩個兄弟，先前因為犯了罪，都已經自殺；我離開長安的時候，你的母親也去世了；而你年輕的夫人，早就已經改嫁；你一家只剩下兩個妹妹、兩個女兒、一個兒子，如今過了十幾年，也是生死不知。人生就像朝露一樣短暫，何必這麼長久地折磨自己？我當初剛投降匈奴時，想到自己辜負了漢朝，還連累老母親遭受牢獄之苦，終日精神恍惚，幾乎要發狂。所以，我比你更能明白這種不願歸降的心情。而且過了這麼多年，皇上也老了，法令隨時變更，數十家大臣全家被殺，安危不可預料。就算是放你回去了，你也是前途未卜，又何必苦苦守節呢？」

蘇武說：「沒有皇上的栽培，我們父子兄弟也只是碌碌無為的普通人。今日能夠位列公卿，成為皇上的親近之臣，全靠皇上的恩德，就算是犧牲一切，我也要報答。如今有機會犧牲自己效忠皇上，哪怕是身首異處，放到湯鍋裡烹煮，我也會心甘情願地去赴死。君為父，

---

❶【北海】在今山東省濰坊市昌樂縣東南。

❷【李陵】字少卿，隴西成紀（今甘肅靜寧縣南）人。西漢將領李廣之孫。

臣為子，大臣效忠君王，就像兒子效忠父親，兒子為了父親而死，死了也沒什麼可恨的。所以你不必白費口舌了。」

李陵與蘇武共飲了幾天，還是不死心，又想再次勸說蘇武。蘇武攔下李陵想說的話，說：「死亡一事早就在我的意料之中，我並不害怕。如果你想結束今天的歡樂，讓我死在你的面前，那你就繼續勸我投降吧！」李陵對蘇武的赤誠之心非常佩服，長歎道：「唉！我和衛律都有負朝廷，天理難容，只有你是真正的義士啊！」說著，眼淚直流。最後，李陵也沒有達成來時的目的，送給蘇武數十頭牛羊之後，就離開了北海。

他白天拿著符節放羊，晚上也抱著符節睡覺，一天二十四小時都不離手。符節上的毛纓經過長時間的風吹日曬都完全脫落了。

後來，李陵再次到北海，告知蘇武漢武帝去世的消息。蘇武聽聞後，面向南放聲大哭，吐血了也不在意。每天早晚這麼哭弔，持續了幾個月。再後來，且鞮單于去世，壺衍單于即位，匈奴發生了內亂，國家四分五裂。新單于經常擔心漢朝派兵攻打，衛律便建議單于與漢朝和親。漢昭帝和匈奴達成和議，派使者到匈奴要求單于放回蘇武等人，匈奴謊稱蘇武已經死了。

再後來，漢朝使者第二次到了匈奴，蘇武的隨員常惠偷偷找到漢使，敘說了這些年蘇武在匈奴的情況，並教他對單于說：「天子在上林苑中射獵，射下一隻大雁，誰知大雁腳上繫著帛書，上面寫著蘇武等人在北海。」漢使得知蘇武還活著，非常高興，按照常惠教他的話去責問單于。單于環顧左右之人，非常驚訝，只能向漢使道歉說：「蘇武確實還活著。」為了向漢朝表達求和的誠意，匈奴只能把蘇武等人放了。

李陵得知蘇武終於能回到漢朝，也為他感到高興，安排酒宴向蘇武祝賀說：「今天你回歸漢朝，總算完成了使命。你不屈的氣節在匈奴中傳頌，功績在大漢也十分顯赫，要超過了史書上記載的那些留傳畫像的人。我李陵雖然膽小愚昧，但假如漢朝當年能寬恕我的罪過，放過我的老母，我也願意忍辱負重，效仿春秋時期的曹劌伺機而動。然而漢朝逮捕殺戮我的全家，使我背負深仇大恨，我還再顧念什麼呢？算了，這些事情也過去了，說出來只是讓你了解我的心罷了。」李陵說得眼淚縱橫，與蘇武就此別過。

單于召集蘇武出使時的部下，除去已經投降和死亡的，還有九人，於是讓他們跟隨蘇武回朝。蘇武回到長安後，漢昭帝下令讓蘇武帶牛、羊、豬一頭，以最隆重的儀式去拜謁武帝的陵墓和祠廟。同時，封蘇武為典屬國，俸祿中二千石；同時得到賞錢二百萬、官田二頃、住宅一所。蘇武壯年出使匈奴，意氣風發；被扣匈奴十九年，回來滿頭白髮。李陵的好朋友霍光、上官桀，見蘇武回朝，特派任立政等三人前往匈奴勸說李陵，想讓他也回來。李陵對他們說：「要回去並不難，但我已屈辱地投降了匈奴，不想再屈辱地回去。」於是李陵就一直在匈奴直到終老。

東漢盡忠職守的官吏們

為了檢舉官吏中的貪贓枉法之徒，表彰德行優良、盡忠職守的地方官吏，東漢順帝派遣光祿大夫[1]張綱、杜喬等人到各州郡去進行視察。俸祿在二千石以上的官吏都在調查範圍之內。一旦被查出有貪贓枉法的行為，如果是縣令以下的地方小吏，這些特派官員可以直接將他們逮捕法辦，如果是封疆大吏，則把他們的名字記錄在案，呈遞給皇帝定奪。

張綱接到朝廷的命令後，說自己的車輪陷在泥地裡，走不了了。朝廷派人來催促他，他卻說：「朝廷不讓我們去抓橫行霸道的豺狼，卻要我們去抓狐狸，這樣做有用嗎？」他還寫了一封彈劾官員的奏章呈遞給皇帝，奏章上寫道：「陛下把國家的朝政大權交給像大將軍梁冀和河南尹梁不疑這樣的人，他們不但不幫助皇上治理朝政，反而利用皇上給他們的權力毫無顧忌地貪贓枉法，窮奢極欲。我們作為臣子的看在眼裡、痛在心裡。現在我列出他欺上瞞

❶【光祿大夫】漢武帝時設置的官職，相當於皇帝的顧問，俸祿爲二千石。

下、搜刮錢財的十五件大事，讓大家看看他們的真面目。」

大將軍梁冀和河南尹梁不疑是當時權傾朝野的梁氏家族的代表人物，他們都是當時正大受寵幸的梁皇后的家人，平常在朝堂上囂張跋扈，隨意安插自己的親戚任要職，隨意升降官吏，其他大臣們敢怒而不敢言。現在張綱竟然敢寫奏章告他們，整個京都洛陽都震驚了。順帝看了奏章之後，明白張綱說的都是真話，但是他又不想惹梁皇后不高興，就把這封奏章束之高閣了。

杜喬按照命令來到了兗（ㄧㄢˇ）州，發現兗州民風淳樸，百姓都安居樂業，很少有盜竊之事發生。官員們也沒有做過什麼貪贓枉法的事情。於是杜喬向朝廷奏明，說當地的郡太守李固治理得當，政績天下第一。順帝便把李固徵召到京都洛陽做將作大匠❷，留在了京師。

其他被派往地方的使者也都能履行職責，表彰了一批清官能吏，彈劾了一批貪官污吏。但那些被彈劾的地方官吏多數背景深厚，不是外戚的親友，就是宦官的同黨。外戚和宦官們大權在握，互相庇護，因此所有的彈劾案都被擱置下來，那些被彈劾的人繼續逍遙法外。這種情況令張綱等人非常痛恨，於是張綱再次進行舉報。廷尉吳雄和剛做上將作大匠的李固也上書要求說：「應該迅速嚴懲八位使者指控的貪官污吏。」順帝看到這麼多人上奏摺要求自己嚴懲貪官，只好重新把八位使者的彈劾奏章拿出來，並一一審查定罪。

張綱再三跟外戚集團做對，使得梁冀等人對他懷恨在心，想盡辦法想要陷害他。當時，廣陵郡有一夥猖獗的盜賊，在揚州、徐州一帶作亂已有十多年，歷任郡太守對他們都束手無策。梁冀由此想到了一個陷害張綱的辦法，他請求皇帝讓張綱擔任廣陵郡太守，準備等他上任之後，誣告他治理不力。朝廷也知道這夥盜賊很厲害，以前的廣陵郡太守到任時，朝廷就會多派兵馬給他們，以便鎮壓盜賊。但張綱卻拒絕了朝廷的好意，只帶了幾個親信前往。

到了廣陵，張綱打聽出這夥盜賊的首領叫張嬰，此人本是一介良民，因為被當地官員壓榨得太厲害才聚眾造反。於是，張綱來到張嬰山寨的大門，要求與張嬰面談。張嬰看張綱不慌不忙的樣子，怕他身後有朝廷的軍隊，就吩咐手下把營門關緊。張綱看到這種情況，把跟他前來的其他官吏和百姓都打發走了，身邊只留下十幾個親信。然後寫了一封信讓嘍囉們帶給張嬰，請他出來見面。張嬰看到張綱身邊只剩下十幾個人，於是出營相見。

張綱見到張嬰後對他說：「我知道你也是被逼無奈才造反的。過去的很多郡太守貪贓枉法，殘暴無能，只知道剝削百姓。使得你們生活困苦、心懷憤怒，以致聚眾起兵。錯在朝廷，然而你們聚眾作亂也是不符合大義的。當今聖上已經決定寬恕你們，施以恩德，讓你們重新安居樂業。我受皇上所託來到這裡，並不是為了剿滅你們，而是要賜給你們封爵和官位，讓你們能夠光宗耀祖。今天就是你們轉禍為福的日子。如果今天你們還不願意歸降，到

---

❷【將作大匠】掌管宮廷修建的官職。

時候荊州、揚州、兗州、豫州的大軍集合到這裡，你們想投降也晚了。更別說光宗耀祖了。這兩種選擇的利害關係我已經講清楚，請你慎重考慮一下。」

張嬰本來就是通情達理的人，聽了張綱的話很是感動，他說：「我們都是一些只有蠻力卻沒有什麼真本事的人，如您所說，我們是忍受不了剝削迫害才聚集在一起，自己也知道這不是長久之計，也想有朝一日報效朝廷。今天您能來此招安我們，您就是我們的再生父母啊！」第二天，張嬰便率領部眾前來向張綱投降。張綱命人大擺筵席，款待張嬰等人。酒席散後，他便讓張嬰的部眾各自散去，有家的回家，沒家的尋找其他生路。他還分給張嬰一些住宅和田地，任用張嬰的子孫為地方官吏。

從此，廣陵郡再無大規模盜賊，政治清明，一團和氣。朝廷中負責審核政績的官員認為張綱應當被封為侯爵，但梁冀等人在順帝面前說了很多張綱的壞話，順帝於是取消了對張綱的封賞。一年後，張綱因病去世，廣陵郡眾多百姓身穿喪服為他舉哀，張嬰等人一路護送他的靈柩回到他的家鄉，替他築成墳墓。順帝聽到這個消息很悲痛，下令封張綱的兒子張續為郎中，並給他送來了一百萬錢。

當時，俸祿為二千石的官吏中，被表彰最多的是冀州刺史蘇章和膠東國國相吳出。蘇章能夠知人善任，明察秋毫，絕不姑息。他在轄區巡視，查出他的一位做太守的好朋友貪贓枉法。於是他請這位朋友喝酒，兩個人開懷暢飲，相談甚歡。朋友以為蘇章既然宴請他了，肯定會顧念往日情誼，不再治他的罪，高興地說：「別人頭上只有一個天，而我頭上有兩個天，你就是我的天。」蘇章聽後微微一笑說：「今晚，我和你暢飲是因為我們是朋友；明天，我是冀州刺史，你是郡太守，我們都要依法辦事。」第二天，蘇章便檢舉了朋友，並給他判了罪，全州百姓和官吏都肅然起敬。後來，蘇章又先後打擊了很多與外戚和宦官聯繫緊密的官員，最終被惡人誣陷，免去官職。

吳出出任膠東國國相期間，寬容愛民，鼓勵生產，百姓們都很愛戴他。有一位鄉嗇夫❸私自挪用百姓的賦稅給自己的父親買了件衣服。他的父親知道這件事之後，非常生氣地對他說：「你這麼做對得起吳國相嗎？你怎麼忍心欺騙這樣仁愛的長官？」說完便命自己的兒子去吳出那裡自首認罪。鄉嗇夫只好聽從父親的話，拿著衣服回官府認罪去了。吳出見他戰戰兢兢地進來，便摒退左右，倒了杯茶水給他。等他放鬆下來，才問他是怎麼回事，鄉嗇夫說明了來意，還把父親的話講了一遍。吳出聽完並沒有怪他，反而還勸他向他父親學習，並把衣服送給了他的父親。

---

❸【鄉嗇夫】古代鄉官的一種，主要負責收取賦稅。

班超出使西域

永平十六年（七十三年）春，東漢明帝派遣黃門侍郎祭肜（ㄓㄞˋ ㄖㄨㄥˊ）、奉車都尉竇固等人兵分四路剿滅北匈奴殘餘勢力。

祭肜與臣服漢朝的南匈奴左賢王分在一組，兩人共同指揮一支軍隊從高闕塞出發剿滅敵軍。到了一座山丘後，南匈奴左賢王撒謊對祭肜說：「不用再往前走了，這兒就是北匈奴的老窩，我們在這裡等著他就行了。」祭肜信以為真，讓將士們安營紮寨，在山丘上等候北匈奴軍隊。結果什麼也沒等來，只好無功而返。

竇固和耿忠分在了一組，兩人帶著軍隊追上了北匈奴的呼衍王，殺了一千多人，呼衍王帶兵逃竄，竇固帶兵一路追擊，一直殺到蒲類海，佔領了伊吾盧地區。耿忠趕到後，竇固說想在伊吾盧地區設置宜都尉，耿忠覺得應該這樣，便留下一部分將士在此守護。

耿秉和秦彭率領大軍剿滅北匈奴匈林王，匈林王實力不濟，遠遠地看到漢朝軍隊就開始逃跑，耿秉和秦彭率軍追到三木樓山後，看很難追上，又怕敵人憑險設伏，於是帶兵返回。

來苗和文穆率領的大軍遇到了一些北匈奴的蝦兵蟹將，不堪一擊，二人雖然勇猛，但也沒有立下大功。

回朝後，有大臣認為祭肜畏敵不前，率軍在一座小山丘逗留數日，貽誤了戰機。明帝聽信了讒言，把祭肜革職入獄。不久，明帝知道了事情的真相，赦免了祭肜。但祭肜痛恨自己被小人矇騙，再加上牢獄之苦，因此一病不起，沒過幾天就吐血而亡了。臨終前，祭肜對兒子說：「皇上一直很信任我，但我辜負了他的信任。所謂無功不受祿，等我死後，你要把皇上給我的那些賞賜，全部登記在冊，然後上繳朝廷。我報效國家的願望只有你來幫我實現了。」祭肜去世後，他的兒子以奏章的形式將他的遺言呈遞給了明帝，並把明帝給他的那些賞賜全部歸還。此時，明帝正要重新啟用祭肜。看到祭肜的遺言，明帝痛心疾首。

在這次征討北匈奴的戰役中戰功赫赫的竇固受到表彰，被加官晉爵，主管西域事務。竇固出兵攻打匈奴時，軍中有一名代理司馬名叫班超。他本是個文墨書生，因為哥哥班固的緣故投筆從戎，開始了軍旅生涯。這次攻打匈奴時，班超顯示了與眾不同的才能。當時，正是他率兵進攻伊吾，幫助漢軍旗開得勝的。竇固很賞識他的軍事才幹，主管西域事務之後，竇固決定派他和從事郭恂一起出使西域。

班超帶著三十幾個人首先到達西域的鄯善國，勸說鄯善王向漢朝稱臣。鄯善王非常熱情而有禮節地接待了他們，每天都送來美食美酒供他們吃喝。但是，沒過多久，鄯善王的態度便發生了變化，不但不送美食美酒了，甚至連個招呼都懶得打。班超察覺到了這一點，對手下的人說：「鄯善王對我們的態度發生了變化，你們說是什麼原因？」眾人說：「胡人就是這樣，時冷時熱的。」班超不這樣認為，他分析了一下說：「一定是匈奴的使者來鄯善了，所以鄯善王才會猶豫不定，不知道該親近哪方。不過，這只是我們的猜測，要想知道事情的真相，還得找人來問問。」

匈奴人見狀，還以為敵人的大部隊來了，紛紛奪門而出，亂成一團。班超帶領眾人，順勢殺了過去。

於是，當鄯善的侍者送飯來的時候，班超假裝已經知道了實情，煞有介事地說：「匈奴的使者來了怎麼不給我們引薦？你能告訴我他們住在哪兒嗎？」侍者聽了，以為他們已經知道了事情的真相，只好如實相告：「他們住在離這裡三十里遠的地方，已經來三天了。」

為了不讓侍者透露風聲，班超命人暫時把他關押了起來。隨後，他召集了自己帶來的全部手下，一共三十六名，唯獨沒有叫從事郭恂。班超請大家一起喝酒，等到酒過三巡，班超慷慨激昂地對眾人說：「大家也看到了，北匈奴使者剛來了三天，鄯善王就開始這樣對我們。我們遠離故土，來到西域，為的是建立功勳，而不是看別人的臉色。如果鄯善王最終選擇了親近北匈奴，那麼他一定會陷我們於不義。我們與其等著變成豺狼口中的食物，還不如想個辦法奪回主動權，大家有沒有什麼好辦法？」

眾人雖然沒有想出辦法，但都表示願意聽從班超的安排，上刀山，下油鍋，在所不辭。班超聽到眾人的表態後高興地說道：「其實，我已經想到了一個可以讓大家揚名立萬的辦法，就是趁午夜的時候，用火攻擊匈奴使者。大火燒起來之後，他們必然會驚慌失措。因為天黑，所以他們看不清楚我們有多少人，如此一來，我們就可以趁機殺個痛快。我們在鄯善王的地盤殺光了匈奴使者，匈奴必然會記恨鄯善王，鄯善王就只能與我們合作了。」

有一個部下問：「郭恂怎麼辦，我們要不要跟他商量一下，畢竟他也是跟我們一起的。」班超解釋說：「郭恂是文弱書生，做事優柔寡斷。今晚我們進行的是生死之戰。如果他知道我們的打算後，易被別人看出破綻，那豈不是壞了我們的大事？大家要死得無聲無息，還是要做英雄好漢？」眾人齊聲說：「做英雄好漢。」

天公作美，這天夜裡颳起了大風。班超帶著火具，隨從們有的拿著戰鼓，有的拿著兵器，直奔北匈奴使者的住處。班超讓十幾個拿著戰鼓的人藏到匈奴使者營房的後面，班超告訴他們，一旦見到火光，就一同大聲吶喊著擂鼓。其他人則隱蔽在大門的兩邊，拿著兵器準備殺敵。班超負責點火，點著了火之後，火借風勢，匈奴人的住所瞬間成了一片火海。四周戰鼓陣陣，殺聲四起。匈奴人見狀，還以為敵人的大部隊來了，紛紛奪門而出，亂成一團。班超帶領眾人，順勢殺了過去。最終，北匈奴的使團全軍覆沒，其中大多數人被燒死，另有三十幾人被斬殺，還有的是被自己人踩死的。班超驍勇善戰，親自殺了三名匈奴人。

殺光北匈奴使者之後，班超帶領眾人返回住所，這才將事情的經過告訴了郭恂。郭恂聽後，先是表現得很驚恐，而後又露出失望的神情，覺得班超不把自己當兄弟。班超看出了郭恂的想法，便勸慰他說：「雖然你沒有參與昨晚的行動，但是，功勞是咱們倆的，我不會不顧兄弟情義的。」郭恂嘴上說自己並不在乎什麼功勞，臉上卻露出喜色。

第二天天亮之後，班超拜見鄯善王，把昨晚的事情告訴了他，並將匈奴使者的首級拿給他看。鄯善王和眾大臣看了之後都很恐懼。班超看準時機，把漢朝的政策和恩德告訴了鄯善王，表示只要他歸順漢朝，殺死匈奴使者的事由漢朝負責。班超對他說：「希望貴國不要再與北匈奴交往。」鄯善王看到親近北匈奴是不可能了，便跪倒在班超面前說：「鄯善國願向漢朝稱臣，從此與北匈奴為敵。」按照當時的慣例，班超把鄯善王的兒子作為人質，帶到了漢朝。

班超從西域歸來後，把這次出使的經過告訴了竇固。竇固又把經過彙報給了明帝，並強調了班超等人的功績。班超因此被加官晉爵，還得到了很多賞賜。沒過多久，朝廷準備再次選派使者前往西域南道的于闐國。明帝下旨告訴竇固說：「這次出使西域就不用再選人了，班超這樣的人才要多用才是，朕任命班超擔任軍司馬一職，即刻前往西域。」竇固知道于闐國比鄯善國更加遙遠，也更加難以收服，準備為班超增加隨從人員。但是，班超卻對竇固說：「這次前往于闐，路途遙遠，帶的人多雖然能顯示我大漢朝的強大，但是，萬一有不測發生，人多反而不利於統一行動和撤退。」所以，他只帶著以前的老部下前往。

西域南道的于闐國本是北匈奴的附屬國，受匈奴的監護。班超到達該國後，于闐王對班超等人很是冷漠。于闐國信奉巫術，班超剛到于闐國，有位巫師就對于闐王廣德說：「天神在質問我們，我們既然已經向匈奴稱臣，為什麼還要向漢朝稱臣？這是不忠的表現，漢朝的使團中有一匹黑唇的黃馬，趕快把那匹馬的頭砍下來，我要把它作為祭品獻給天神，求天神饒恕我們。」

於是，于闐王派人向班超索要那匹馬。班超問清楚原因之後，隨即答應了下來，但提要求，必須由巫師本人親自來取馬。于闐王就讓巫師過來取，班超上前，一刀砍下了巫師的腦袋。同行來的于闐國丞相私來比也被班超抓了起來，打個半死。班超提著巫師的頭顱去見于闐王廣德，並譴責他的行為。于闐王早就聽說過班超在鄯善國斬殺匈奴使者的事，如今看他做事這麼勇敢，心生佩服，便立刻殺了匈奴的使者，決心臣服漢朝。班超賞賜給他們很多財物，以表漢朝君主的浩蕩皇恩。

從那以後，西域各國都知道了漢朝臣子中有一名勇敢善戰的班超，紛紛表示臣服，主動把王子送到漢朝作為人質。班超的出使使西域和漢朝中斷了六十五年的關係再次恢復。

馬太后拒絕封賞外戚

漢章帝繼位離不開他幾位舅舅的幫助，因此，繼位之後，他準備封賞自己的舅舅，但是一直受到馬太后的阻撓。

建初二年（七十七年）春天，全國大旱，有人上書漢章帝說：「由於陛下長期不封賞外戚，所以現在老天爺要懲罰我們，您還是按照慣例早日封賞外戚吧。」漢章帝聽信了大臣們的話，準備封賞外戚。馬太后知道後，又開始阻攔，還頒布了一道懿旨❶說：「這些大臣們為了向外戚官員獻媚，為了一己私利，打著求雨的幌子，要求陛下封賞外戚。封賞了外戚真的能求來雨水嗎？當年，漢成帝在一天之內賞封自己的五個舅舅為侯爵，怎麼沒有下一滴雨？其結果是外戚權勢越來越大，直接影響了國家的安定和團結。先帝就懂得這個道理，所以他從來不讓自己的舅舅擔任要職。現在，我們馬家的後代雖然貴為外戚，但是，怎麼能

❶【懿旨】皇太后或皇后的詔令或指令。

與昔日的陰家[2]相比？陰家個個都是品德高尚、才能過人的人。衛尉陰興品德高尚，被天下人稱頌。皇宮中的使臣到他家傳旨，陰興連鞋都顧不上穿就迎了出來。新陽侯陰就雖然有時不拘小節，但他是眾大臣中最聰明的一個。原鹿貞侯陰識的忠誠勇敢為世人稱道。陰家的人個個都像這三位一樣出類拔萃，我們馬家的人根本就無法與人家相比。他們鋪張浪費，辦喪

「我作為一國之母，應該為天下人做出表率。所以我崇尚節儉，自己從來不穿什麼綾羅綢緞，也不吃美味大餐，更不佩戴貴重的首飾。」

事時場面過於宏大，平常吃穿住行用的都是奢侈的東西。如果他們看到了自己的這些錯誤，改正了就好。遺憾的是，他們並沒有看到。」

「我作為一國之母，應該為天下人做出表率。所以我崇尚節儉，自己從來不穿什麼綾羅綢緞，也不吃美味大餐，更不佩戴貴重的首飾。我原來以為，我的娘家人看到我這樣，會跟著學，沒想到他們不但不以為然，而且聚集在一起嘲笑我說：『但願太后可以一直堅持這樣的「節儉」。』有一次，我路過濯龍門，看到馬家門口車水馬龍，到那裡拜訪的人把道路都堵上了。馬家的奴僕們個個穿著綾羅綢緞，我的穿著跟他們比起來還要遜色三分，更不用說我的傭人了。我知道勸他們也沒有用，就想著自己盡量節省，來替他們贖罪。但是他們從來不體諒我的良苦用心，該怎麼奢侈還怎麼奢侈。沒有人比我更了解你這些舅舅，畢竟他們都是我的家人，如果他們掌握了大權，不但會辜負先帝和陛下的一番苦心，還可能造成像前朝一樣的外戚亂政的局面。」

漢章帝看完後，解釋說：「母后言重了，舅父封侯只不過是朕想按照慣例辦事而已。自漢朝建立以來，都有外戚封侯的慣例，我們應該遵守才是。朕知道您擔心外戚作亂，又滿懷

---

❷【陰家】南陽陰氏。在東漢，陰氏家族是「等一」的外戚世家，漢光武帝劉秀寵幸陰麗華，因此，她被封為皇后。以下的陰興、陰就等人都是陰氏家族的成員。

謙讓之心。但是，朕的舅舅衛尉馬廖年事已高，城門校尉馬防和越騎校尉馬光又都有重病在身。他們就是想作亂也沒有力氣了。如果這時候朕還不給他們封賞，一旦他們突然離世，朕就要被天下人指責。所以，還是不要再拖延了，盡快封賞吧。」

馬太后又下了一道懿旨說：「我很感激皇上對我們馬家的照顧，但是，封賞你的舅舅們於國於民都不是什麼好事，我們馬家也會因此受害。以前，竇太后❸打算封賞王皇后❹的哥哥。丞相周亞夫❺就以『高祖規定，沒有軍功的人不允許封侯』為由勸阻了她。建武中興時期的外戚陰家和郭家之所以被大加封賞，原因是陰家和郭家人才輩出，戰功赫赫。可是，馬家的人都是文人，沒有哪個人有軍功的，怎麼能說封侯就封侯呢？」

「歷史上那些沒有什麼功勞卻得到多次封賞的富貴之家沒有一個有好下場的。多次的封賞，就像樹木在一年之中多次結果一樣，必然會損傷其根基。何況，人們得到爵位的目的是為了光宗耀祖，獲得俸祿，滿足日常生活的需要。現在，我們馬家已經擁有了這一切，皇上給我們的已經夠多了，再多幾塊封地又能如何呢？所以，皇上還是不要再對你的舅舅們進行封賞了。」

「當前，國內大旱，民不聊生。皇上應該考慮的是民生大計，而不是對外戚的封賞。當然，你已經成年，況且又是一國之君，這些事情自然應該是你說了算。但是，現在先皇駕崩未滿三年，你還在服喪期內，封賞外戚這件事情又關係到我娘家的人，所以這事應該由我決定。假如從此國泰民安，風調雨順，那以後我就不再干涉政事，完全由你一個人決定就好。我只等著頤養天年。」

聽了太后的這番話，漢章帝終於打消了封賞外戚的念頭。

馬太后對於自己和自己的家人要求很高，她曾對三位輔政大臣說：「如果馬氏家族及其姻親中，有擾亂、干預地方政事的，不要姑息，要依法行事。」馬太后的母親下葬後，衛尉馬廖等人把陵墓的封土弄得很高，馬太后看到之後馬上責備了他們，並讓他們降低了封土的高度。馬氏家族中如果有人犯了錯，即便是很小的錯誤，馬太后一定親自把他找來加以訓斥。如果錯誤過大，會被馬太后直接遣返回老家，永不錄用。馬太后從漢章帝那裡得知了廣平王劉羨、鉅鹿王劉恭和樂成王劉黨等人在生活中異常節儉，從來不裝飾車馬，自己也穿著粗布衣服後，分別賞賜每人五百萬錢。

由於馬太后以身作則，並且賞賜儉樸謙虛，懲罰鋪張浪費，不管是皇族還是外戚都開始嚴格要求自己，皇親國戚們的素質有所提高，當時的風氣比明帝在世的時候還要好。

---

❸【竇太后】是西漢時期漢文帝劉恆的皇后，漢景帝的母親。

❹【王皇后】王氏，名娡，爲漢景帝第二任皇后，漢武帝生母。

❺【周亞夫】西漢著名將領，曾平定七王叛亂。

宦官專權的漢國

十六國時期，漢國國君劉聰只知道在後宮遊玩享樂，朝政混亂不堪，國家大權落到了宦官手中。劉聰有時能在後宮昏睡幾天，曾長達百餘天不踏出後宮。他這麼長時間不上朝，政事全壓在他的兒子相國劉粲（ㄘㄢˋ）一個人身上，只有出現什麼大事時，劉聰才讓後宮中的宦官常侍❶王沈、宣懷等人進宮，聽取劉粲的報告。而這些宦官們往往欺上瞞下，根據自己的好惡決斷是非，把那些只知道阿諛奉承的奸佞小人提拔上來，卻把那些勞苦功高的舊臣排除在外。

十六國時期戰事頻發，漢國浴血奮戰的將士們在前線連飯都吃不飽，而後宮之中的侍童僕人隨便編造一個消息就可以得幾千幾萬錢。王沈等人生活的奢侈程度遠遠超過了普通大臣，他們的府邸比親王們的還要豪華，他們的親戚、養子個個官運亨通。

太弟❷劉義因為得罪了中宮的太監僕射郭猗，郭猗便跑到相國劉粲面前造謠說：「殿下，您是當今皇上的嫡子，皇位理應傳給您，可是皇上卻要把皇位傳給太弟劉義。太弟最近

與大將軍劉驥密謀造反，等不及想做皇帝了。一旦他做了皇帝，大將軍劉驥將被封為皇太子，他們還準備拉攏衛將軍劉勱（ㄇㄞˋ）。這三個人掌握著國家的兵權，一旦他們聯合起來謀反，誰也擋不住。而且太弟劉義和大將軍劉驥都是心胸狹窄之人，一旦他們得逞，必會除掉您和皇上。這樣看來，您如果不先發制人，恐怕就要大禍臨頭了。這件事情皇上其實也聽說了，但他感念兄弟之情，不願意相信。如果殿下您親自密奏給皇上，皇上應該會信。這件事情千真萬確，不信可以召大將軍從事中郎王皮、衛軍司馬劉惇（ㄉㄨㄣ）來，只要您告訴他們自首可以免罪，他們就會說實話了。」劉粲將信將疑，準備召王皮來問。

郭猗從劉粲那兒出來之後，馬上找到王皮和劉惇，對他們說：「太弟劉義和大將軍劉驥準備造反，皇上與相國劉粲都知道了，你們參與到其中了嗎？」二人連忙搖頭說：「沒有。」郭猗說：「但是皇上已經認定你們倆參與了，給你們定的罪是滅族，可憐你們兩個和你們的家人命不久矣。」二人驚慌失措，不住地磕頭讓郭猗幫他們想想辦法。郭猗說：「辦法倒是有，不過，你們一定要按我說的做，不可有半分差錯。如果相國問起你們，你們就說

❶【常侍】與下文中的僕射都是自秦漢時期以來皇宮中常見官職，相當於主管，十六國時期多由太監擔任。

❷【太弟】這裡是皇太弟的簡稱。是皇帝正式繼承人的封號，而此繼承人通常是皇帝的親弟弟。

郭猗說：「但是皇上已經認定你們倆參與了，給你們定的罪是滅族，可憐你們兩個和你們的家人命不久矣。」二人驚慌失措，不住地磕頭讓郭猗幫他們想想辦法。

『確有此事』，如果相國斥責你們為什麼不事先稟報，你們可以說：『我們深知罪孽深重，該千刀萬剮，但是顧慮到皇上寬厚仁愛，殿下對手下大臣也多有關愛，如果稟報而不被信任，就會以誣陷挑撥之罪被處死，所以不敢進言。』」一

王皮、劉惇點頭稱是。劉粲果然派人來召二人前去詢問，而且，為了防止他們事先串通，劉粲對他們詢問的時間並不相同，但他們的說法卻完全一致。劉粲便認定了太弟劉義謀反確實屬實。

為了敦促劉粲採取行動，郭猗找到了朝中跟太弟有仇的權臣靳準，讓他在一邊煽風點火。靳準對劉粲說：「現在民間盛傳，太弟今年三月就要除掉皇上自立，大將軍、衛將軍就是他的左膀右臂。事實上，百姓們都認為殿下才應成為真正的皇位繼承人，只有殿下這樣的人才繼承皇位，天下人才有所寄託。但是，天不遂人願，只怕到時殿下將無立足之地。」

劉粲說：「我該如何是好，難道現在去父皇那兒揭發太弟？」

靳準說：「現在我們手上一點兒證據都沒有，皇上是不會相信的。我們現在可以放開對東宮❸的監視，讓賓客能夠自由出入，太弟最喜歡交朋友，一定會邀請很多人到東宮去。那些心懷不軌的人為了迎合太弟的心意，肯定會為他謀劃造反篡位事宜。到那個時候，我寫一封奏摺狀告太弟的罪行，殿下先拘捕審問那些與太弟來往緊密的人，只要能讓這些人說實話，那皇上就不得不信了。」

於是，劉粲下令解除了對東宮的監視。朝中官員紛紛前去拜訪太弟，太弟每天都設宴招待大家。不久，靳準帶人拘捕了與太弟來往密切的幾個貴族官員，並用酷刑屈打成招。劉粲把供詞拿給了劉聰，劉聰信以為真，下令拘捕並斬殺了太弟劉義。郭猗、王沈等人趁機誣陷與自己有過節的大臣，先後陷害並株連兩萬多人喪命。

---

❸【東宮】此處指太弟的府邸。

少府陳休、左衛將軍卜崇等人比較正直，不願與王沈等人同流合污。侍中卜泰勸他們說：「王沈等人權傾朝野，你們還是小心為上，即使不巴結他，也不應該得罪他。」陳休、卜崇反駁道：「我們年齡都這麼大了，早已經看破了生死，如果讓我們屈服於這些閹人，我們寧願去死。」這些話傳到了王沈的耳朵裡，王沈便在皇上面前大進讒言，皇帝劉聰便下令拘捕了陳休、卜崇等七位賢臣，並準備將他們全部處死。侍中卜泰聽說了這件事後，哭著勸諫劉聰說：「現在漢國周邊的國家都對我們虎視眈眈，國家正是用人之時，陛下招人才還招不來呢，怎麼能一次殺掉七個國家的棟樑呢？再說，陛下不能憑藉左右的一面之詞就判定他們有罪啊，為什麼不徹底查一查呢？」說完不住地磕頭，把頭都磕破了，血流了一地。王沈卻在一旁冷冷地說：「卜侍中想要抗旨不遵嗎？」劉聰很是生氣，就罷了卜泰的官。

太宰河間王劉易、大將軍勃海王劉敷和御史大夫陳元達等人也看不慣宦官們終日為非作歹，聯名上奏，勸諫劉聰說：「王沈等人罪惡滔天，多次依照個人喜好私自篡改聖旨。在宮內諂媚陛下，在宮外巴結相國。因為擔心忠臣揭露他們欺天瞞日的罪行，所以千方百計地誣陷忠臣，借陛下之手剷除他們，陳休等正直忠誠之臣就是這樣被他們謀害了。陛下不但不明察，反而助紂為虐，怎麼向世人交代呢？現在國家局勢複雜，晉朝仍有殘餘勢力沒消滅，巴、蜀不來朝見，曹嶷又對齊地虎視眈眈。我們的國家已經岌岌可危了。陛下看到這些難道不心痛嗎？請陛下以江山社稷為重，剷除王沈等人。這樣才有可能重新振興國家，如果再耽擱下去，國家可能就是別人的了。」

劉聰看完，仍不以為然，還把奏表交給了王沈等人，笑著對他們說：「這群大臣被陳元達帶壞了，說話都沒有一點兒分寸。」王沈等人看完後一個個痛心疾首，說道：「我們這些人身分卑微，承蒙陛下錯愛，得到提拔。王公、朝臣卻這樣看我們，對陛下說出這些的話。願陛下現在就殺了我們，遂了這些人的心願吧。」劉聰說：「我從來不相信這些胡言亂語，你們也不要放在心上。」

劉聰曾經問劉粲：「王沈等人如何？」劉粲讚不絕口，說：「王沈等人對父皇忠心耿耿，希望父皇早日提拔他們。」劉聰覺得此言有理，便將王沈等人封為列侯。

太宰劉易看到宦官們不但沒有受到應有的懲罰，反而升了官，於是再次上奏疏，極力勸諫。劉聰連看都沒看，當著劉易的面將這份奏疏撕得粉碎。劉易被氣得臥病在床，不久就去世了。劉易是陳元達的靠山，劉易去世後，陳元達痛哭失聲地說：「《詩經》中說：『賢能的人死了，國家一定會陷入窘困。』太宰死了，我活著還有什麼意思呢？」說完，便回到家中自殺了。

西晉的滅亡

西晉開國皇帝司馬懿憑藉自己的聰明才智，知人善任，得到了大多數官員和百姓的擁護，才得以建立晉朝。司馬懿之後的兩位晉朝君主也有雄才大略，不但處理好了國家內部事務，還適度擴張，擴大了晉朝的疆域。

世祖司馬炎登基之後，不但擴大了統治疆域，而且實行了安民政策，讓百姓們得以休養生息。沒過幾年，百姓們家中都有了餘糧，百姓都在民謠裡唱道「天下無窮人」。

司馬炎去世之後，宗室內部鬥爭不斷，王侯將相們只顧著爭權奪利，國家大事沒人管，邊關軍隊被調到都城參與權利的紛爭，關隘[1]城門大開，給了外族入侵的機會。懷帝、愍（ㄇㄧㄣˇ）帝任憑權臣擺布，昏庸無能，每天只顧著自己享樂，完全不管國家的盛衰和百姓的死活。北方的漢國逐漸強大起來，看到晉國這種情況，他們認為進駐中原的時機到了，便派大司馬劉曜帶兵圍困長安，西晉政權搖搖欲墜。

西晉將領焦嵩、竺恢、宋哲都帶領軍隊準備迎敵，散騎常侍華輯監督京兆、馮翊、弘

農、上洛四個郡的軍隊，在霸上駐紮，但他們都想保全自己的實力，主要持觀望態度，並沒有真正阻擊敵人的意思。相國司馬保派遣胡崧（ㄙㄨㄥ）帶城西各郡軍隊出戰，胡崧在靈台大敗劉曜。但是胡崧並不想幫助愍帝重振晉朝，因為，一旦晉朝重新振作，大都督麴允❷、驃騎大將軍索琳等人的勢力就會變強，從而會威脅到他的地位。於是，胡崧帶領自己的軍隊駐紮在渭水以北地區，不與漢軍直接交戰。

劉曜見晉軍將領都唯唯諾諾，不敢進攻，就直接去攻擊晉國都城長安，麴允、索琳等則退到京城裡面的小城以求自保。劉曜把長安城圍困起來，以逸待勞。城內的糧食很快就吃得差不多了，百姓們饑腸轆轆，餓死了很多，甚至出現了人吃人的現象。士兵們的糧食也沒有了，他們除了在城裡拼命找糧食外，什麼也不願意做。麴允在京城糧庫裡只找到幾十個麥餅，他自己捨不得吃，把麥餅弄碎做成粥給愍帝吃，愍帝十分感動。

到了後來，長安城內幾乎沒有能吃的東西了，愍帝便哭著對麴允說：「現在待在城中連飯都吃不上，城外又無救援，我應該出去投降，雖然會被羞辱，但是能吃飯啊！百姓現在餓死了

---

❶【關隘】險要的關口。古代在交通要塞屯兵把守，設置關隘，一方面是爲了軍事防禦和控制交通，另一方面也是徵收關稅的重要關卡。

❷【麴（ㄑㄩˊ）允】西晉末年大都督，協助晉室收復長安，讓晉愍帝於長安登位。

劉曜次日進城，愍帝坐著羊拉的車，嘴裡含著玉璧獻給劉曜。其後有一輛羊車拉著一副棺材。

那麼多，我應該救救他們。」說完又責怪麴允說：「國家之所以走到今天這一步，都是你和索琳造成的。」愍帝派人寫了一封投降書，讓侍中宗敞帶著出城交給劉曜。

索琳知道了這件事，派人把宗敞抓了起來，又派自己的兒子傳信給劉曜說：「現在城中糧食充足，將士們鬥志昂揚，想攻克比登天還難。我們願意獻城投降，只要在投降後封索琳為萬戶郡公❸就好。」劉曜看完之後，冷笑了一聲，便派人殺了索琳的兒子，並把屍首送了回去，然後回信說：「我們是帝王之師，憑藉實力奪得天下，光明磊落。我帶兵十五年，每戰必竭盡全部兵力，拼殺到底，或勝或敗，從不依靠詭計。如果你們糧食還豐足、軍隊還強盛，那就讓我們竭盡全力拼個你死我活吧；但如果糧食已經用盡，我勸你們還是早日順應天意吧。」

之後不久，索琳經歷了喪子之痛，也不敢再索取官職，只好放了宗敞，讓他帶著愍帝的投降書去見劉曜。劉曜次日進城，愍帝坐著羊拉的車，嘴裡含著玉璧獻給劉曜。其後有一輛羊車拉著一副棺材。群臣在左右兩邊陪同，無不痛哭流淚，一個朝代就此隕落。御史中丞吉朗悲歎道：「我文不能為國家出謀劃策，武不能為國拼死殺敵，現在還要跟君主一起投降賊寇，我活著還有什麼意思呢？」說完就自殺了。

劉曜伸手接過愍帝的玉璧，命人把後面的棺材燒掉了。宗敞侍奉著愍帝回宮，劉曜也回到了自己的兵營。十三日，劉曜把愍帝以及公卿大臣遷到自己的兵營中，不久又把他們被送到平陽。十八日，愍帝來到漢國的都城朝拜漢君主劉聰。麴允看到自己的君主跪倒在別國的大殿上，心裡很難受，於是放聲大哭，勸都勸不住。劉聰很是生氣，便把他關進了大牢。不久，麴允在牢內自殺了。

劉聰論功行賞，任命大司馬劉曜為假黃鉞❹、大都督、都督陝西諸軍事、太宰，封為秦王。愍帝被封為光祿大夫、懷安侯。麴允雖然冒犯了劉聰，但忠心剛烈，被追贈為車騎將

---

❸【郡公】爲異姓開國功臣的最高封爵，有封國和食邑，具有世襲性。

❹【假黃鉞（ㄩㄝˋ）】黃鉞是帝王使用的一種儀式性戰斧，在魏晉南北朝時期，重臣出征往往加有「假黃鉞」的稱號。

軍，諡號為節愍侯。索琳在國家危機的時候竟然只考慮自己，被斬首示眾。尚書梁允、侍中梁浚等人以及各郡太守也被斬首。大赦天下，改年號為麟嘉。

一個朝代建立之初，局勢往往比較穩定，君主能夠受到臣子和百姓的擁戴。周朝從始祖后稷開始，歷代帝王都有雄才大略，愛護百姓，政治清明，經過十六代後，周武王依然能坐穩江山，就是根基牢固的原因。晉朝建立之初，根基也很牢固，但三代以後，奸臣當道，官風敗壞，把民風帶壞了，正確的道德標準也喪失了。做官的人為了升遷不擇手段，走的都是些歪門邪道。百姓學習知識也只是為了升官發財，或者在別人面前誇誇其談，根本就不是為了報效國家。做君主的在這種情況下還不願意做出改變，而是得過且過，是非不分，荒廢政務。他們只喜歡那些善於阿諛奉承的人，對那些日理萬機、兢兢業業的人，不但不任用，而且還嘲笑他們。

到了晉朝後期，朝廷選拔官吏只看此人的家世背景，考試制度形同虛設，皇親貴戚的子弟往往被破格任用。朝臣們全都是沽名釣譽，根本不懂得為國家著想。道德標準被顛覆，國家的法度也遭到了嚴重的破壞。在這種糟糕的情況下，如果有一位賢明的君主站出來進行改革，也許還有一線生機。晉朝惠帝卻用驕奢淫逸的行為方式來治理天下，導致國家進一步衰落。懷帝繼任之後，權力已經掌握在了權臣手中，想再改革已經沒了機會。愍帝軟弱無能，更不必說。這樣看來，晉朝的滅亡也在情理之中。

慕容廆巧挫三國聯軍

西晉懷帝永嘉元年，遼東公慕容廆（ㄨㄟˇ）背叛了晉朝，在棘城自稱鮮卑大單于。由於慕容廆政事修明，愛護人才，大多流民都歸附了他。西晉刺史崔毖（ㄅㄧˋ）是漢族官員，奉命管轄遼東，他想憑藉自己的漢人身分招納流亡的漢族百姓，稱霸一方。慕容廆本是鮮卑族人，現在卻得到了漢族百姓的信任，崔毖很不服氣，懷疑是慕容廆故意扣留百姓。為了打擊慕容廆的勢力，他暗地遊說高句麗❶、段氏❷和宇文氏❸，聯合他們攻打慕容廆。崔毖的親信高瞻覺得這麼做勝算不大，於是勸諫崔毖罷手，崔毖依然一意孤行。三國相約事成之後，便

❶【高句（ㄍㄡ）麗】西元前一世紀至西元七世紀在中國東北地區和朝鮮半島存在的一個民族政權。

❷【段氏】爲東部鮮卑的一支。晉初勢力逐漸強大，至四世紀初，成爲東部鮮卑最強盛的部族之一，管轄範圍西接漁陽，東界遼水。

❸【宇文氏】北方鮮卑族宇文氏部落。

開始覬覦瓜分慕容廆的轄地。

高句麗、段氏、宇文氏三國聯軍到達棘城之前，慕容廆手下的眾將士紛紛請戰，毫不畏懼。慕容廆看到將士們這麼勇敢，很是欣慰，但他認為現在不是迎敵的最佳時機。他對將士們說：「這三股勢力被崔毖誘惑，都只想乘機謀利，擴大自己的地盤。其實都是烏合之眾，沒有紀律，很難一致發號施令。但是現在三國力量剛剛會合，士氣正盛，我們應該避其鋒芒，先進行防守。天長日久，待他們銳氣消磨得差不多了，必會產生猜忌。一方面他們會顧慮我和崔毖聯合使詐，藉機消滅他們；另一方面他們三國之間一定會有利益衝突。等到他們互相猜忌時，我們再進攻，他們一定會一敗塗地。」於是，慕容廆派遣使者堂而皇之地送牛肉和好酒給宇文氏。高句麗和段氏看到後，害怕宇文氏已與慕容廆勾結謀害自己，帶領各自的軍隊退了回去。宇文氏首領悉獨官說：「他們回去了，我自己也能攻下棘城。」

只剩下一個宇文氏，慕容廆準備動手了。但是，宇文氏把全部的兵力都帶來了，營寨綿延四十里。慕容廆的兵力相對來說就比較少了，只夠防禦，進攻還需要召回身在徒河的兒子慕容翰的軍隊。於是，慕容廆派遣使者去召回慕容翰，慕容翰卻讓使者帶話說：「若悉獨官帶領全國的軍隊前來侵犯，我們就是傾巢出動也難以力敵，所以只能智取。您手中的軍隊已足夠防禦，就讓我守在城外，等待時機，我們裡應外合，一定能拿下悉獨官。如果現在我把軍隊帶到棘城跟他們拼個你死我活，結果只能是兩敗俱傷，不利於取勝。而且，您從城外調兵，民眾會以為我們兵力不足，到時候還沒開戰，我們就先輸了士氣。」慕容廆對兒子的看法不置可否。遼東人韓壽對慕容廆說：「悉獨官窮兵黷武，他手下的將領們也不可一世，但士卒們早已疲憊不堪，軍心渙散。如果我們等到他們的耐心消磨殆盡時，來個前後夾擊，攻其不備，必定能夠取勝。」於是，慕容廆讓慕容翰留守徒河。

悉獨官知道慕容翰留在徒河後，害怕有朝一日被前後夾擊，就對將領們說：「慕容翰率領精銳之師在我們後方，不除掉他，將來敵軍可能會對我們前後夾擊，不如先把他攻下。攻下他後，再進攻棘城不遲。」於是分出數千騎兵攻打慕容翰。

慕容翰足智多謀，

士卒看到營地被燒，前後都是敵兵，無心戀戰，紛紛潰逃。悉獨官也騎著快馬逃脫了……

知道宇文氏的軍隊來攻打自己後，沒有表現出任何的驚慌，把軍隊部署在了城外，並設好了埋伏，準備迎敵。為了誘敵深入，慕容翰派人假扮成段氏的使者，去見悉獨官的騎兵首領，對他們說：「聽說你們要進攻慕容翰，這是很正確的選擇，我們也會出兵援助你們的。你們盡快前往，我們隨後就到。」

悉獨官派出的騎兵見到使者，以為有友軍相助，非常高興，就放鬆了戒備，快馬加鞭，很快就進入了慕容翰的伏擊圈。慕容翰的軍隊四面出擊，悉獨官的騎兵們不知道該往哪個方向迎敵，陣容大亂，潰不成軍。慕容翰一邊追擊逃跑的騎兵，一邊派人快馬加鞭地到棘城告訴慕容廆這邊的戰況，並讓他火速出兵，前後夾擊宇文氏。於是，慕容廆派遣另一個兒子慕容仁和長史裴嶷率領精銳士卒直搗悉獨官大營，自己統領大軍隨後趕到。悉獨官一直以為自己是進攻的一方，沒想到慕容廆敢於主動出擊，所以準備不足，驚慌失措，匆忙組織軍隊迎戰。悉獨官剛剛把軍隊帶到前線，慕容翰就在後方縱火燒了他的軍營。士卒看到營地被燒，前後都是敵兵，無心戀戰，紛紛潰逃。悉獨官也騎著快馬逃脫了，但他隨身攜帶的皇帝的三個玉璽都被慕容廆繳獲了。慕容廆還俘虜了很多宇文氏的將士，增加了自己的兵力。

崔毖知道宇文氏戰敗之後，怕慕容廆追究自己的責任，趕快派自己的侄子崔燾（ㄊㄠ）到棘城假裝向慕容廆祝賀勝利。高句麗、宇文氏、段氏三國也紛紛派遣使者來向慕容廆請和，他們都推脫說：「這一切都是崔毖挑撥的，我們並不想與您為敵。」三國使者和崔燾不期而遇，紛紛拔刀準備殺了崔燾，崔燾自知理虧，只好求慕容廆援救。慕容廆告訴崔燾說：「你回去告訴你叔叔崔毖：投降還有活路，逃跑只有死路一條。」崔毖知道慕容廆饒不了他，就帶著幾十個人逃到高句麗去了，他的部眾們全部歸了慕容廆。慕容廆把自己的兒子慕容仁留在遼東鎮守，封為征虜將軍，又派將軍張統突然襲擊高句麗將領如奴子，將其擒獲，佔領了河城，抓了一千多個俘虜。

晉朝舊將崔燾、高瞻、韓恆、石琮四人主動來棘城歸降，慕容廆對他們以禮相待。慕容廆要封高瞻為將軍，高瞻一直藉病推脫。慕容廆多次前去慰問，並說：「我知道您的病是心病。現在晉王室朝不保夕，我們做臣子的唯有想辦法平息戰亂，擁戴帝室。您身為中州的名門望族，德高望重，不也有這個職責嗎？何必拘泥於華夏和夷族的區別呢？要想成就大事，就要志向高遠，深謀遠慮，不必拘泥於這些小節。」高瞻仍舊辭不任職，慕容廆因此非常傷心，但他並沒有為難高瞻。龍驤主簿宋該與高瞻不和，勸慕容廆早日除掉高瞻，慕容廆並沒有聽他的建議。高瞻自己整日憂心忡忡，最後鬱鬱而終。

後趙征東大將軍曹嶷帶兵進攻青州，與東萊太守鞠彭狹路相逢。鞠彭在任期間，清正廉潔，深受百姓的愛戴。所以，雖然曹嶷的軍隊相對強大，但城中百姓眾志成城，使得他一時攻不進去。鞠彭不願意讓百姓們為了自己去送死，於是對大家說：「現在，是勝者為王、敗者為寇的時代，我們既然無力抵抗，又何必弄得生靈塗炭呢？曹嶷也是東萊人，只要他能善待東萊的百姓，我把城池獻給他也沒什麼。」於是，鞠彭帶了願意跟隨自己的數千民眾到遼東去投奔崔毖。到了遼東，才知道崔毖已經逃亡了，他的地盤被慕容廆佔領了，於是鞠彭投靠了慕容廆。鄭林是鞠彭的好朋友，他隨著鞠彭一起投奔了慕容廆。慕容廆很賞識他們，封鞠彭為參與龍驤軍事，還給了他很多財物。慕容廆本想封賞鄭林，但鄭林不想參與塵世的紛爭，拒絕了所有的賞賜，隱居山林了。

慕容廆手下的主簿宋該勸他把這次戰爭的情況向晉王室彙報一下，並把一些不重要的俘虜送過去。慕容廆就讓宋該寫了一份奏表，派長史裴嶷拿著奏表和三個玉璽，帶著幾個俘虜一起到了建康❹城。晉元帝看到慕容廆願意向自己稱臣，喜出望外，封慕容廆為安北將軍、平州刺史。高句麗時常在遼東邊界騷擾，慕容廆讓慕容翰、慕容仁興兵討伐。高句麗大敗，只好又向慕容廆求和，慕容翰和慕容仁接到命令後退兵。

❹【建康】地址在今天的南京市，東晉和南朝在此建都時稱其爲建康。

內憂外患的後趙

後趙國主石虎病故前夕，曾下詔任命自己的兒子彭城王石遵為大將軍，鎮守關右❶；任命燕王石斌為丞相，總領尚書職事；任命幫助自己打下江山的張豺為鎮衛大將軍、領軍將軍、吏部尚書。三人都說會謹遵詔令，輔佐年幼的太子管理朝政。太子的母親劉皇后怕石遵和石斌的權勢過大，會威脅太子的地位，因此，她聯合張豺，準備除掉石遵和石斌。

石斌在距離鄴城❷很遠的襄國，劉皇后先派人去對石斌說：「主上的病已經好了，你不用來京城了，做好自己的事就行了。」石斌聽說自己的父親痊癒了，心裡很高興，就喝酒打獵，慶祝一番。劉氏和張豺藉機假傳詔令，說石斌在皇上得病期間縱情玩樂是不忠不孝之舉，下令將石斌免官，派張豺的弟弟張雄率宮中的龍騰衛士五百人將石斌押回鄴城看守。

❶【關右】地區名。古人以西爲右，亦稱「關西」。泛指函谷關或潼關以西地區。

❷【鄴城】今屬河北省臨漳市。後趙的都城。

石遵到鄴城之後，劉氏派人假傳聖旨讓他在朝堂受封，結果只分給了他三萬宮中親兵，就打發他回去了。石遵離開之後，石虎覺得身體稍微好些，問左右侍臣道：「石遵回來了沒有？」隨從回答說：「回來又走了，這已經是很久以前的事了。」石虎痛心地說：「我們連最後一面都沒見到，太遺憾了。」這時候，有兩百多個擔任宮中護衛任務的龍騰中郎列隊要求覲見，石虎問：「你們有什麼事嗎？」眾衛士回答說：「主上生病了，不能帶領宮中兵馬，請讓燕王石斌入宮替您管理吧。」有人還說：「請主上立燕王為皇太子。」石虎說：「燕王不就在宮內嗎？你們把他請過來。」左右答道：「燕王因喝酒被判罪，不能入宮。」石虎說：「我可以恕他無罪，你們去用我的車子把他接來，我要把國家交給他。」衛士們面面相覷，好像都沒有聽到皇帝的命令一樣。不一會兒，石虎又覺得身體不適，便回去歇息了。這是張豺在試探石虎，他看到石虎如此器重石斌，便派張雄假傳詔令將石斌殺掉了。劉氏又一次偽造詔令，封張豺為太保，管理內外軍隊，履行尚書的職權。這樣，張豺就像西漢霍光那樣集朝政大權於一身了。侍中徐統慨歎道：「張豺當權，我等再無寧日，我也不想苟活了。」於是便自殺了。

二十三日，石虎病故，劉氏和張豺擁立太子即位，朝中大權完全落到了他們倆手中。劉氏本來想封張豺為丞相，但是考慮到擁有兵權的彭城王石遵和義陽王石鑑的情緒，就改封石遵和石鑑為左右丞相。張豺利用自己的權勢，開始清理石斌的舊部。他讓太尉張舉帶兵去除

劉氏召來張豺聲淚俱下地說：「先帝屍骨未寒，他們兄弟就要互相殘殺了。」

掉石斌的統兵大將司空李農。張舉和李農私交甚好，張舉就先派人告知了李農，李農率領一萬多人的乞活軍[3]殘餘部隊逃到了廣宗，固守上白。張舉帶領軍隊包圍了上白，但他並不想進攻自己的好友，雙方一直僵持著。

彭城王石遵聽說了父親去世的消息，馬上發兵鄴城。軍隊行進到河內李城時，遇上了討伐反臣梁犢歸來的姚弋仲、蒲洪、劉寧以及征虜將軍石閔、武衛將軍王鸞等人。他們都勸石遵說：「現在朝政大權落到了姓劉的和姓張的手中，殿下您才是真正的石姓後代，理應由您掌權。先帝晚年因病不能親自擬定詔書，才被張豺等人鑽了空子，傳位給了年幼不懂事的石世。京師的軍隊大部分被派往了上白，城內軍事力量空虛。殿下如果這時帶領軍隊，討伐張豺，輕易就可取勝。而且，鄴城的將士們也會放下武器，打開城門，迎接殿下。」石遵覺得有理，便加速向鄴城挺進。途中，洛州刺史劉國率領軍隊前來投奔，石遵的兵力大增。張豺聽說石遵起兵來攻打鄴城，急忙調回包圍上白的軍隊。

石遵的部隊行進期間，不斷地收編各地武裝力量，行進到湯陰的時候，士兵人數已達九萬。張豺派兵去攔截石遵的軍隊，但他派去的將領對士兵們說：「彭城王才是正宗的皇室，張豺只不過是個外姓人，我們應該去投靠彭城王。」於是紛紛投奔石遵，張豺因此殺了幾人，依然擋不住大家投奔石遵的勢頭。就連張豺的心腹大臣張離也衝破關卡，率領兩千龍騰衛士投靠了石遵。劉氏召來張豺聲淚俱下地說：「先帝屍骨未寒，他們兄弟就要互相殘殺了。現在皇上這麼年幼，肯定不是石遵的對手，將軍有沒有什麼退敵良策？實在不行就給石遵加官晉爵吧。」張豺這時也沒想到會走到今天這一步，只能對劉氏說：「好！好！」於是劉氏下詔，封石遵為丞相，兼領大司馬、大都督，兼任尚書，一切軍政大權都交給他處理。張豺也出城投降，石遵下令將他拘捕。

十五日，石遵從鳳陽門進入鄴城，處死了張豺，並滅了他的三族。接下來，石遵逼迫劉氏傳詔令說：「太子尚小，當初立他為太子，因為先帝疼惜幼子。然而國家政務壓力太大，不利於太子的成長，因此，現在他自願讓位給石遵。」於是石遵登基，大赦天下，撤回了包圍上白的軍隊。石世被封為譙王，劉氏被廢，降為太妃。沒過多久，他們母子就被殺了。李農到鄴城領罪，石遵沒有治他的罪，而是恢復了他的官位。

石遵的哥哥沛王石沖鎮守薊城，聽說石遵殺掉石世自立，就對輔佐他的屬下說：「石世繼位是按照先帝的旨意辦事，現在石遵把他殺掉就是大逆不道，我要帶兵去討伐他，替先帝除掉這個六親不認的人。」於是，石沖寫了討伐石遵的文書傳到燕、趙之地，兩地的武裝力量紛紛前來投奔。石沖本來只有五萬軍隊，不到半個月，就變成了十萬。

❸【乞活軍】五胡十六國時期活躍於黃河南北的漢族武裝流民集團，被認爲是中國古代最凶猛強勁的農民部隊。

行進到苑鄉時，石遵大赦天下的詔書傳到了軍中，石沖慨歎道：「石世、石遵都是我的弟弟，現在我已經失去了一個弟弟，我不想再失去另一個了。我還是回去吧。」石沖手下的將領陳暹勸阻道：「石遵殺君奪位，罪大惡極，主上感念兄弟之情放他一馬，但我不會放過他。等到我率領大軍擒獲了石遵，再來把他交給您處理。到時候由您來主持大局。」石沖看到部下都這麼義無反顧，自己也就不好再說什麼了，只能繼續前進。

石遵聽說哥哥率領大軍來討伐自己，急速派中郎將王擢送信勸阻石沖，但石沖沒有聽從勸告。石遵便派武興公石閔及李農率領精銳士卒十萬人迎擊石沖。雙方在平棘相遇並交戰。石沖的軍隊是剛剛湊在一起的，裝備和戰鬥素養都不如李農的軍隊，很快就敗了，他本人被擒。石遵賜他自殺，並殘忍地將其手下的三萬士卒活埋了。

武興公石閔對石遵進言說：「都督蒲洪野心勃勃，如今他鎮守關中，我擔心他會佔據秦州和雍州，自立為王。雖然先帝在世時對蒲洪很信任，然而如今陛下執政，自然要以陛下的利益為重。」石遵聽從了進言，解除了蒲洪的都督一職。蒲洪知道後趙對自己有了戒心，回到枋頭後，便率軍投靠了東晉。

前燕平狄將軍慕容霸聽說了後趙這種情況後，上書給前燕王慕容儁說：「石虎在位時就不能很好地治理國家，現在他的子孫們還不如他，甚至連自己的兄弟都不放過。中原百姓必定會生活在水深火熱之中，他們渴望一位仁愛的君主來拯救他們。而您就是不二人選，如果您派兵進駐中原，百姓會夾道歡迎的。」慕容儁沒有同意。

不久，北平太守孫興上表說：「石氏內亂是我們進駐中原的良機，如果我們錯過了，陛下將來一定會後悔。」慕容儁說：「我雖然也想入主中原，但是先帝（慕容皝）大喪剛剛過去，我們還是再等一段時間再說吧。」

慕容霸看慕容儁猶豫不決，便親自來到龍城，當面對慕容儁說：「這個機會可能是我們入主中原的唯一機會。等到石氏東山再起，抑或被別人取而代之，那就不只是失去優勢，甚至還會被他們吞併。」慕容儁說：「雖然鄴城內部大亂，但安樂首領鄧桓實力雄厚，糧草充足，如果我們現在攻打趙國，只能繞過安樂，大軍從盧龍進發。然而盧龍地勢險峻，山路狹隘，敵人如果據險設伏，從中間截斷我們的去路，那我們就只能等著失敗了。你有辦法越過這些障礙嗎？」

慕容霸回答說：「鄧桓雖然忠心於石氏，但他手下的將士們卻不是這樣。如果我們兵臨城下時，擾亂他們的軍心，那些常年征戰在外、思念家人的將士一定願意投降我們。請讓我率部擔任前鋒，從徒河出發，突襲令支，打他個措手不及。等到安樂的軍隊得到消息後，一定驚慌失措，這時，他們只能城門緊閉，進行防守。如果我們乘勝追擊，情急之下他們不免就要棄城逃跑了，根本無力抵抗。這樣一來，他們還怎麼圍困我軍？殿下完全可以從容前進。」慕容儁還是有些擔心，便去徵詢大臣們的意見。

太尉封奕對慕容儁說：「我聽說行軍打仗，打得過的就打，打不過可以智取。我國自先帝在世時，就以仁義治國，崇尚以德服人，民風剽悍，軍隊強大，武器精良。趙國君主都暴虐無道，現在又爆發了內亂。他們的百姓早就無法忍受了，百姓們根本就不想對外敵做任何的抵抗，反倒是日夜企盼著有人推翻趙國的統治。大王如果現在進軍中原，先拿下薊城，再直取鄴城，一路上宣傳仁義，弘揚道德，對亡國之民關懷撫恤，百姓怎會不夾道相迎呢？石氏那些殘留的黨羽都是烏合之眾，一見到正規軍隊就土崩瓦解了，哪裡還能做任何抵抗。」從事中郎黃泓說：「我夜觀星象，發現木星北移，太白星居中，這說明北方的君主應該進駐中原。如果大王再猶豫，就是逆天而行了。」折衝將軍慕輿根也說：「大王不為自己想，也應該為中原百姓想一想啊！百姓們飽受石氏禍亂之苦，都想早日脫離這種悲苦的境地。如今只有大王才能挽救他們，所以大王不應該再猶豫了。自武宣王以來，我國國君一直善待人才，體恤百姓，重視農耕生產，練兵強國，就是在為有朝一日入主中原儲備力量。如今時機成熟，大王卻遲遲不肯發兵，難道是不想讓中原百姓過上安定的生活，或者是大王貪圖安樂？」慕容儁聽到這兒終於下定了決心，出兵中原。

慕容儁挑選精兵二十多萬，任命自己的兄弟慕容恪、慕容評、左長史陽騖為輔國將軍、輔弼將軍、輔義將軍，由慕容霸擔任前鋒都督、建鋒將軍，教授士兵們武藝，全國進入臨戰狀態，準備進攻趙國後，入主中原。

苻堅取代苻生

前秦國主苻（ㄈㄨˊ）生自幼獨眼，性情古怪。繼位之後荒淫暴虐，生性多疑，殘忍好殺。一次苻生在長安城行走時聽到小孩子唱道：「東海大魚化為龍，男皆為王女為公。」晚上做夢又夢到大魚吃蒲草，於是，就懷疑廣寧公魚遵有朝一日會取代自己，便下令將魚遵滿門抄斬。金紫光祿大夫牛夷害怕有一天苻生聽到關於牛的歌謠，會殺自己全家，就請求調離京城任職。苻生知道了他的心思，駁回了他的奏章，並給他加官晉爵，還對他說：「老牛是忠誠的象徵，牛走得慢，但是很穩重，也很安全。」牛夷聽了之後，心裡很高興，就說：「既然如此，我願意幫助大王負重拉車，希望大王給我千斤重量。」苻生笑著說：「你是嫌給你的官太小了嗎？那我就把魚遵的爵位封給你怎樣？」牛夷嚇得直哆嗦。回家後，他擔心自己的家人會受到牽連，便自殺了。

苻生嗜酒如命，經常不分晝夜地喝酒。有時一連數月都沒清醒過，甚至在酒醉中處理奏章。身邊的侍臣們利用他這個特點，幹了很多奸邪欺詐的壞事，讓苻生錯賞亂罰，混亂法

度。有時候苻生喝醉了還喜歡亂殺人，他把群臣召集起來，看誰不順眼就命人就地正法。

由於苻生自身殘疾，所以很忌諱別人說「殘、缺、偏、只、少、無、不全」一類的詞，如果有人無意間在苻生面前說出了這些詞，多半會被他殺掉。

苻生還有一個令人髮指的怪癖，他喜歡讓侍者們把家禽、牲畜活著剝皮、褪毛，然後看它們痛苦地在大殿上來回奔跑。後來，苻生覺得這樣還不夠刺激，就找來屠夫剝掉舞者的臉皮，然後讓他們滿臉是血地載歌載舞，讓他觀賞、作樂。

苻生大聲呵斥說：「不許笑，都給我跪下，否則格殺勿論！」苻堅派人把苻生捆綁起來，帶到了別處，廢了他的王位，貶為越王。

苻生曾經問左右侍從說：「外面的人怎麼看我？」有侍從對他說：「百姓們都感念大王

的恩德，都說現在政務清明，天下太平呢。」苻生聽完之後並沒有高興，而是大怒說：「我讓你說實話，不是讓你拍馬屁，拉出去斬了。」於是，那人就被斬殺了。過了幾天，苻生又問了一遍，侍從們不敢再奉承了，就說：「人們覺得大王的刑罰有點兒嚴厲。」苻生一聽，大怒說：「你竟敢詆毀我！」結果，這人也被殺了。苻生身邊的舊臣被殺得所剩無幾，新上任的大臣們如履薄冰，度日如年。

當時，不少漢族的大臣都希望苻生的堂兄苻堅能取而代之。有的大臣勸苻堅說：「你和當今主上雖然是堂兄弟，但是你倆有天壤之別，他殘忍暴虐，連你都想殺；而你一心主持國政，為他操勞。如今前燕和東晉的兵馬都已經在邊界虎視眈眈了，如果你還不採取行動，馬上就要國破家亡了。」

聽了這番話之後，苻堅並沒有馬上做決定，而是去找尚書呂婆樓商量了一番。呂婆樓說：「我也快成為當今主上的刀下之鬼了，但是我卻沒有膽識幫助你成就一番事業。我有個同鄉叫王猛，他是我見過最優秀的謀士，你還是去請他幫忙吧。」苻堅聽了大喜，馬上派人去請王猛出山。二人一見如故，苻堅說自己遇見王猛就像是劉備遇見了諸葛亮一樣。

特進[1]兼御史中丞梁平老對苻堅說：「如今人心離散，百姓們都希望苻生的統治早點兒結束，燕、晉兩國又對我們虎視眈眈。一旦他們派兵來襲，估計百姓們會夾道歡迎。到時候，我們的國家就滅亡了。主上昏庸無道，上至王公大臣，下至黎民百姓，都是敢怒不敢言。殿下要把握好時機，如果拖得太久，只怕您會追悔莫及啊！」苻堅也想馬上行動，但是苻生的衛隊人數眾多，苻堅一時不敢動手。

有一天夜裡，苻生喝醉了之後對身邊的婢女說：「苻堅、苻法兩個賊人窺覷我的皇位很久了，明天我就要除掉他們。」婢女早就對苻生恨之入骨了，她趕快把這話告訴了苻堅和苻法。苻堅見不能再等了，便決定先發制人。苻法和梁平老以及特進光祿大夫強汪召集了數百勇士，從雲龍門進入大殿。苻堅和呂婆樓帶著三百人敲著鼓在後面跟著，守衛王宮的將士們早就期盼著有人造反了，所以他們不但不抵抗，反而積極幫助苻堅等人。苻堅帶兵攻進來時，苻生才從酒醉中驚醒，慌忙問侍從說：「苻堅帶這麼多人來幹什麼？」侍從答道：「他們是強盜。」苻生說：「強盜為什麼不給我跪下等死？」人們看到這位暴君糊塗成這個樣子，真是哭笑不得。苻生大聲呵斥說：「不許笑，都給我跪下，否則格殺勿論！」苻堅派人把苻生捆綁起來，帶到了別處，廢了他的王位，貶為越王。不久又派人把他殺了，謚號為厲王。

廢了苻生之後，苻堅提議立苻法為王，苻法說：「無論是按照法度，還是人心所向，都應該由你來擔當大任，我甘願做你的臣子，只求你好好治理國家就行了。」苻堅搖著頭說：「不不不，您是兄長，理應由您來繼承王位。」群臣都勸諫苻堅不要再過多辭讓，苻堅就順應了民意。苻堅的母親苟氏害怕自己的兒子不是治國之才，以後會落得跟苻生一樣的下場，哭著對群臣說：「大家都看到了，我的兒子並不是自己非要繼承王位，而是你們逼迫他的。

國家政事非同小可，如果以後他幹得不好，你們後悔了，那也都是你們自己選擇錯誤，不能把責任推到他一個人身上。」一群臣叩首，表示同意苟氏的話。於是，苻堅在太極殿即位，稱為大秦天王。

繼位之後，苻堅下詔大赦天下，改年號為永興。除掉了苻生的寵臣中書監董榮、左僕射趙韶等二十多人，召回被貶到外地的一些舊臣，著手推行新政，讓百姓休養生息。

❶【特進】始設於西漢末年。授予列侯中有特殊地位的人，位置在三公以下。東漢至南北朝僅爲附加的官吏，無實職。

桓溫北伐失敗

東晉太和四年（三六九年）六月，東晉大司馬桓溫率軍從兗州出兵來到金鄉，準備順著清水河進入黃河，順流而下，討伐前燕。但是，由於天氣乾旱，河道裡的水已經淺到無法行船。大臣郗（ㄒㄧ）超說：「我軍運送糧草必須靠水路。汴水太淺，無法大量運輸，恐怕後方供給會有困難。」

桓溫認為人定勝天，他命令將軍毛虎生帶人在鉅野縣內開鑿三百里河道，將汶水引進清水河，打通了水路。恆溫帶領軍隊，浩浩蕩蕩地從清水河進入了黃河。郗超又諫言說：「現在我們糧草充足，應該趁著這個機會發起攻擊，力求速戰速決。否則，耗時太長，對我們這種長途奔襲的軍隊來說不是好事，敵軍以逸待勞，對我們不利。我覺得我們應該馬上攻擊鄴城。鄴城的守軍看到我們浩大的軍隊，一定會棄城逃跑，這樣一來，我們就可以佔據有利地勢。如果他們出城迎戰，顯然不是我們的對手，這樣我們很快就會拿下鄴城。鄴城並不大，城中的糧草也不會很多，而且現在天氣炎熱，他們應該不會堅守。如果您想打持久戰，應

該率軍據守黃河、濟水，然後讓水軍幫忙運輸糧食。等到糧食儲備充足，您就可以打持久戰了。這樣做雖然時間長了點，但取勝的把握更大。而如今您竟然帶著龐大的軍隊沿水路北上，這樣表面上看您是要打持久戰，實際上我們的糧草不足啊！敵人也會想到這一點，如果他們故意拖延時間，等到秋冬季節，河裡的水越來越少，我們運輸糧食的道路就會被阻斷。再加上我們的將士本來就不適應寒冷的天氣，到時候他們根本就無心作戰了。」

郗超說這話的時候，桓溫一直搖頭，他根本就沒有聽進去。桓溫一意孤行地派遣建威將軍檀玄攻下湖陸，俘虜了寧東將軍慕容忠。下邳王慕容厲率領兩萬軍隊來阻擊桓溫，也被桓溫打退，高平太守徐翻更是直接率領軍隊投降了桓溫。桓溫看到自己的軍隊屢戰屢勝，心裡很高興，認為自己的決策是正確的。

七月，桓溫來到了武陽，兗州刺史孫元率領部隊投降了他。前燕國君慕容暐（ㄨㄟˇ）看到自己的手下無能，只好派人向前秦求救。同時，因為懼怕桓溫，慕容暐計畫著逃跑到和龍去。一直不被重用的吳王慕容垂卻要進行最後一搏，他說：「我們為什麼不先出城迎戰呢？迎戰最壞的結果不就是逃跑嗎？我們何必急於逃跑？」於是，慕容暐封慕容垂為使持節❶、南討大都督，將征南將軍范陽王慕容德手下的五萬兵眾派給他去調遣，抵禦桓溫。慕容垂帶

❶【使持節】魏晉南北朝時期直接代表皇帝行使地方軍政權力的官職。

著司徒左長史申胤、黃門侍郎封孚、尚書郎悉羅騰等人，指揮著五萬大軍向武陽進發。

不久，慕容暐又一次派使者去向前秦求助，許諾只要前秦出兵抵抗，無論勝敗，都願意將虎牢以西的土地送給前秦王苻堅。苻堅召來群臣商議。群臣紛紛表示反對出兵，說道：「東晉討伐我們的時候，燕國沒有趕來救援；現在東晉討伐燕國，我們也沒有理由救他們。另外，燕國一直不肯臣服於我國，我們為什麼要去救他？」丞相王猛有不同的看法，他說：「這次桓溫率領大軍來勢洶洶，如果他收復了燕國，我們秦國就是他的下一個目標。如果戰爭勝利，桓溫就會盤踞崤山以東，並把兵力聚集在洛邑。這樣一來，幽州、冀州就成了他招兵買馬的根據地，而并州、豫州又成了他軍糧的補給地，那麼我們就很難戰勝他，陛下想統一天下就十分困難了。如果我們現在跟燕國聯合，桓溫很可能會戰敗。等桓溫退回去之後，燕國的軍隊已經疲憊不堪了，這時候我們再乘虛而入，他們定會毫無還手之力。」苻堅誇王猛的計策「兩全其美」，就答應了燕國的求助。

八月，苻堅任命王猛為尚書令，讓他全權負責救援前燕的事務。王猛派將軍苟池、洛州刺史鄧羌率領兩萬精兵從洛陽出發去救援前燕。軍隊行進到潁川後，王猛派使者給前燕送去了書信，讓前燕放心與桓溫開戰。

前燕太子太傅封孚問黃門侍郎申胤說：「桓溫的軍隊如此強大，如果他們進攻，我們肯定不堪一擊，但是，他們為什麼只在上游等待呢？」申胤說：「表面上看，桓溫的軍隊確實

桓溫看到自己的軍隊連戰連敗，後方糧草又供應不足，且前秦又派軍來援助燕國，自覺大勢已去，便留下東燕太守毛虎生督察東燕等四郡軍務，燒了戰船，率領殘部從陸路撤軍了。

強大，而且桓溫做事也很穩重，但我仔細研究過他的性格，發現他剛愎自用，難成大器。現在，晉朝皇室衰落，大權全落在桓溫手裡，朝臣們表面上迎合他，背地裡都罵他欺君罔上。所以，有很多人不願意看到桓溫得志，他們都等著看桓溫的笑話呢。基於這個原因，他們可能會破壞他的事業。另外，桓溫的軍隊雖然多，但他指揮不當，不懂得變通。現在他率領大軍深入此地，理應速戰速決，但他卻想以逸待勞，坐享其成。他的軍糧運輸全靠水路，一旦河水變淺，軍隊補給不足，就會人心惶惶，形勢必將逆轉，他也就會不戰而敗了。」

九月，濟水果然已經淺到不能行船，前燕便派遣尚書郎悉羅騰率領軍隊進攻桓溫。桓溫派遣前燕降將段思帶軍阻擊悉羅騰，結果段思兵敗被抓。桓溫派趙國舊將李述前去救援，李述也被悉羅騰殺了。桓溫軍隊連續受挫，士氣極為低落。

為了保證水路運輸，桓溫讓豫州刺史袁真攻打譙郡、梁國，以開闢石門水路。袁真雖然攻下了譙郡、梁國，但當他們準備打通石門水路的時候，遇到了把守石門的前燕范陽王慕容德和蘭台侍御史劉當德率領的騎兵一萬五千人，兩軍相持不下，石門水路因此沒有順利打通，桓溫的軍隊供給嚴重不足。

將軍慕容宙率領騎兵直接進攻桓溫領導的軍隊。慕容宙說：「晉軍糧路已斷，必定會想辦法從我們手裡奪取糧食，希望通過追打敗退的敵人，繳獲一些供給。我們可以利用這一點，設誘餌引他們上鉤。」於是先派兩百騎兵前去挑釁，然後憑險設伏。去挑釁的騎兵看到晉兵出戰就往包圍圈裡面跑，晉兵果然上當，陷進了慕容宙的埋伏圈，死傷無數。

桓溫看到自己的軍隊連戰連敗，後方糧草又供應不足，且前秦又派軍來援助燕國，自覺大勢已去，便留下東燕太守毛虎生督察東燕等四郡軍務，燒了戰船，率領殘部從陸路撤軍了。桓溫等人從東燕出了倉垣，步行七百多里，就被前燕的軍隊發現了。前燕的眾將領認為這是消滅桓溫的良機，吳王慕容垂卻說：「不行，桓溫撤退的時候一定會想到我們會乘勝追擊，所以會留下一些精銳部隊殿後。如果我們這時候追過去，他們一定拼死抵抗，我們不一定能佔到便宜。我們不妨先跟著他，他肯定急著趕回去，所以會要求將士們日夜兼程。等他們累了的時候，我們只需要少量的部隊對他們進行衝擊，他們就會潰不成軍了。」

於是慕容垂帶了八千精銳騎兵尾隨著桓溫，桓溫看到後有追兵，便命令全軍加快行進速度，而且日夜兼程，不許休息。幾天後，桓溫手下的將士們已經疲憊不堪。慕容垂下令說：「現在是我們開始攻打的時候了。」於是，慕容垂命令手下加快騎行速度，繞到了桓溫的前面。慕容垂派范陽王慕容德率領四千騎兵在桓溫一定會經過的一個山澗裡埋伏，自己率領其餘的四千人在山澗的另一頭等著桓溫。桓溫的軍隊到達之後，慕容德和慕容垂率領的騎兵前後夾擊桓溫率領的疲憊之眾。桓溫軍隊大敗，三萬多人被殺。桓溫在率領殘餘部隊逃跑過程中又遭到前秦人苟池伏擊，又陣亡了幾萬士兵。

桓溫敗逃之後，兗州刺史孫元帶領軍隊佔據了武陽。前燕左衛將軍孟高率軍殺到武陽，將孫元擒獲。

這次北伐的失敗，使得桓溫威望大減，他召集逃散的士兵，在山陽駐紮。桓溫認為失敗的主要原因是袁真沒有打通石門水路，使得糧草供應不上，於是上奏表將袁真貶為庶人。袁真不服，向朝廷提出抗議，並要求嚴懲桓溫。朝廷懼怕桓溫，並沒有回復袁真，於是袁真在一怒之下投奔了前燕。

前燕覆滅

東晉太和五年（三七〇年）七月二十六日，前秦軍隊包圍了前燕都城鄴城。王猛來到鄴城周邊之後，原來盜賊橫行的局面得到了很大的改善。王猛軍隊紀律嚴明，不驚擾百姓，簡化了當地的制度，放寬政令，給百姓休養生息的機會。人們得以安居樂業，都說：「太原王慕容恪今天又回來了！」王猛聽聞此話，非常感慨地說：「人們竟然這麼看重慕容恪，他可以說是仁愛的典範啊！」為了表示敬意，王猛便設太牢來祭奠慕容恪。王猛上奏前秦王苻堅說：「我軍此次出征，勢如破竹，臣大敗敵軍後，六州的官吏百姓知道是陛下的軍隊，都列隊歡迎，自願歸附我國，我軍對官吏百姓基本上沒有什麼傷害，只是幫陛下除掉了一些執迷不悟、違抗命令的人。」

苻堅非常高興地對王猛說：「將軍用兵如神，這麼快就打到了鄴城，可謂勞苦功高。朕現在就親自率領六軍，盡快趕去與將軍會合。將軍可先休息一下，整頓軍隊，等朕趕到以後，我們一起攻取鄴城。」

十一月，苻堅安排左僕射李威輔佐太子保衛長安，陽平公苻融鎮守洛陽，自己親自率領大軍奔赴鄴城。七天後，苻堅到了安陽，因祖父和父親的老友都在安陽，便停下來宴請他們。王猛知道之後，便自作主張地到安陽去見苻堅，苻堅說：「當年漢文帝到了周亞夫的軍營門口，周亞夫還以君命在身為由不願意出營迎接。如今我還沒到前線，將軍怎麼能不顧前線戰事，卻跑過來見我，難道將軍有什麼急事嗎？」

王猛說：「周亞夫之所以那樣做是為了顯示自己，我並不覺得他的做法是對的。陛下帶領大軍，聲威浩大，我乘勢而起，攻取前燕是小事一樁，不用擔心前線戰事。但是國中卻不讓人放心，年幼的太子怎能應對緊急事件，萬一出了事，您後悔都來不及。」苻堅連連稱是。

十一月初七夜晚，前燕散騎侍郎余蔚準備投靠前秦，他帶人打開了鄴城北門，前秦的軍隊魚貫而入。前燕國主慕容暐帶領上庸王慕容評、定襄王慕容淵、樂安王慕容臧、殿中將軍艾朗、左衛將軍孟高等趁著天黑逃往龍城去了。初十，苻堅來到了鄴城的王宮，燕國就此淪陷。

慕容垂被迫投靠了苻堅，但心裡卻還想復興燕國，他見到以前燕國的公卿大夫們投靠苻堅，便對他們惡語相加。前郎中令高弼勸慕容垂說：「將軍您決斷英明，才能出眾，卻在前燕遭受排擠，被降職發配到邊疆。如今國家已經滅亡了，您怎麼還在責怪眾大臣呢？我認為您應該用海納百川的胸懷對待國家的故舊元老。他們得到您的安慰，才會聽命於您，這些人都可能成為您的幫手，幫助您完成重建燕國的宏大功業。現在您如果對他們惡語相向，您就會失去復興的基石，以我看來，您該轉變一下態度了。」慕容垂覺得他說的有理，便聽從了他的意見。

慕容暐等人帶著一千多騎兵侍衛逃往龍城，可是剛剛出城，這些人就四處逃散了，只剩下十多個騎兵跟隨著慕容暐。苻堅讓遊擊將軍[1]郭慶在其後緊追不放。當時道路崎嶇難行，左衛將軍孟高既要服侍著慕容暐，還要兼顧樂安王慕容臧和定襄王慕容淵，行進緩慢。途中多次遇到強盜，一行人只得邊打邊走。過了好幾天才逃到福祿，眾人疲憊不堪地靠著墳墓休息。這時，墳墓後邊突然竄出二十多個手持弓箭的強盜，孟高揮刀與他們拼殺，掩護慕容暐等人逃跑。孟高打死打傷數人，最終筋疲力盡，衝上前去抱住一個強盜同歸於盡。本來已經逃走的艾朗看到孟高如此地頑強，又返回來想救孟高，結果也中箭身亡了。

孟高和艾朗死了以後，慕容暐等人沒有人照顧了，馬匹也丟失了，只能步履蹣跚地往前走。郭慶在高陽追上了慕容暐等人，部將巨武上前要捆綁慕容暐，慕容暐說：「你們這些亂臣賊子，敢捆綁我這真命天子嗎？」巨武聽了哈哈大笑了一陣說：「你以為你現在還是天子嗎？在我眼裡你只不過是個盜賊罷了。」於是他把慕容暐捆綁起來，押送到了苻堅那裡。苻堅問慕容暐當初為什麼不直接投降，而是這麼辛苦地逃跑，到頭來還是被抓了回來。慕容

---

[1]【遊擊將軍】禁軍將領，與驍騎將軍分領禁軍，保衛君主安全。

暐說：「狐狸即將死亡時都要跑回自己的洞穴，更何況是人，我只是想死在自己的地盤罷了。」苻堅為國破家亡的慕容暐感到悲哀，便放了他，命他返回王宮，率領文武百官投降，表示要臣服前秦。慕容暐照做了，並對苻堅大加稱頌孟高、艾朗兩人，苻堅命令厚葬他們，並啟用了他們的兒子。

郭慶一路追擊到了龍城，太傅慕容評跑到高句麗那裡求助。但是高句麗並不想與前秦為仇，於是將他拘捕，送到前秦。逃跑的宜都王慕容桓為了生存，殺掉了鎮東將軍勃海王慕容亮，把他的兵眾據為己有，壯大了實力，然後逃奔遼東。到了遼東之後，他發現遼東太守韓稠已經投降了前秦，因此發兵攻打韓稠，結果一直攻不下來。與此同時，前秦將軍朱嶷率兵趕到，在背後攻打慕容桓，慕容桓遭到夾擊，本想丟下兵眾隻身逃跑，卻還是被朱嶷擒獲，不久就被斬殺了。

自此，燕國的各州州牧、太守以及六夷首領全都已經投降了前秦。前秦的疆域擴大了不少，人口也隨之增多。苻堅將前燕的宮女、珍寶都賜給自己的將士們，以獎賞他們的功勞。並下詔大赦天下，詔令稱：「朕一直希望以仁愛之心招來遠方的民眾，使他們安居樂業，天下臣服，此次用戰爭的形式佔領了前燕，讓百姓們飽受戰爭之苦。現在大赦天下，希望能對百姓有所補償，一切從頭開始。」

戰爭開始之前，前燕黃門侍郎梁琛曾出使前秦，當時，他的副手是侍輦郎苟純。梁琛每逢應酬對答都是自己做決定，不與苟純商量，只按照自己的想法行事，激起了苟純的恨意。回到鄴城後，苟純向前燕國主慕容暐造謠說：「梁琛出使秦國時，和王猛交談甚歡，我懷疑他們倆在密謀反叛前燕。」梁琛回來後，經常在慕容暐面前誇讚前秦王苻堅及王猛的品德才能，而且還提醒慕容暐要防備前秦起兵攻打。不久，前秦果然興兵前來討伐前燕，慕容暐便懷疑梁琛是賊喊捉賊。燕國節節敗退時，慕容暐就將梁琛逮捕下獄。苻堅進入鄴城後將梁琛釋放，並讓他擔任中書著作郎，苻堅問梁琛說：「過去，上庸王慕容評、吳王慕容垂都是才能卓越的將相之才，

「你們這些亂臣賊子，敢捆綁我這真命天子嗎？」

你在他們手下任職時，為什麼不幫他們想想辦法，而是看著國家一步步走向滅亡呢？」

梁琛回答說：「國家的命運並不是一兩個人能改變的，國主沒有雄才大略，他們倆有相才又有什麼用呢！」

苻堅說：「你出使秦國的時候，沒有說燕國的弊病，卻還虛張聲勢誇大燕國的實力，看似忠誠，其實是害了燕國，你認為你這樣做對嗎？」

梁琛說：「我聽說：『吉凶的預兆就藏在細微的表面之下』，我太愚笨，沒有看到什麼預兆，也觀察不透事物細微的表像。但是我知道作為臣子，就應該忠誠於君主；作為兒子，就應該孝順父母。如果一個人不忠心，那麼他的部下也不會對他忠心；一個人不孝順，那麼他的兒子也一定是不孝之子。所以，古代的忠義之士面對危險時往往臨危不懼，以忠孝之心報答君主和父母。而那些能提前觀察出預兆的人，他們往往會為自己留好後路，一旦遇到危險他們跑得比誰都快，根本就不會顧及國家和家庭。即使我能預知災禍，我也不會狠心拋卻國家和宗族，何況我也不能。」

平定燕國之後，苻堅讓燕國的地方長官繼續掌管地方事務，並任命前燕的常山太守申紹為散騎侍郎，讓他和散騎侍郎韋儒一起作為繡衣使者，巡查關東地區。申紹到了當地之後，幫助收斂安葬戰亂中的死者、調查風俗民情、鼓勵農業生產、救濟那些生活貧困的人，並表彰節義行為。廢除了前燕所制定不利於百姓生產生活的政令，頒布了更為簡要的新政令。

十二月，苻堅責令前燕的四萬多戶鮮卑人入住長安。王猛建議留下了解當地情況的梁琛任鄴城主簿，兼記室督，苻堅應允。

有一天，王猛宴請大臣們，酒過三巡，大家說到了前燕的使者，王猛說：「前燕的使者各有不同。梁琛出使長安，只稱讚自己的朝廷；樂嵩只誇大桓溫的軍隊，滅自己的威風；郝晷既說了國家的優點，又在暗地裡說到了國家的弊端。」參軍馮誕說：「如今這三人全都臣服前秦，如果讓您選擇，您會選擇用誰呢？」王猛說：「郝晷能洞察細微之處，心思細密，看問題比較全面，我會優先重用他。」

苻堅從鄴城返回長安途中，在枋頭稍作停留，宴請當地父老，下令永遠免除該地的賦稅勞役，並把枋頭改名永昌。回到長安後，苻堅開始對前燕的王公大臣進行封賞。

淝水之戰

東晉太元八年（三八三年）十月，前秦王苻堅派自己的弟弟陽平公苻融等人率軍攻打壽陽。不久，東晉平虜將軍徐元喜等人被擒，壽陽淪陷。苻融將參軍郭褒安置在此任淮南太守，自己親自帶領部隊長驅直入，攻下了鄖城。胡彬聽說壽陽被攻陷後，退守硤（ㄒㄧㄚˊ）石，苻融便帶兵圍攻硤石。胡彬被圍困一段時間後，城中糧食所剩無幾，將士們也無力支撐，於是派使者向駐紮在洛澗❶的東晉大都督謝石和兗州刺史謝玄求助說：「我方糧食已經耗盡，賊寇氣焰依然強盛，我們恐怕堅持不了多久了，你們務必來救。」為了遏制謝石率領的東晉部隊，前秦衛將軍梁成率軍五萬駐紮在洛澗，在淮河邊上布防。謝石看到梁成兵將眾多，不敢前去救援。

不久，秦軍攻破了硤石，胡彬被擒，陽平公苻融看到胡彬狼狽不堪的樣子，以為勝利在握，於是，寫了一封奏章對秦王苻堅說：「現在，晉國的軍隊根本不是我們的對手，他們只有逃跑才能保命，希望大王能迅速派兵在他們逃跑的路上進行攔截，將他們一網打盡。」苻

堅信以為真，把主力部隊留在都城，親自率領八千輕騎前去「攔截」東晉逃兵。

東晉降將尚書朱序主動請求去勸降謝石等人，苻堅欣然允許，朱序到了謝石營中，大聲對他們說：「你們現在根本無法戰勝秦國的威武之師，我勸你們早點兒投降，別再做無用的掙扎了。」事實上，朱序當初投降苻堅也是出於無奈，他心裡還是向著東晉的。他在私下裡告訴謝石：「秦國率百萬兵眾來襲，如果全部抵達，你們是沒有力量抵抗的，但是現在他們的軍隊都分散在各地，如果在他們還沒匯合時速戰速決，各個擊破，還是有一定勝算的。如果你們能打敗他們的前鋒部隊，他們的銳氣就會消滅一半，這樣一來，他們後面的部隊就不足為患了。」當時，苻堅已經趕往壽陽，謝石十分害怕，想拒絕朱序的好意，不想出戰，只想拖延時間，以拖垮前秦的軍隊。輔國將軍謝琰（ㄧㄢˇ）覺得朱序分析得有道理，勸謝石採用朱序的計策，謝石猶豫再三，終於同意。

十一月，東晉派遣廣陵相劉牢之率領五千精兵攻取洛澗。梁成把自己的兵力安置在離洛澗十里處的山澗，準備憑藉有利地勢迎戰敵人。劉牢之無所畏懼，率軍逕直向前攻擊梁成。梁成軍大敗，他也被敵軍殺死，另一位主要將領弋（ㄧˋ）陽太守王詠也被殺死。剩餘軍隊急忙後撤，劉牢之又分出兵力堵住了他們的退路，前秦士兵們走投無路，爭先恐後地逃向淮

---

❶【洛澗】又名洛水，即今安徽淮南市東淮河支流洛河。

水，結果淹死了一萬五千人，揚州刺史王顯等人被抓，他們的軍糧也成了東晉的給養。

洛澗之戰勝利後，東晉的各路軍隊相繼從水路、陸路進發，向壽陽挺進。前秦王苻堅和陽平公苻融一起登城遠望，只見東晉的軍隊軍容整齊，布陣嚴整，與八公山上的草木儼然一體，他們以為那些草木都是東晉的士兵。苻堅回頭對苻融說：「你不是說東晉很弱嗎？我怎麼看著他們那麼強大啊？」

前秦的軍隊沿淝水布陣，阻止東晉的軍隊渡河。謝玄派來使者對陽平公苻融說：「您帶著這麼多的軍隊來到這兒，就是為了和我們決一死戰。如今卻不和我們直接交戰，而是布陣在淝水，難道是想打持久戰？別忘了，您的糧草運送到這兒需要很長時間，您耗不起啊。如果您的軍隊稍微後撤，讓我們渡過淝水，然後我們一決勝負，不也是省了您的事嗎？」前秦眾將領都反對說：「現在我軍優勢明顯，我們可以不讓他們渡河，爭取時間，等待大軍聚合後，一舉殲滅敵軍。」苻堅說：「我軍只稍微後撤一點兒，表面上讓他們渡河，等他們渡河渡到一半，我們就攻其不備，這樣不是更容易獲勝嗎？」苻融也覺得此計可行。於是前秦揮舞戰旗，指揮大軍後退。

這時，朱序等人在軍陣後面高呼：「我們戰敗了！快逃啊！」士兵們不明就裡，以為真的戰敗，就開始四散逃離。朱序乘機與張天錫、徐元喜都來投奔東晉。謝玄、謝琰、桓伊等率軍過河，將士們都以為秦軍已敗，乘勝追擊。苻融騎馬來到陣前，想要穩住潰逃的士兵，讓他們不要慌亂，不想慌亂中戰馬受到了驚嚇，自己也被東晉士兵殺掉。前秦的軍隊看到首領被殺，更加慌不擇路地四散奔逃，士兵們自相踐踏，屍橫遍野，慘不忍睹。逃跑的士兵也都十分驚慌，山谷中的風聲，天上的鳥叫都讓他們以為晉軍追來了。於是他們不敢停下腳步，由於又累又餓，再加上當時天氣寒冷，七八成的人都死在了逃亡的路上。

東晉軍隊緊接著攻取了壽陽，前秦的淮南太守郭褒被抓，苻堅被流箭射中，乘坐的馬車也被摧毀，帶著傷病逃跑。到淮河以北時，苻堅已經餓得不行了，百姓們把水泡飯和豬骨頭湯用壺裝著給他送來，

東晉軍隊緊接著攻取了壽陽，前秦的淮南太守郭褒被抓，苻堅被流箭射中，乘坐的馬車也被摧毀。他帶著傷病逃跑。

苻堅吃完，要賞賜給他們一些東西。這些人推辭說：「陛下過慣了安樂的日子，不願意被人欺負，才要攻打晉朝，結果自取危難。我們這些子民受到陛下的恩澤，把陛下當成我們的父親，兒子給父親飯吃天經地義，哪裡還敢要什麼賞賜。」苻堅羞愧難當地對張夫人說：「百姓待我如此，我卻讓他們陷入水深火熱之中，我還有什麼顏面再做他們的父親呢！」說完淚流不止。

苻堅率領殘餘的一千多騎兵到達了慕容垂的營地。慕容垂的三萬多精兵並沒有參與淝水之戰，所以得以保全。慕容垂的長子慕容寶見苻堅狼狽成那樣，便對慕容垂說：「燕國宗族國家覆滅，天意、民心都寄希望於您，您一直沒有等到好的時機，所以一直掩蓋自己的鋒芒，韜光養晦。如今秦軍大勢已去，秦王苻堅來投靠我們，這是光復我們大燕國統的天賜良機，機不可失，失不再來，希望父親能果斷一點兒，不要因為苻堅曾經給您的小恩小惠就拋棄了國家的重任。」

慕容垂說：「你說的有理，但苻堅對我如此信任，在最危急的時候想到了我，我怎麼忍心陷害他。假如前秦滅亡順應天意，那麼它遲早會滅亡，我們何必急於一時呢？他現在身處危難，我們應該保護他，這樣一來，就可以報答他的恩德。現在他兵敗如山倒，國家已經危機四伏，不用我們出手，災禍自然會找上他。到時候我們再圖謀前秦的疆土也不遲。這樣既不違背光復燕國的夙願，還會在天下人面前留下遵守道義的形象，讓他們臣服於我們。」

奮威將軍慕容德說：「秦國強大時吞併了我們燕國，說明現在是弱肉強食的時代。現在前秦面臨危難，我們應該果斷地滅亡它，以報滅國之仇，血亡族之恨。哥哥如果輕易放棄這樣的好機會，不但無法報國仇家恨，還要把數萬兵眾拱手送給苻堅。」

慕容垂說：「當初我在燕國被太傅慕容評排擠，整個國家都沒有我安身立命之處，我冒死逃到秦國。秦王苻堅對我以禮相待，恩義備至，就像對待國中的賢臣。後來，王猛又想辦法陷害我，我自己都無法證明自己的清白，秦王偏偏就相信我，沒有降罪於我，這種恩情比燕國給我的要多得多。如果前秦氣數已盡，我也只招納關東的義士，光復燕國先帝的大業，至於關西之地，我絕對不會侵犯一絲一毫。」

冠軍行參軍趙秋不以為然，他對慕容垂說：「記錄神靈天命的圖讖❷早已顯示出應該由明公您來擔任光復燕國的大任。如今機會就擺在您面前，您還在等什麼！現在就動手殺掉秦王苻堅，佔據鄴城，然後我們舉兵西進，秦國的地盤以後就不再姓苻了。」

其他親信黨羽也都加入到勸說慕容垂的隊伍中來，慕容垂卻不為所動，力排眾議，把軍隊交給了苻堅。到了滎陽時，慕容德告訴慕容垂這是最後一次殺苻堅、起兵光復燕國的機會，慕容垂還是不為所動。

---

❷【圖讖（ㄔㄣˋ）】古代宣揚迷信的預言、預兆的書籍。

東晉軍隊勝利歸來後，朱序被封為琅邪內史，張天錫被封為散騎常侍，其他人各有封賞。東晉丞相謝安是這次淝水之戰的幕後總指揮，前秦軍隊戰敗的書信送來時，他正在與客人下圍棋，拿到信後，他好像無所謂地將信隨意一扔，繼續下棋。客人問為什麼不拆開看看，他不緊不慢地回答說：「小孩子們打退賊寇而已，有什麼好看的？」下完棋客人走後，謝安高興得一蹦一跳地往屋裡走，過門檻時，竟然連鞋子的屐齒折斷了都毫無察覺。

後燕的建立

淝水之戰後，丁零部落❶首領翟斌看到前秦一蹶不振，就自立門戶，叛離了前秦。東晉太元九年（三八四年）春，正月初一，前秦長樂公苻丕準備派遣慕容垂前去平叛，於是邀請了慕容垂的兒子慕容農來府上吃飯。慕容農雖然答應了，卻一直不來，苻丕覺得蹊蹺，於是派人再請。派去的人回來後說，慕容農已經跟隨其父慕容垂到了列人縣，起兵反叛了。

慕容農停留在列人縣的烏桓人魯利家中，魯利給他準備了家常便飯，慕容農只是看了一眼，微微一笑，並沒有吃。魯利對他妻子說：「此人來自富貴人家，嫌棄我們的粗茶淡飯，但是我們又沒錢買好酒好肉款待他，這該如何是好？」他的妻子說：「他看著就像一個志向遠大的人，並不是來混吃混喝的，他可能有大事要辦。如果你能幫上他，比讓他吃頓好飯要好得多。」於是，魯利開始細心地觀察慕容農的一舉一動。慕容農看魯利對他小心起來，

❶【丁零部落】中國北方古代民族之一，也叫敕勒部落。

便說明了來意：「我們父子準備成就復興燕國的大業，我想在列人縣起兵，希望得到你的幫助。」魯利說：「我雖然沒有什麼才能，但我願意一世效忠於您。」於是，慕容農又到了列人縣知名人士張驤家裡，對他說：「我的父王已經開始了復興燕國的大業，翟斌等人都追隨著他，現在遠近回應，不知道您是怎麼想的。」張驤跪下向慕容農磕了兩個頭說：「沒想到我有生之年還能侍奉賢明的君主，我一定盡心竭力地輔佐您和您的父親。」

於是，慕容農在魯利和張驤的幫助下，鼓動列人縣的百姓參軍。他們砍伐樹木製作兵器，把衣服撕破作為旗幟。慕容農派趙秋去遊說當地的屠各人❷，結果一呼百應，屠各人畢聰、卜勝、張延、李白、郭超以及東夷人餘和、敕勃、易陽等各自率部眾數千人前來投奔。慕容農迅速聚集了大量軍隊，為了方便管理，他任命張驤為輔國將軍，劉大為安遠將軍，魯利為建威將軍，幫助管理軍隊。慕容農率領大軍攻克了館陶，收繳了當地的軍糧和武器，補充了自己軍隊的供給。同時派蘭汗、趙秋、慕輿等人搶了數千匹牧馬作為戰馬。自此，慕容農的軍隊有了騎兵，士兵總數已經過萬。

軍隊強大之後，張驤等人力舉慕容農任使持節、都督河北諸軍事、驃騎大將軍，慕容農欣然接受。上任之後，他根據才能任用了其餘眾將領，軍隊上下，井然有序。慕容農原本準備等與父親慕容垂會合之後再對將士們進行獎賞，但趙秋建議說：「如果現在不獎賞士兵，士兵們就沒有士氣，我們就很難取得勝利。來投奔的這些人，全都是想建功立業、光宗耀祖的。如果您早日給他們封賞，便可以激發他們的積極性，擴大中興大業的根基。」於是慕容農論功行賞。將士們都很高興，口口相傳，前來投奔的人越來越多。東面東阿的乞特歸，北面後燕國的光烈將軍平睿、汝陽太守平幼，上黨的將軍庫官偉，全都來投奔慕容農。

慕容農派蘭汗帶領大軍攻下了頓丘，大軍進入頓丘之後，對老百姓秋毫無犯，深得民心。百姓們紛紛加入其中，慕容農的軍隊進一步壯大，前秦長樂公苻丕實在看不下去了，就派將領石越率領一萬多軍隊討伐慕容農。慕容農分析道：「素聞石越足智多謀，他現在避開南邊主要大軍反而來這裡欺負我，肯定是以為我兵力薄弱，所以他們的防備一定做得不好。我們如果主動出擊，還是有機會取勝的。」將士們建議慕容農堅守列人城，慕容農卻說：「會用兵的人都知道，人心凝聚是最重要的。如今我們興起義兵，四方響應，已經佔據了人和的優勢，敵人來襲，我們迎敵就可以了。整個國家都會是我們的，我們還會怕石越這種小人物嗎？」

石越還沒有到達列人縣，前鋒部隊戰敗的消息就傳了回來。參軍趙謙對慕容農說：「石越的軍隊看上去很正規，但其實不堪一擊，一攻即破，我們應速戰速決。」慕容農說：「他們的鎧甲在身上，很容易攻破，我們的鎧甲在心裡，什麼時候都牢不可破。但是如果雙方在

---

❷【屠各人】從兩晉時期開始，來自河西的匈奴人長期被稱爲屠各人。

白天交戰，士兵們看見他們明晃晃的鎧甲，還是會害怕的，不如等到晚上，讓士兵們無所顧忌地跟他們決一死戰，這樣一來，我們取勝的可能性就很大了。」

石越為了防備慕容農夜間偷襲，在營地周圍修建了柵欄，慕容農笑著對眾將領說：「石越修建柵欄是為了防禦，看來他是怕了我們，沒有膽量進攻了。他們坐擁精良的裝備，在人數上也有優勢，如今卻不敢一舉進攻，看來他們是膽怯了，讓我們制服這些無能鼠輩。」天黑以後，慕容農派遣牙門將軍❸劉木擔任先鋒，率軍攻打石越。戰爭開始之後，劉木手下的士兵們呼喊著向前衝，大軍在城西擺開戰陣。劉木很快就擊破了石越的柵欄。慕容農笑著對劉木說：「見到美食誰都想吃，你可不能吃獨食啊！不過你的勇猛鋒銳值得嘉獎，你繼續向前吧。」於是，劉木就率領四百名勇士越過柵欄衝入敵陣，前秦的軍隊還沒明白過來是怎麼回事，敵人已經殺到眼前，於是紛紛潰逃。慕容農率大軍乘勝追擊，擊垮了前秦的軍隊，石越被斬首，首級被送了到慕容垂那裡，慕容垂聽說了自己兒子的事蹟，誇讚不絕。

石越是前秦有名的勇猛戰將，所以前秦王苻堅才讓他輔助自己的兒子。現在連石越都戰敗了，不免人心動搖，連地方盜賊都敢進攻前秦的軍隊了。

翟斌得知慕容垂父子也反叛了，就想跟他們聯合。慕容垂在前燕時威望就很高，慕容鳳、王騰、段延等人都覺得應該讓慕容垂做盟主，翟斌欣然同意。慕容垂不知道翟斌是不是真心誠意要幫助他重建燕國，就想靠自己的力量先攻下洛陽，於是，他拒絕翟斌說：「我本來是奉命來平叛的，並不是想跟您一塊反叛。您要起兵反叛，那是您的事情，成功了是您的功勞，一旦失敗，後果也要完全由您承擔，這件事與我無關。」

慕容垂率領大軍來到洛陽城下之後，平原公苻暉殺了守衛洛陽的前秦將軍苻飛龍，起兵反叛，把洛陽據為己有，將慕容垂拒之門外。翟斌又派長史郭通前去勸說慕容垂跟他聯合，慕容垂還是沒有同意。郭通說：「將軍你之所以拒絕翟斌，是認為翟斌等人身居山野，並不是前燕後裔，也沒有什麼強大的兵力，不能成就大事嗎？可是將軍要成就光復燕國的大業，難道不想獲得天下人的幫助嗎？」終於，慕容垂同意了與翟斌聯合。郭通馬上通知了翟斌，翟斌率領軍隊來到了洛陽城下與慕容垂會合。他力勸慕容垂以帝王的尊號自稱，這樣一來，燕國的義士就會來投靠他們。慕容垂辭讓說：「新興侯慕容暐是正統的帝王，他才應該獲得帝王的稱號，我們應該把他迎接回來。」

慕容垂看到洛陽不易攻取，就想先把鄴城攻下來作為據點，於是率軍東進，準備攻取鄴城。行進中，滎陽太守餘蔚率軍來降，不久，昌黎太守衛駒也來投降。大軍抵達滎陽後，屬下們堅決要求慕容垂在此稱王，慕容垂推辭不過，於是按照晉元帝時的遺規，自封為大將

❸【牙門將軍】古代雜號將軍的一種，爲三國時代劉備首創，長坂坡之戰的趙雲和入蜀之戰的魏延先後獲封此職。

軍、大都督、燕王。慕容垂開始按照君主的旨意發號施令，屬下們向他稱臣，遞呈奏章。稱帝儀式結束之後，慕容垂率軍二十多萬，從石門渡過黃河，直奔鄴城。

但鄴城久攻不下，直到第二年（三八五年）七月，慕容垂才攻下鄴城，建立燕國，史稱後燕。典章制度全部遵循前燕，前燕的舊臣們也得以重用。慕容農率軍來到鄴城與父親慕容垂會合，慕容垂正式授予他大將軍、大都督、燕王。立長子慕容寶為太子，其他人也得到了相應的封賞。

長樂公苻丕派姜讓為使者來譴責慕容垂背信棄義，並勸他說：「知錯能改，善莫大焉。」慕容垂說：「我是看在前秦王苻堅的面子上，才放過長樂公一馬，讓他帶領全部軍隊返回長安。而且，我絕不會帶兵攻打長安。我重新建立燕國之後，願意與秦國永遠和平相處，互相幫助。如果長樂公再不識時務，說出這些不敬的話，我就率領軍隊打進長安，有他後悔的一天。」

姜讓不以為然，義正詞嚴地指責慕容垂說：「將軍您忘了當初遭到奸人排擠，是誰收留了您嗎？當初您一心想效忠於燕國，燕國有您的容身之處嗎？我主與將軍民族不同，國家也不同，然而卻對您禮遇有加，對您像家人一樣，比對我朝舊臣還要好。自古以來，有哪個君王能如此優厚地對待前來投奔的大臣？可是現在我主的軍隊遭受了挫敗，您不但不幫他，還在這裡落井下石，另有圖謀。長樂公是主上的嫡傳長子，肩負分治一方、輔佐君王的重任，難道他能辜負君王的信任，把我國城池送給您嗎？將軍您想做個背信棄義的人，可以直接進攻長安了，不必為自己找藉口。只可惜您已經七十高齡了，卻落得個晚節不保。難道您想像商紂一樣，被周武王殺掉，頭顱被掛到旗幟上任人羞辱嗎？往日那個百姓競相傳頌的忠臣慕容垂，現在卻成了一個逆臣賊子。」

屬下們異常憤怒，都想馬上殺掉姜讓。慕容垂先是沉默了一陣子，過了一會兒說：「姜讓只是為他的君主傳話的人，何罪之有？」於是對姜讓以禮相待，並派車馬把他送了回去。慕容垂惦念舊主恩情，上表章給前秦王苻堅，說明了現在的局勢，請求將苻丕調回長安。苻堅看完表章異常憤怒，回信怒斥了慕容垂。

慕容會造反

後燕國主慕容寶棄中山城逃跑後，在路上遇到了兵變失敗的趙王慕容麟。慕容麟見到慕容寶羞愧又心虛，趕快逃向蒲陰去了。沒過多久，蒲陰也待不下去了，又逃到了望都縣。望都縣的百姓不了解慕容麟的為人，只知道他是皇室的後代，就給他提供糧草。慕容詳得知他的行蹤後，派兵追擊。慕容麟的妻子兒女被抓，他自己逃到荒山之中，躲了起來。

慕容寶率領眾將士逃亡過程中，昔日的宮廷親信近臣除了慕容隆之外，都各自逃命了。晉安帝隆安元年三月十六日，慕容寶帶著僅剩的幾百人來到薊（ㄐㄧˋ）城，與駐紮在此的清河王慕容會會合。慕容會率領騎兵二萬人到薊南去迎接父親慕容寶。但是他對慕容寶並不禮貌，反而是充滿怨恨的樣子。慕容寶知道他記恨自己沒有立他為太子，私下裡把這件事告訴了慕容隆與遼西王慕容農。慕容農、慕容隆都說：「慕容會大權在握，獨當一面，有點兒傲氣在所難免，不會做出什麼出格的事的。我們會在私下裡勸他多尊重您，您就放心吧。」慕容寶雖然覺得他們說得有道理，但還是下詔將慕容會的兵權解除了，並轉交給慕容隆。慕容

隆覺得這樣不妥，於是堅決不接受。慕容寶只好讓慕容會分出一部分兵力給了慕容農、慕容隆，以削弱慕容會的勢力。

十八日，慕容寶清點財物，準備運去龍城，北魏君主拓跋珪知道後，想趁火打劫，派將領石河頭帶領軍隊去追殺慕容寶。

二十日，石河頭在夏謙澤❶追上了慕容寶。慕容寶並不想跟他過多糾纏，只想趕緊把財物運到安全的地方。但清河王慕容會卻說：「我訓練軍隊時，時常教導部下說：敵人不來侵犯我們，我們就主動找敵人作戰。如今我們看到君主您受到異族凌辱，強盜賊子居然在我們的地盤挑戰君主的權威，將士們心中都非常氣憤，都想為您效忠，就算是死也不怕。兵法有云：『窮寇莫追』、『身處絕境的人有極強的求生意志』，如果我們只知道躲避，將士們一定會覺得窩囊，人心就會渙散。賊寇都是些吃軟怕硬的人，他們看到我們後退，肯定不會放過我們。一旦讓他們掌握了主動，我們就危險了。」慕容寶聽了覺得有理，便讓慕容會指揮軍隊向北魏軍隊開戰。

慕容會指揮著軍隊與北魏軍隊正面決戰。慕容農、慕容隆等人帶領南來的騎兵在兩側衝殺敵軍，形成三角之勢。北魏軍隊大敗。燕軍乘勝追擊，追出去一百多里。慕容隆帶著自己的

---

❶【夏謙澤】地名，在今河北大廠縣內。

在宴席中，慕容寶使眼色給衛軍將軍慕輿騰，慕輿騰突襲慕容會，擊傷了他的頭部。慕容會帶傷逃回了自己的軍營。

部下又追出幾十里。回來後，慕容隆並沒有高興，而是傷心地對他的舊部下、留台[2]治書陽璆說：「今天雖然大勝了，但還是不能彌補當初的遺憾啊！在中山城時，我們有幾萬的部隊，主上卻相信慕容麟，導致我們一直沒機會痛痛快快地打仗。」說著說著，就流下了眼淚。

慕容會擊退魏軍後，覺得自己立了大功，更不願意把慕容寶放在眼裡了。慕容寶為了打擊慕容會囂張的氣焰，準備從慕容會手中收回幽州及并州的部隊，分給慕容農、慕容隆兩位親王。但這些都是慕容會的親信部隊，他們不願意聽從別人的指揮。他們集體向慕容寶請命說：「我們都受到過清河王慕容會恩澤，已經習慣於他的領導。陛下不如與皇太子、各位親王暫時留在薊城宮中，我們隨清河王去解救京師之難，等勝利了，再回來迎接您大駕還朝。」慕容寶的近臣都覺得慕容會的部下太過猖狂，勸慕容寶早日除掉慕容會。慕容會的老部下侍御史仇尼歸聽說之後，就向慕容會進言說：「大王，您以為您的父親還信任您嗎？您以為他還會讓您統領軍隊嗎？您還有其他的靠山和容身之處嗎？現在形勢對您非常不利，您不如主動出擊，殺了慕容農、慕容隆兩位親王，然後廢黜太子，自己入主東宮，掌握軍政大權。這才是恢復社稷的最好辦法。」慕容會同意他的說法，但覺得時機尚未成熟，就沒有應許。

慕容隆曾幾次教導責備慕容會，慕容會因此對他懷恨在心。慕容會想到慕容農、慕容隆

---

[2]【留台】指王朝遷都後，留置於舊都的官吏。

二人都曾經鎮守過龍城，在當地德高望重，又手握實權，因此擔心一旦到了龍城，自己就失去了主動權，而且他也知道，自己肯定不會被定為太子。於是，他決定先發制人發動政變。

慕容寶看出了慕容會的心思，對慕容農、慕容隆說：「慕容會的野心很大，如果我們不除掉他，他早晚會反叛。」慕容農、慕容隆都勸他說：「現在我國危機四伏，正是用人的時候。慕容會本來的職責是鎮守舊都，這次長途跋涉前來護駕，是為了解救國難，黎民百姓肯定對他有口皆碑。如今還沒有露出叛逆的形跡，僅憑猜測就殺了他，就等於折斷了自己的一個胳膊，天下人也會因此而懷疑您的為人。」慕容寶說：「慕容會一定會造反的，你們現在不忍早點兒除掉他，對他心懷仁慈，他不但不會領情，而且他一旦突然發動政變，先殺的就是你們，然後才是我，到那時候可不要說我沒有提醒你們。」

有近臣把慕容寶的話告訴了慕容會，慕容會決定提前動手。四月初六，慕容寶帶著大軍紮營在黃榆谷❸，慕容會派他的心腹仇尼歸、吳提染干帶著人去偷襲慕容農和慕容隆。慕容隆始終覺得慕容會只是一個頑皮的小侄子，根本沒想到他會派人來刺殺自己，也就沒有做任何的防備，結果被亂刀剁死。慕容農有所防範，他帶領自己的衛隊戰勝並抓住了仇尼歸，但他也被砍成了重傷，不得已逃進了深山。仇尼歸沒有回來，慕容會懷疑事情已經敗露。為了打消慕容寶的疑慮，他連夜去拜見慕容寶說：「兒臣得知慕容農、慕容隆想要謀反，已經派兵把他們殺了。」慕容寶已經猜出事情的真相，但是他裝作不知所以，對慕容會說：「你做的很對，我早就開始懷疑他們了。」

初七清晨，慕容會下令讓前面引路的軍隊邊走邊搜尋仇尼歸，後面的軍隊緩慢前進。慕容會本想把慕容隆的靈柩扔到荒山野外，將軍餘崇流著眼淚懇求慕容會，慕容會只好憑他隨軍運載。慕容農經過短暫的治療之後，帶領自己的屬下從深山中回到了大營。慕容寶痛心地呵斥他說：「你受傷是自找的，誰讓你們不聽我的勸。」然後就讓手下人把他收押起來。

軍隊前進途中，慕容寶突然召集文武大臣，說要商量一下如何定慕容農的罪，順便慰勞一下群臣。慕容寶提前跟衛軍將軍慕輿騰商量好了計策。在宴席中，慕容寶使眼色給衛軍將軍慕輿騰，慕輿騰突襲慕容會，擊傷了他的頭部。慕容會帶傷逃回了自己的軍營。

到達自己的軍營後，慕容會馬上集合部隊進攻慕容寶。慕容寶率領騎兵快馬加鞭地趕到了龍城。慕容會派去的軍隊沒有追上慕容寶，於是，他就派人去攻打龍城。慕容寶白天守城不出，晚上慕輿騰率領一支部隊突襲慕容會的軍隊，慕容會被打敗。

慕容會看攻不下龍城，就派遣使者去向慕容寶提條件，說只要慕容寶殺了慕容農等人，並且將慕容會立為太子，就不再攻打龍城。慕容寶知道慕容會沒有實力攻下龍城，便一口回絕了他。慕容會氣急敗壞，自立為皇太子、錄尚書事，讓侍者們用對待皇帝的禮儀對待自

---

❸【黃榆谷】地名，在今遼寧建昌縣一帶。

己，把後宮的姬妾宮女等分賞給各位將領，設置了文武百官，以討伐逆臣賊子的名義，帶著部隊繼續攻打龍城。

慕容會騎在馬上，在城樓下向慕容寶喊話。慕容寶說他是逆子，不忠不孝。慕容會的部下齊聲高喊，辱罵慕容寶。城裡的將士聽到自己的君主被人羞辱，都非常氣憤，頓足捶胸，紛紛請戰。傍晚時分，慕容寶鼓足士氣，帶領眾將士出城剿滅慕容會的軍隊。慕容會的軍隊本來在道義上就先輸了一成，很快就潰不成軍。慕容會帶領殘餘部隊逃回了他的大營。當夜，慕容寶派侍御郎高雲率領敢死隊——一百多名壯士偷襲慕容會的營寨，慕容會如驚弓之鳥，被一百多人嚇得抱頭鼠竄，部眾也被打垮，他自己只帶著十幾名騎兵逃往中山。後來，他去投靠了開封公慕容詳，慕容詳知道了他造反的事，直接把他殺了。慕容寶為了永絕後患，把慕容會的母親和三個兒子都殺了。

初十，慕容寶宣布除了慕容會之外，其他人都是無罪的，並且都官復原職，同時大赦天下。在這次討逆行動中有功勞的，論功行賞。遼西王慕容農大難不死，慕容寶封他為左僕射，不久又升為司空、尚書令。高陽王慕容隆以康王為諡號，被追贈為司徒。慕容隆的部將餘崇也回來了，慕容寶將他提升為中堅將軍，算是對他的忠誠的褒獎，讓他負責統領宮廷侍衛。高雲以少勝多，成功偷襲了慕容會，被任命為建威將軍，封為夕陽公，他還認了慕容寶為乾爹。

王恭圍困朝廷

東晉孝武帝司馬曜（一幺ˋ）寵信自己的同母弟弟會稽王司馬道子，兩人終日飲酒作樂。於是，僕射王國寶、建威將軍王緒等人便討好司馬道子，公然以司馬道子的名義賣官鬻爵，窮奢極欲，目無法紀。前將軍、青兗二州刺史王恭、荊州刺史殷仲堪等權臣很看不慣，於是就招兵買馬，儲備物資，寫了一封奏疏表明自己討伐佞臣的決心。司馬道子認為他們動機不純，想要造反，王國寶等人趁機慫恿司馬道子削弱這兩人的兵權。於是，司馬道子讓孝武帝下詔說盛夏季節出兵不利於農耕，命令他們把軍隊解散。

收到詔令後，王恭馬上派人去見殷仲堪，希望他能跟自己聯合起來。將軍桓玄因為想要藉這個機會升官發財，便鼓動殷仲堪說：「王國寶向來痛恨你們，恨不得及早消滅你們而後快。現在他已經手握大權，如果再得到王緒等人的幫助，他就如虎添翼，可以做他想做的事了。王恭貴為國舅，王國寶並不敢加害他，但是您只是先帝破格提拔的臣子，又不是什麼皇親國戚。您雖然有很高的威望，但他們可以把你召回朝中，只給你個閒職做做，然後讓別

人來擔任荊州刺史，到時候你就回天乏力了。」殷仲堪說：「我也是這樣想的，請將軍明示。」桓玄說：「王恭向來就看不慣王國寶等人，他一定會用盡全力消滅王國寶等人。你不如幫王恭一把，跟他結成同盟，然後你們倆約定好時間，一起發動兵變，圍困朝廷，清除佞臣。只要你們一起起兵，我就願意加入你們，到時候我率領自己的軍隊幫你們打頭陣。一旦事成，功勞都是您的，我絕對不跟您搶功勞。」

桓玄的話說動了殷仲堪，殷仲堪便找來了自己的堂兄南蠻校尉殷顗、南郡相江績、雍州刺史郗恢等人一起商量對策。殷顗持不同的觀點，他說：「我們的權力是朝廷給的，我們理應恪盡職守地報效朝廷，朝廷裡的是非對錯，並不是我們應該干預的。所謂的仿效趙鞅出兵一事，我看只是個笑話而已。我不但不能參與，連聽都不想聽。」殷仲堪再三邀請殷凱，殷顗大怒說：「不要再做沒有用的事了，你是勸不動我的。」

江績不但自己不願意參與這次行動，還斥責殷仲堪不應該參與。由於江績言辭過於激烈，殷顗怕他招來禍患，便在他和殷仲堪之間來回周旋。江績說：「大丈夫不應該懼怕死亡，我江績之所以活了這麼大年齡，是因為沒有值得我去死的事情發生。現在有了，我寧願一死。」看到江績如此堅定正直，殷仲堪並不想傷害他，他讓楊期代替江績擔任南郡相。司馬道子聽說這件事之後，便把江績召了回來，讓他擔任御史中丞。

為了不對抗朝廷，殷顗辭去了職位，裝病在家休養。殷仲堪到他家去看他，說：「聽說堂兄生病了，我特地來探望你，你沒事吧？」殷覬說：「我能有什麼事？最大的事不就是死亡嗎？可是你萬一出事，就會給殷家帶來滅門大禍呀。你還是保護好自己吧，我的事你不用管。」殷仲堪聽後，心裡也很難受，但箭在弦上，不得不發。他還是力排眾議，履行了與王恭的約定。

王恭很高興，便寫了一封痛斥王國寶等人的奏章，派人送到了京師。然後聯合殷仲堪一起發動兵變，進逼京城。司馬道子看到王恭的奏章後，馬上命屬下們嚴加戒備。司馬道子問一個屬下說：「你們知道王恭、殷仲堪兩股地方勢力起兵叛亂的事情嗎？」屬下說：「我不曾參與國家大事，也不敢過問，所以並不知道。」司馬道子聽了之後，搖了搖頭，並沒有再說什麼。

正在都城形勢緊張的時候，孝武帝突然駕崩了，晉安帝司馬德宗繼位，朝政大權徹底落到了司馬道子的手中。

這時候，最害怕的是王國寶，因為王恭打著討伐他的旗號，所以他成了眾矢之的。王國寶為了保證自己的安全，從守城的官兵中抽出幾百人到自己的府上。可是，到了晚上，下起了大雨，這些官兵就各自回家了。王緒趁天黑來到了王國寶家，給他出主意說：「您不妨假借會稽王之名，把東亭侯王珣和吏部尚書車胤招來殺掉。他們兩個跟王恭和殷仲堪私交甚篤，他們一死，王恭等人肯定會劍指安帝和司馬道子。這時候，您就可以去勸司馬道子出兵與王恭決

他看到王恭的軍隊兵臨城下，馬上給王國寶定了個禍國殃民的罪，派驃騎諮議參軍譙王司馬尚之去抓捕王國寶，把他交給了廷尉。

一死戰，借他的手殺死王恭。」王國寶自己沒有什麼好主意，便決定按照王緒的方法試一試。可當王珣和東胤真的來到他府上之後，王國寶又膽怯了，只好又向王緒詢問其他方法。王緒說：「王恭、殷仲堪此次前來，其實是想爭奪皇位和利益的，討伐您只是一個幌子，您不必擔心。」王國寶不放心地說：「他們不是說要把我當成曹爽❶一樣殺掉嗎？」王緒說：「您想得太嚴重了！王恭不是司馬懿，您也沒有犯下曹爽那樣的罪過。」

王國寶聽完王緒的話，覺得不可信，於是去徵求車胤的建議，車胤說：「朝廷應該不會派兵出戰，當初，桓溫以優勢兵力圍困壽陽時，打了很長時間才拿下。如果現在朝廷出兵迎戰，王恭一定會堅守壽陽，朝廷軍隊一時半會兒難以取勝。而長江上游的殷仲堪就會趁機帶兵偷襲京城，到那時候誰都沒辦法挽救京城了。」王國寶聽了車胤的話，隱隱覺得朝廷會把自己獻給王恭。為了保命，他上奏章請辭自己一切官職，準備回家養老。奏章送上去之後，王國寶想到要失去自己的一切權力，又後悔了，因此假傳安帝的旨意不同意自己辭官，又恢復了原來的官職。

司馬道子本身就膽小怕事，他只想平息戰亂，保全自己，根本就不在乎自己的奴才王國寶。他看到王恭的軍隊兵臨城下，馬上給王國寶定了個禍國殃民的罪，派驃騎諮議參軍譙王司馬尚之去抓捕王國寶，把他交給了廷尉。

之後，安帝下詔，當眾處決了王緒，王國寶被賜自殺。然後，司馬道子派使者去面見王恭，對自己過去寵信奸臣的過失表示非常抱歉，並說：「現在惡人已除，請將軍早日退兵。」於是，王恭帶著自己的部眾回京口去了。殷仲堪得到王國寶等人已死的消息，馬上向朝廷遞上奏章，說自己願意保衛京師安全，司馬道子寫信阻止了他的「馬後炮」，殷仲堪只

---

❶【曹爽】三國時期曹魏宗室，大司馬曹真之子。曹爽原本謙虛謹慎，後來招兵買馬，壟斷大權。二四九年，司馬懿發動政變，將曹爽一族處決。

好帶兵回去。王國寶的哥哥侍中王愷和驃騎司馬王愉一起堅決請辭，安帝下詔允許，司馬道子也沒有追究他們的罪責。

過了幾日，危難終於解除了，安帝十分高興，大擺筵席款待眾臣，並下詔大赦天下。會稽王司馬道子的長子司馬元顯當時只有十六歲，但已經在朝中擔任侍中。他認為王恭和殷仲堪是將來的隱患，提醒司馬道子早做除掉他們的準備，先下手為強。司馬道子便讓他來掌握軍權，任命他為征虜將軍，統領自己的衛隊，時刻防備著王恭、殷仲堪等人。

桓玄滅殷仲堪和楊佺期

東晉晚期的權臣殷仲堪、桓玄、楊佺（ㄑㄩㄢˊ）期三人統領著當時的三大武裝力量。桓玄和楊佺期都野心勃勃。殷仲堪本性仁慈，卻好猜忌，辦事優柔寡斷。他的諮議參軍羅企生曾對弟弟羅遵生說：「殷侯為人仁慈，但優柔寡斷，將來恐怕會有大難。他對我有知遇之恩，我對他不離不棄只是為了堅守道義，但願有一天我能因他而死，報答他的恩情。」殷仲堪一方面擔心桓玄會攻擊自己，於是與楊佺期聯姻，以達到制約和防備桓玄的目的；另一方面，楊佺期幾次想滅掉桓玄，殷仲堪為了抑制他的勢力，每次都竭力勸阻。

桓玄擔心自己終會被殷仲堪、楊佺期聯合剿滅，自己一個人對付不了他倆，於是，他向朝廷要求擴大自己的統治區域。朝中掌權者想藉此機會挑撥他們三個之間的關係，於是加任桓玄為都督荊州四郡軍事，還讓桓玄的哥哥桓偉取代了楊佺期的哥哥楊廣的南蠻校尉。楊佺期知道後氣急敗壞，本打算讓自己的哥哥楊廣拒不交出職位，但殷仲堪勸他不要這樣做，還把楊廣調到宜都、建平兩個郡做太守。

楊佺期想報復桓玄，並且為之做了充分的準備。但是他並沒有真正得到殷仲堪的支持，殷仲堪實際上是不想讓楊佺期擴充實力的。所以，他力勸楊佺期不要衝動，還將他的堂弟殷遹（ㄩˋ）派去北部地方駐紮，以牽制楊佺期。楊佺期琢磨不透殷仲堪的意圖，又不想得罪他，就放棄了報復桓玄的想法。

不久，荊州出現了澇災，暴雨連綿，洪水氾濫，百姓們顆粒無收，饑民遍地。殷仲堪便把府庫中的儲備糧食全部拿了出來，賑濟災民。桓玄看準機會，準備乘虛而入征討他。

桓玄軍隊向西進發，聲稱要去救助洛陽，還寫了信給殷仲堪說：「楊佺期不能妥善管理帝王的墳墓陵寢，辜負了國家的器重。我們應該替朝廷除掉他。我已經把全部兵力集結在沔水入長江口這一帶，如果你願意與我聯合，就把楊廣抓起來殺掉；如果你不願意，那我們只好兵戎相見了，我的大軍很快就會沿長江出發，攻擊江陵。」

信送出後，桓玄馬上派兵去襲擊殷仲堪的糧倉所在地——巴陵。梁州刺史郭銓到巴陵上任，路過夏口。桓玄便藉機對殷仲堪說，朝廷讓郭銓負責統領江夏的部隊，給自己做前鋒。然後，他又寫了密信給他在殷仲堪身邊任職的哥哥桓偉，希望他能跟自己裡應外合，拿下殷仲堪。桓偉生性膽小，看了密信嚇得魂不附體，竟把密信交給殷仲堪讓他幫自己想辦法。殷仲堪當即把桓偉扣下做人質，並讓他給桓玄回信，把自己描述得悲慘至極。桓玄看了信，不以為然地說：「殷仲堪做事向來優柔寡斷，大禍臨頭了還這麼婆婆媽媽，我哥哥就是他為自己留的後路，所以他不敢殺害我哥哥。」

殷仲堪派自己的堂弟殷遹率領七千水軍駐紮在西江口❶，桓玄派郭銓、苻宏等人率領的軍隊進攻殷遹，殷遹全軍覆沒，他隻身一人騎快馬逃走了。桓玄緊接著攻佔了巴陵，殷仲堪派遣楊廣和自己的侄兒殷道護等帶領軍隊攻打巴陵，桓玄親自帶兵與之對陣。結果，桓玄大勝，楊廣和殷道護都逃跑了。

殷仲堪兩戰皆敗，士氣低落，再加上糧食不足，士兵毫無鬥志。桓玄則氣勢正盛，帶兵殺了過來，一直殺到了距離江陵只有二十里遠的零口。殷仲堪感到情況危急，馬上寫信向楊佺期求救。楊佺期卻說：「江陵一帶受災嚴重，缺少糧草，士兵們到了你那兒連飯都吃不飽，哪有力氣殺敵？你不如放棄江陵，帶著將士們來投奔我，我們一起鎮守襄陽，抵抗桓玄。」殷仲堪當然不願意寄人籬下放棄自己的部隊和地盤，於是，他騙楊佺期說：「我們現在囤積的軍糧絕對能夠堅持到戰爭結束。」楊佺期信以為真，於是率領了八千步、騎兵，火速趕往江陵。到了江陵之後，殷仲堪只有一些米飯來慰勞楊佺期的軍隊。楊佺期知道自己上了當，氣不打一處來，說：「這仗是打不贏了。」於是，他只和他的哥哥楊廣向桓玄發動進攻，而沒有去見殷仲堪。

---

❶【西江口】地名，位於現在的南京市區西南部。

楊佺期軍隊遭受夾擊，一敗塗地，他自己騎著馬逃奔襄陽去了。

桓玄見楊佺期帶領部隊氣勢洶洶地殺將過來，並沒有馬上迎戰，而是讓自己的部隊先退到馬頭❷一帶。楊佺期知道自己糧食不足，想趁著現在糧食還夠用速戰速決。於是，他帶兵緊急攻打郭銓。就在快要取得勝利的時候，桓玄率領大軍前來救援，楊佺期軍隊遭受夾擊，一敗塗地，他自己騎著馬逃奔襄陽去了。桓玄不願意放過他，派遣將軍馮該繼續追捕楊佺期和楊廣。馮該率軍趕到襄陽，將他們全部殺掉了，還把人頭送去建康。楊佺期的弟弟楊思平、堂弟楊尚保、楊孜敬等人帶著楊家老小逃到蠻族地區去了。

殷仲堪得知楊佺期已死，帶著殷道護等幾百人逃往長安。桓玄派馮該帶兵追擊。馮該在冠軍城追上了殷仲堪，並將他抓了起來。走到柞（ㄓㄚˋ）溪，馮該殺了殷道護，殷仲堪也被逼自殺。

殷仲堪做事優柔寡斷，又迷信天道倫常，給鬼神祈禱祭祀時出手十分大方，可是救濟窮人時往往先考慮回報。他喜歡給其他人一些小恩小惠，屬下生病他會親自為病人把脈診治，開方分藥，反正用不了多少錢。長此以往，文武官員們都看出了他是表面大方而已。當殷仲堪逃走的時候，文武官員中出來送行的只有羅企生一人。他們路過羅企生家門時，羅企生的弟弟羅遵生對他說：「此次分別，不知道還有沒有機會再見面，兄長怎能不下馬跟我握一下手呢？」羅企生一想也是，便騎馬來到弟弟面前，伸手與弟弟握手告別。不料，羅遵生直接把他從馬上拉了下來，並緊緊拽住他說：「老母親還等著你奉養呢，你不能就這麼跑掉。」羅企生也淚灑衣襟，說：「我知道我這次去可能就回不來了，所以，老母親就拜託你了。這樣一來，我盡忠心，你盡孝道，我們一家已經做到了忠孝兩全，豈不很好嗎？」羅遵生才不聽，只是緊緊抱住自己的哥哥，久久也不鬆開。殷仲堪看他們兄弟情深，也沒有勉強羅企生，自己帶著人走了。

桓玄入主荊州之後，荊州名流紛紛前去拜訪，唯獨羅企生在幫忙料理殷仲堪家裡的事，

---

❷【馬頭】郡名，在今夏邑西南馬頭寺周圍，轄境約爲當今河南永城、夏邑、柘城和睢縣東部地區。

一直沒有去拜訪桓玄。有人勸他說：「你也是荊州有頭有臉的人，你不去拜訪桓玄，他一定會懷恨在心，我聽說他殺人如麻，你可要小心。」羅企生說：「我本來沒有什麼真才實學，殷侯卻一直重用我，把我當成了他的智囊。當初我想跟他一起去討伐逆賊，但是弟弟不讓我去。現在逆賊殺了殷侯，我對他恨之入骨，怎麼可能為了保全自己的性命而去對他卑躬屈膝呢？」有人把這些話告訴了桓玄，桓玄聽了非常生氣，他派人傳話給羅企生說：「我並不想殺你，但是你不要敬酒不吃吃罰酒，你現在跟我道歉還來得及，如果再晚一些，你只有死路一條。」羅企生說：「我又不是你的部下，我只忠心於殷侯，不會向你道歉的。」桓玄見他如此頑固不化，就把他投入了大牢，再次讓他屈服。羅企生說：「不要再勸我了，我是不會改變主意的。我聽說晉文帝殺了嵇康，他的兒子嵇紹卻對晉朝非常忠誠。我只想請你不要傷害我的弟弟，因為現在只有他能照顧我的老母親。」於是，桓玄殺了羅企生，並沒有為難他的家人。

宣武帝不聽諫言

梁武帝❶天監四年（五〇五年）十一月，北魏將領王足圍攻涪城❷，蜀國官員和百姓都很震驚。益州❸約三分之一的城池放棄了抵抗，直接歸順了北魏。尚書邢巒上奏摺給北魏宣武帝，請求速戰速決，攻取蜀地。

在奏摺中，邢巒說：「第一，建康與成都目前只有依靠水路，陸路已被阻斷。由於相隔好幾萬里，成都又在上游，水軍要想西上抵達成都，至少需要一年時間，所以，建康的軍隊根本就無法救援益州。第二，前不久，金紫光祿大夫劉季連發動了反叛，益州刺史鄧元起奉命前去平定戰事，帶走了大部分兵力和財力，現在，蜀國的統治者和百姓都明白，他們無法

---

❶【梁武帝】南梁政權的建立者蕭衍，廟號高祖。

❷【涪城】位於中國四川西北部，距成都九十八公里。

❸【益州】四川一帶的古地名，是當時最大的三個州之一。

抵抗王國的軍隊。第三，鎮守成都的蕭淵藻是一個華而不實的人，根本不懂得帶兵和用人之道。而且，他嫉賢妒能，把成都那些驍勇善戰的良將或者囚禁或者殺害，現在追隨在他左右的只不過是一些沒有什麼戰爭經驗的人罷了。第四，我們現在已經掌握了戰爭的主動權，奪取了南安，應該進一步推進，況且現在我們已經佔據了蜀國的三分之二，我們的戰車可以順利通過從南安到涪陵的道路。蜀國先前的軍隊屢戰屢敗，後面的部隊也就沒有什麼信心了。第五，蕭淵藻是梁武帝的親兒子，涪城如果淪陷，他不可能坐視不管，要麼逃亡要麼出戰。他如果出戰，靠他手下那一幫沒有什麼戰爭經驗的士兵，是很難戰勝我軍的。」

「所以說，現在是攻取蜀地的絕佳機會。如果陛下一心只為百姓的安寧，而不願意進攻蜀地，我也無話可說，就請允許我解甲歸田。我雖然並非武將出身，也不擅長行軍作戰之事，但是令我欣慰的是，我朝不乏能領兵打仗的將領，他們個個勇猛善戰。之前他們也曾遇到過困難，但還是挺了過來。現在我們攻打涪、益兩城是在做順應民意的事情，應該能很順利地拿下。如果我們放棄這次絕佳的機會，以後萬一蜀國強大起來，想再奪取就困難了！況且益州經濟發達，人口卻不是很多，攻下益州能給我們帶來諸多益處，比攻下壽春、義陽兩座城池要好得多，而且沒有什麼人口壓力。」

宣武帝看後，回信給邢巒說：「眼下形勢這麼緊張，很多事情都等著你去做，你怎麼能在這時候解甲歸田呢？關於平定蜀地的事，我和眾大臣還在探討，等我們探討出一個結果，再告訴你也不遲。」

邢巒又上表說：「想當年，討寇將軍鄧艾和都督鍾會在糧草充足、裝備精良的情況下，率領十八萬大軍，費了很長時間才平定了蜀地，主要就是因為時機不合適。而現在，雖然我們只有兩萬兵力，但我們佔據了天時、地利和人和，時機相當好。如果我們這時候進攻蜀地，取勝的把握很大。現在王足已經逼近涪城，相信很快就可以攻破。涪城攻破之後，益州就成了囊中之物。而且梓潼[4]的百姓們紛紛主動歸降於我們，益州的天險劍閣[5]也已經被我們占據。我們可以說是占盡了優勢，如果我們主動放棄這些優勢，恐怕會被天下人恥笑。」

「雖然我也知道戰爭不是紙上談兵，要考慮實際情況，但是，自從我軍越過劍閣以後，我就開始為戰事緊張，甚至因此寢食難安。我軍佔領了劍閣卻不在此地駐守，而是主動撤退了。我覺得自己發現了這樣的用兵失誤，如果不告訴陛下，實在是對不起陛下對我的栽培和賞識。」

「巴西[6]距南鄭一千四百多里，距益州也比較遠。當年南朝佔領巴西時，為了方便管理，在那裡設立了州郡，稱為巴州。巴州雖然是重鎮，但面積太大，管理很難。於是，有人上書請

---

❹【梓潼】古蜀道南端的一個縣城，在今四川省綿陽市。
❺【劍閣】劍閣縣，在今四川省廣元市。

宣武帝看後，回信給邢巒說：「眼下形勢這麼緊張，很多事情都等看你去做，你怎麼能在這時候解甲歸田呢？」

求撤了該州，朝廷便撤了巴州，依然以巴西為郡。嚴、蒲、何、楊等姓的大戶人家聚集在巴西郡內山谷之中，他們都是名門望族。他們現在的居住地離州城太遠，所以他們的子弟們也就得不到提拔和重用。有些人家因此舉家遷到了州城，但州城距離京都又太遠，所以他們依然無法躋身朝野。當地的人們對這種現狀十分不滿，隨時準備簇擁望族自立為王。

在驍騎將軍夏侯道遷發動反叛之初，嚴玄恩就憑藉自己的勇猛在巴州自立，自奉為刺史。如果我軍能夠攻克州城，我建議仍然任他做刺史。巴西有四萬多百姓，土地也比較肥沃，如果我們能佔領這裡，既能震懾周圍的幾個州，又可以在此招兵買馬，從此墊江[7]以西的地方，就完全屬於我們北魏了。」

宣武帝覺得邢巒說的有道理，但還是猶豫不決，就沒有下定決心。

先前，北魏宣武帝因為顧念王足的功勞，下詔讓他兼任益州刺史。宣武帝聽說天門太守張齊奉梁武帝之命前去援救益州，害怕王足叛變，就又改變了注意，援軍還沒有到達，他就改任梁州軍司羊祉（ㄓˇ）為益州刺史。王足沒有犯任何錯誤，就被撤了官，惱羞成怒，帶兵投靠了梁朝。北魏不僅失去了平定蜀地最好的機會，也失去了一員大將。

邢巒在梁州任職的時候，既不得罪豪強大族，又對得起平民百姓，受到了全州人的愛戴。攻克巴西後，邢巒委任軍中將領李仲遷為巴西太守。可是李仲遷沉迷於酒色，整日只知道用軍費吃喝，不問公事。邢巒知道之後，想治李仲遷的罪，李仲遷非常害怕，暗地裡謀劃造反，將士們本來就記恨他，現在聽說他要造反，直接就將他殺死了。之後巴西又重新歸順了梁朝。

❻【巴西】這裡指的是巴西郡，是東漢末年至隋朝期間的一個郡級行政區劃，巴西意爲「巴郡以西」，與同時期的巴郡、巴東郡合稱「三巴」，實際上巴西郡的位置大致在巴郡以北，巴東郡以西。

❼【墊江】墊江縣，隸屬巴西郡。

爾朱榮推翻胡太后

北魏孝明帝在位時，并、肆、汾、廣、恆、雲六州討虜大都督爾朱榮權勢很大，敢於直接對抗朝廷。原來的朝中權臣高歡、段榮、尉景、蔡俊等人曾經圖謀造反，失敗後都投奔了爾朱榮，爾朱榮收留了他們，進一步擴大了自己的實力。

爾朱榮的騎兵參軍劉貴曾多次向爾朱榮推薦高歡，爾朱榮看到高歡身材不高，而且長相醜陋，覺得他不是良才，就一直沒有重用他。有一次，高歡陪著爾朱榮一起來到馬棚，爾朱榮想給高歡出難題，就指著馬棚裡一匹剛剛馴服的馬讓高歡幫它修剪毛髮。高歡走到那匹馬身邊，並沒有給他套上籠頭，直接就開始修剪。奇怪的是，那匹平常凶悍無比的馬竟然很溫順地任由高歡幫他修剪毛髮。修剪完畢，高歡看著瞪大雙眼的爾朱榮說：「制服壞人和制服馬兒是一樣的道理。」爾朱榮感到非常驚奇，立即請高歡到書房暢談。暢談過程中，爾朱榮詢問起高歡對當前國家大事的看法，高歡說：「我覺得當今聖上太過軟弱，權力都在太后手中，朝廷的大多數政策都成了一紙空文。依我之見，您可以藉此機會，以討伐佞臣為名，替

皇上推翻太后。我覺得依仗您的才能成就霸業也不過是小事一樁。」這幾句話說到了爾朱榮的心裡，兩人一直談到半夜時分。這次之後，高歡就成了爾朱榮身邊最重要的謀士。

由於當時孝明帝年幼，其生母胡太后垂簾聽政，總攬大權。胡太后當政之後，寵信外戚和宦官，朝廷政事混亂，對外毫無威信，各地百姓和權臣紛紛揭竿而起，北魏政權能控制的地盤越來越小。孝明帝漸漸長大，胡太后知道皇上早晚會不滿意自己的作為，擔心皇上會聯絡他身邊的臣子對抗自己，於是，胡太后經常無端地找一些理由，除掉孝明帝寵信的人。與此同時，她還控制孝明帝的活動範圍，不讓他了解外面發生的事情。通直散騎常侍[1]谷士恢就是孝明帝的寵臣之一，他負責統領宮中衛士，保衛孝明帝的安全。胡太后對於谷士恢多有微詞，想把他調離都城，但礙於孝明帝不允許她這麼做，谷士恢也不願離開都城，胡太后便隨便給谷士恢找了個罪名，將他殺了。

當時，有一位密多道人經常在孝明帝身邊服侍，僅僅因為他會一些其他民族的語言，胡太后怕他聯絡外族幫助孝明帝，就派人在城南殺了他，並捏造謠言說他是之前懸賞緝拿的罪犯。孝明帝身邊連續少了兩個可以信任的人，這讓孝明帝很痛心，從此，他與胡太后之間的隔閡越來越深。

❶【通直散騎常侍】晉武帝時，以員外散騎常侍與散騎常侍共同輪流值班，稱為通直散騎常侍。

爾朱榮跟時任并州刺史的元天穆關係很密切，平常都是稱兄道弟。爾朱榮私下找到元天穆及其部下都督賀拔岳，商量殺盡逆臣、推翻胡太后的事。兩人很贊同爾朱榮，並建議他直接帶兵進攻洛陽。爾朱榮聽取了他們的建議，寫了一封奏疏派人送到了都城，奏疏上說：「我軍在山東一帶吃了不少敗仗，冀州和定州已經被盜賊們強佔了。盜賊們下一個要攻取的目標肯定是相州❷。為了保衛相州，打擊盜賊們的囂張氣焰，懇請陛下允許我即刻帶兵增援相州。」

胡太后覺得爾朱榮名義上是保衛相州，其實是要逼近洛陽，就下詔對爾朱榮說：「目前，山東一帶的賊盜已經大致平定，主謀蕭寶寅已經被我軍活捉了，叛亂首領莫折念生也被我們殺掉了，萬俟奴也已經歸降。其他地區也逐漸平定，北海王元顥已經帶領兩萬軍隊前往相州，不用勞煩都督了。」

爾朱榮再次上書說：「敵軍雖然遭受了打擊，但我軍也多次戰敗，最多算是跟敵軍戰績持平，因此我擔心先前的援軍不能抵抗強敵。我覺得我們可以藉助蠕蠕國❸國王阿那瓌的力量來對抗敵軍。我朝對蠕蠕國一直禮遇有加，現在正是他報答我們的時候。為了確保萬無一失，這次可以讓他帶兵沿東面的下口攻擊敵軍後方，而北海王元顥率領的部隊則從正面攻擊敵軍。我軍雖然在人數上處於下風，但只要他們能夠率先佔據井陘以北、滏口以西的險要地區，就可以對敵軍形成夾擊之勢。雖然敵軍首領葛榮吞併了另一支敵軍，但威信還未樹立，手下的兩股勢力還沒有完全統一，他們隨時都有可能反目成仇，分崩離析。」上書完畢後，爾朱榮便下令，在當地徵募有勇氣有膽識的人，加入到軍隊中來，然後派大軍佔據了井陘，並向北守衛馬邑城。

中書令鄭儼和舍人徐紇（ㄏㄜˊ）是胡太后最寵幸的兩個人，孝明帝想借爾朱榮之手除掉他們，以便削弱胡太后的勢力。於是，孝明帝下了一道密詔，命爾朱榮帶兵到都城剷除鄭儼、徐紇等人。徐紇聽說了這件事之後，私下裡勸胡太后派人前去離間爾朱榮的部下。部下把這件事情告訴了爾朱榮，爾朱榮大怒，派遣高歡率領先頭部隊火速進軍都城，揚言要除掉徐紇等人。但當高歡行進到上黨時，孝明帝莫名其妙地下了一道密詔，要求爾朱榮把軍隊帶回去，取消行動。爾朱榮只好讓軍隊暫時留在上黨。

鄭儼、徐紇知道爾朱榮是孝明帝派來殺他們的，一直提心吊膽。為了保命，他們力勸胡太后除掉孝明帝。二月二十五日，孝明帝遇害而死，年僅十九歲。第二天，胡太后竟然立自己的女兒敬哀公主為帝。不久後，胡太后又覺得自己的女兒已經成年，可能會跟自己爭權奪利，為了能長久地獨攬大權，她又下詔宣稱：「孝明帝的皇后實際上生的是女兒。原臨洮

---

❷【相州】古州名，即現在的安陽。跟古都洛陽同在河南省境內。

❸【蠕蠕（ㄖㄨˊ）國】北魏附屬國，在今甘肅和內蒙古南部一帶。

二十七日，年僅三歲的元釗即位。胡太后宣布大赦天下，文武官員各升兩級……

（ㄊㄠ）王元寶暉的後代元釗是真正皇室後代，可以立為皇帝。」二十七日，年僅三歲的元釗即位。胡太后宣布大赦天下，文武官員各升兩級，守衛皇宮的官員各升三級。

爾朱榮得到宮裡傳出來的消息之後，對元天穆說：「明帝在位時，天下人都覺得皇上年齡太小，無法處理國家大事。現在胡太后卻讓一個小到只有三歲的小孩子登基做了皇帝，國家大權永遠落到了她的手裡。我打算以哀悼孝明帝的名義率領騎兵攻入京都，趁機剷除那些用心叵測之人，擁立一位可以治理天下的新皇帝，你覺得如何？」元天穆當然贊成。

爾朱榮上書朝廷說：「現在民間已經有傳言說明帝是被毒酒毒死的，如果他真是病死的，那麼太醫們就有罪。另外，太后讓自己的女兒繼位有違祖制，遭到反對後，竟然選一個三歲的孩子當皇帝，我看您是想親自坐天下吧！目前各路豪傑紛紛起義，鄰國也虎視眈眈地看著我們，一個小孩子能治理好國家和人民嗎？我想我是時候回京與眾大臣共商國是了，一來能夠洗清先皇的冤屈，二來可以除掉像徐紇、鄭儼這樣的奸佞之徒。然後，重新選擇一位皇族成員來繼承皇位，這樣才能讓天下人信服。」胡太后看了之後很是害怕，馬上派爾朱榮的堂弟，時任直官❹的爾朱世隆前往晉陽勸慰爾朱榮。

爾朱榮見到堂弟爾朱世隆之後，告訴他自己準備進攻都城，希望他留在自己身邊輔助自

❹【直官】當值的官員。

己。爾朱世隆說：「太后此次派我前來是來勸慰你，如果您現在留下我，她就會知道你要造反，然後做好充足的準備，這樣你攻打起來就很難。不如讓我回去，既可以麻痺他們，又可以裡應外合。」爾朱榮覺得他說的有理，就讓他回去了。

彭城武宣王元勰的兒子元子攸平日裡聲望很高，爾朱榮很看好他，便找來元天穆商議，要立元子攸為帝。元天穆不敢定奪，就勸爾朱榮派人到洛陽找爾朱世隆秘密商議，爾朱世隆覺得可以。爾朱榮便派人去問元子攸的意思。有人推舉自己當皇帝，這是天大的好事，元子攸當然沒有意見。

爾朱榮這時候開始猶豫了，他在想，我為什麼不推舉自己做皇帝呢？爾朱榮一直很迷信，於是，他讓人為自己和皇室的子孫們每人鑄了一座青銅像，結果元子攸的銅像率先鑄成了，爾朱榮於是下定了決心立元子攸為帝，起兵從晉陽出發，直逼都城。

爾朱世隆聽說爾朱榮已經起兵，便想辦法逃出了都城，在上黨與爾朱榮會合了。胡太后知道兵臨城下之後，驚恐萬分，趕快求助於王公大臣們。王公大臣們平日對胡太后的所作所為已經恨得咬牙切齒，沒有誰願意幫她出主意。只有徐紇說：「爾朱榮率領他的地方軍隊冒犯朝廷，難道以為我朝的文武大臣和禁軍是吃素的嗎？只要將士們安心守城，他孤軍深入，長時間打不下來，自然就會退兵了，到時候我們再乘勝追擊，打他個措手不及。」胡太后聽了之後感到非常欣慰，派副將鄭季明、鄭先護率兵守衛河橋，任命黃門侍郎李神軌為大都督，帶領禁軍防守，等爾朱榮的軍隊疲憊了再進攻。

爾朱榮率領大軍直指京師殺來，胡太后的爪牙們看到大軍壓境，放棄了防守，四散而逃，爾朱榮大軍順利入京，胡太后想開口求爾朱榮饒她一命，爾朱榮假裝沒聽見，拂衣而去，派軍士把胡太后和三歲的小皇帝扔入黃河淹死了。隨後，爾朱榮發動了「河陰之變」，朝中大臣無論忠佞一律殺害。

元子攸已經在大軍渡過黃河之後繼位，他任命爾朱榮為侍中、都督中外諸軍事、大將軍、尚書令、領軍將軍、領左右，並封為太原王。同時封元劭為無上王，元子正為始平王。

前治後廢的文宣帝

東魏武定八年（五五〇年），東魏權臣高洋逼迫東魏孝靜帝元善見禪位，自立為帝，定國號為大齊（史稱「北齊」），改元❶天保，建都鄴城，稱為文宣帝。建國之後，文宣帝謹慎地處理國家事務，任用賢才，開誠布公。國家法令嚴謹，各級政府都能秉公辦案，王子犯法與庶民同罪。這些舉措得到了群臣和百姓們的認可，他們都願意報效國家，朝廷內外井然有序。每次邊關有戰事，文宣帝都親自衝鋒陷陣，不畏種種危險。將士們受到他的感染，個個奮勇殺敵，所以，北齊軍隊參加的戰鬥基本上都取得了勝利。沒過幾年，北齊的基業就十分穩固了。

文宣帝看到自己治理下的齊國國富民強，便有些飄飄然，開始無節制地喝酒。喝醉之後就流連於後宮，性情也變得暴躁起來。

有一次，文宣帝遊玩到了東山，想到關隴❷一帶尚未平定，立即怒不可遏地把尚書右僕射魏收叫到跟前讓他站著寫下攻擊西魏的詔書。這件事傳到西魏之後，西魏國主驚恐萬分，

趕快讓屬下們做好防禦。但文宣帝並沒有實際的舉措，他當時只是暴脾氣突然上來罷了。有一天，文宣帝又想起來這件事，於是召集群臣，對大家說：「我下達了命令之後，西魏根本就不放在眼裡，怎麼辦啊？」說完，竟放聲痛哭。都督劉桃枝見狀安慰他說：「陛下大可放心，西魏那麼小，只需要三千騎兵就可平定。」文宣帝一聽，喜上眉梢，命人賜劉桃枝帛一千匹。侍臣趙道德說：「劉都督這是在欺騙陛下啊！魏國和齊國本來是勢均力敵的兩個國家，如果發生戰爭只會兩敗俱傷，我們怎麼可能輕易取勝？這分明是妖言惑眾，應當殺頭，而不應當獎賞。」文宣帝聽完，覺得趙道德說的有理，就把已經賞賜給劉桃枝的帛要了回來，賜給了趙道德。

有一次，文宣帝來到一個山崖上，發現山崖下面有一條河，於是就想騎著馬直接跳下去。趙道德看見了，不由分說地把他拉了回來。文宣帝大發雷霆，要當眾斬了趙道德，趙道德絲毫都不畏懼，只是淡淡地說：「我死了也沒有什麼怨言，只是如果我在九泉之下見到先帝，一定會告訴他：他有一個嗜酒如命、殺人如麻的兒子。」文宣帝聽了，十分懊悔自己的

---

❶【改元】指中國封建時期皇帝即位時或在位期間改換年號。每個年號開始的一年稱元年。新皇帝即位後，一般都要改變紀年的年號，稱爲「改元」。

❷【關隴】指關中和甘肅東部一帶地區。

婁太后聽後，趕快上前抱住文宣帝，母子倆抱頭痛哭。

作為，便決心戒酒。

過了幾天，文宣帝又找到趙道德說：「我沒有把持住自己，又喝了很多酒，我知道錯了，你打我一頓吧。」趙道德又好氣又好笑地說：「作為一國之君，你怎麼能如此出爾反爾呢？」

典御史李集很看不慣文宣帝的作為，有一次，他當著大臣們的面譴責文宣帝，竟然把文宣帝比作夏桀[3]和商紂。文宣帝大發雷霆，命人把他捆綁起來，扔到了河溝裡。過了一段時間，文宣帝派人把他撈上來，問他：「我還是不是夏桀和商紂了？」李集咬牙切齒地說：「現在我覺得你還不如他倆呢。」文宣帝又把他扔進了河水裡。就這樣反覆好幾次，李集就是不願意改變自己的說法，文宣帝無奈，搖著頭說：「你真是夠固執的，比當年的龍逄❹和比干❺還固執。」說完就把李集放了。李集剛回到家，就又被文宣帝派人抓了回去，李集還想進諫，文宣帝直接讓人對他進行了腰斬。宮廷裡的人無不害怕文宣帝的喜怒無常，每個人都敢怒不敢言。文宣帝每次都是突然做出決定要殺人，所以大臣們只好小心翼翼，一刻都不敢掉以輕心。

文宣帝還發明了大鐵鍋、長鋸子、大鍘刀、大石碓之類的刑具，他每次喝醉了酒，就會把這些刑具擺出來，隨便殺人。開府參軍裴謂之數次上書勸諫文宣帝停止這種暴虐的行為。文宣帝對宰相楊愔說：「他一個參軍根本就沒有資格教訓我，簡直是自不量力。」楊愔說：「我看他是為了沽名釣譽，陛下不妨早日賜他一死。」文宣帝聽後說：「我現在不想殺他，我倒要看看這個賤人怎麼流芳百世。」

有一次，文宣帝和幾個大臣一起飲酒作樂，喝到高興的時候說：「我現在的生活是多麼快樂啊！」都督王紘（ㄏㄨㄥˊ）諷刺他說：「今天的快樂只會帶來明天的痛苦。」文宣帝說：

---

❸【夏桀】夏朝的君主，荒淫無度，暴虐無道。

❹【龍逄（ㄆㄤˊ）】夏代末年大臣。夏桀王荒淫無道，不理朝政，龍逄多次直接進諫，後來被夏桀王囚禁並殺害。

❺【比干】商紂王在位時的丞相，最後被紂王殺害。

「你這話是什麼意思？」王紘說：「陛下現在只知道尋歡作樂，早晚有一天是要亡國的，到時候您就知道什麼是大痛苦了。」文宣帝一聽，馬上命人將他拉出去斬首。一旁的大臣們趕快上前勸阻，說王紘勞苦功高，殺不得，文宣帝這才赦免了他。

婁太后也看不慣兒子的作風，有一次，她舉起拐杖一邊打文宣帝，一邊說：「你竟然如此混帳，你知道你父親當年是多麼英勇嗎！」文宣帝因為在酒醉狀態，就大逆不道地說：「我看你是老糊塗了，小心我把你嫁給胡人。」婁太后聽了這句話後，傷透了心。酒醒之後，為了勸慰婁太后，文宣帝讓人在皇宮裡點了一堆火，自己跳入火中，求婁太后原諒。婁太后讓他趕快跳出來，並說：「只要你現在跳出來，我就原諒你，那些都是醉話，我沒有什麼好怪罪於你的。」文宣帝跳出來之後，又讓人在地上鋪上席子，自己脫了上衣趴在席子上，命令平秦王高歸彥用棍子打自己，還說：「如果不真的打，就殺了你，一定要出血。」婁太后聽後，趕快上前抱住文宣帝，母子倆抱頭痛哭。最後，高歸彥用棍子在文宣帝腳上打了五十下。

經過這件事之後，文宣帝痛下決心，宣布自己以後再也不喝酒了。可是，還沒過十天，他又喝得醉醺醺地來到李皇后家裡，拿著一把帶有響聲的弓箭，射擊李皇后的母親崔氏，邊射邊說：「我連太后都不放在眼裡，你這個老東西算什麼。」他見一直射不中崔氏，就讓人把她綁起來，用馬鞭鞭打崔氏。

丞相楊愔雖然是文宣帝的寵臣，但也經常被他捉弄。他還用馬鞭抽打楊愔，楊愔的背部經常是血淋淋地一片；還有一次，他讓楊愔躺在棺材裡出殯，差點兒把楊愔活埋；他還曾用刀子在楊愔肚子上亂劃，要不是近臣制止，楊愔恐怕就小命難保了。

常山王高演掌握著北齊的兵權，文宣帝對他說：「你知道我為什麼可以這樣縱情享樂嗎？就是因為有你保護我。」高演本來就對文宣帝沉溺於酒色非常不滿，聽他這麼一說竟然放聲痛哭起來。文宣帝把杯子摔在了地上，哭著對高演說：「我戒酒還不行嗎？以後誰再敢給我獻酒，或者陪我喝酒，我就殺了誰。」說完，他命人把宮裡所有的酒杯都砸碎了。

可是，沒過幾天，文宣帝又開始酗酒，高演便寫了奏章準備進諫，大臣們都勸他不要再做徒勞的事情了。高演不聽，找了個機會把奏章呈遞給了文宣帝。文宣帝看罷，拿出隨身的佩劍在高演身前身後比畫著，並揚言要亂劍砍死他。高演毫不畏懼。文宣帝又派人找來了幾個跟高演不和的大臣，把刀架在他們脖子上讓他們說高演的壞話，但大家都不願意說。文宣帝無奈，只好放了高演。

文宣帝依然如故，有時候和歌姬們通宵達旦地嬉鬧玩樂；有時候穿著奇裝異服，甚至赤身裸體，完全不顧禮義廉恥；有時候會騎著牛、馬、驢等畜生在宮廷裡來回穿梭。夏天，他喜歡光著身子在太陽下暴晒；冬天，他又什麼都不穿就跑到雪地裡玩耍。侍從們看到皇上這樣，紛紛議論說齊國就要滅亡了。

祖珽小人得志

北齊左丞相咸陽王斛律光一家人在朝廷內地位顯赫。妹妹斛律氏貴為皇后，弟弟斛律羡善於帶兵，他手下的軍隊兵強馬壯，他被北齊後主封為都督、幽州刺史、行台尚書令，突厥人都稱他為「南可汗」。斛律光的兒子斛律武善於處理地方事務，被任命為梁、兗二州的刺史，並娶了公主為妻。雖然家底殷實，但是斛律光平時很低調，遇到什麼事從來不大操大辦，也不接受任何賄賂，不願意出鋒頭。每次上朝，他都是等大家都說完了才開口，而且基本上都能說得合情合理。需要上表時，他會讓人代筆，他對代筆者的唯一要求就是內容要簡練。斛律光年紀輕輕就應徵入伍，跟著父親上陣殺敵。每到一個地方，如果軍隊沒有妥當地安營紮寨，他就絕對不會休息。後來，他做了將領，從不隨意殺生，士兵們犯了錯誤他就象徵性地懲罰一下。因此，他手下的士兵都對他忠心耿耿，在戰場上奮勇殺敵。他戎馬一生，幾乎沒有打過敗仗。

斛律光在朝廷裡有一個死對頭名叫祖珽（ㄊㄧㄥˇ），此人官至尚書右僕射，權傾朝野，

貪得無厭，經常幹一些下三爛的勾當。斛律光每次遠遠地看到他，都會對身邊的人說：「這個自私自利、貪得無厭的傢伙，只會禍害國家。當年，趙彥深做尚書右僕射時，凡國家大事必會找幾個人一起商量，現在這個小人得志了，什麼事都是他自己說了算，國家早晚要毀在他的手裡。」祖珽聽說後，很是生氣，準備陷害斛律光。祖珽買通了斛律光的隨從，隨從們說：「相王很看不慣您，說您是奸人當道。但是，他行事光明磊落，確實沒有什麼把柄。」

有一天，北齊後主高緯乳母陸令萱[1]找到斛律光，為自己的兒子穆提婆提親，斛律光以自己的女兒年齡尚小為理由拒絕了。北齊後主準備把晉陽當地的一些土地賜給穆提婆，斛律光聽說後對後主說：「這些土地如果種植糧食，可以為前線提供糧草，這樣外寇侵入的時候，士兵們才有力氣去打仗，戰馬才有力氣奔跑。如果把這些土地賜給了穆提婆，只怕將來外寇入侵，我們難以抵禦。」於是，後主取消了賞賜。

從此之後，祖珽和陸令萱開始聯合起來對付斛律光，他們讓動州刺史韋孝寬到處散播謠言說：「百升飛上天，明月照長安。」又說：「高山不推自崩，槲木不扶自舉。」「盲老公背受大斧，饒舌老母不得語。」他還派人把這些謠言編成兒歌，到鄴城教當地的小朋友們唱。祖珽的大舅子鄭道蓋上表向後主奏明了此事，後主找來祖珽和陸令萱詢問，他們倆說：

---

❶【陸令萱】北齊女官，曾任女侍中之職，爲北齊後主高緯乳母。

「百升為斛，指的是斛律光。而『盲老公』則指的是祖珽，『饒舌老母』指的是陸令萱。斛律光家族權傾朝野，他的女兒貴為皇后，他兒子娶了公主，他如果造反，那是輕而易舉的事啊。我們倆只能等著被他斬殺了。」後主覺得他倆說得太誇張了，就去詢問都督韓長鸞，韓長鸞說：「這件事情都是道聽塗說，陛下不可全信，小心被壞人利用。」於是，後主就沒再追查下去。

祖珽不死心，又聯合後主的寵臣何洪珍一起狀告斛律光，後主說：「你們所說的事我已經問過韓長鸞了，他認為不可信，我也是這麼認為的。」何洪珍說：「如果沒有這些事當然最好，但是一旦這件事情成真，而陛下又沒有什麼準備，那到時候就麻煩了。所以陛下應該先有防備的舉措。」後主覺得何洪珍說的有理，就加強了宮廷的防禦，並沒有治斛律光的罪。

祖珽一計不成，就又找來斛律光府上的下人呈密函給後主說：「陛下曾經下令讓斛律光解散他率領的西征軍隊，他不但沒有聽從陛下的命令，還把西征軍隊帶到了京城附近，圖謀不軌。雖然他還沒有動手，但他家中有很多弓箭、鎧甲，外面又領導著大量的軍隊，而且跟斛律羨、斛律武來往密切，隨時都可以造反。陛下應該早做防範，以免到時候被他打得措手不及。」後主聽了這話之後，終於相信了，他對何洪珍說：「其實，我早就懷疑斛律光圖謀不軌，現在你們也這麼認為，看來我的懷疑是沒錯的。」

後主想除掉斛律光，但又不知如何下手，於是便向祖珽求計。祖珽說：「陛下可以說您明天要去東山遊玩，賞賜給斛律光一匹好馬，讓他陪著您一起。斛律光還以為您要獎賞他呢，必然會欣然前往，到時候陛下可以攻其不備，把他拿下。」後主覺得這個主意不錯，就派人給斛律光送去了一匹好馬。斛律光騎著馬進宮來到涼風堂，被譽為「北齊第一御用殺手」的劉桃枝突然出現在他的後面，想把他按倒，但斛律光戎馬一生，雖然年紀大了，功夫尚在，劉桃枝沒有成功。斛律光大聲說：「劉桃枝只會幹這種事，我斛律光沒有愧對國家和朝廷啊！」劉桃枝又招來了三名大力士，一起制服了斛律光，並用弓弦把他勒死了。事後，後主下詔說斛律光試圖謀反，被發現後處死。

斛律光死後，祖珽派郎官[2]邢祖信去抄斛律光的家，斛律光的兒子斛律世雄、斛律恆伽也相繼被殺害。邢祖信回來後對祖珽說：「在斛律光家共查獲十五張弓，一百支遊獵用的箭，七把刀，兩杆長矛。」祖珽眉頭緊鎖，對邢祖信說：「就沒有別的東西了嗎？」邢祖信說：「還有一些木棍，聽說是用來打奴僕的。斛律光家的奴僕在外面惹了事，不管有理無理，都會被他打一百下。」祖珽聽後，很不滿意地說：「朝廷已經認定他造反了，無論你抄出來多少武器，都不能洗清他的罪名。」事後，有人對邢祖信說：「你太率直了，甚至是固執，祖珽當然是想讓你多報，你何必這樣？」邢祖信說：「像斛律光這種國家的頂梁柱都會

---

❷【郎官】古代對議郎、中郎、侍郎、郎中等官員的統稱。

被抄家滅門，我們這種小官有必要這麼在乎自己的生死嗎？」

梁州、兗州刺史斛律武在外為官，後主派人趕到了他的封地，將他就地正法了。後主又派遣中領軍賀拔伏恩率領軍隊去幽州捉拿斛律羨，到達幽州之後，守城的人報告斛律羨說：「城外來的人穿的是作戰時才應該穿的衣服，應該是來為難將軍的，將軍最好不要開城門。」斛律羨說：「他拿著皇上的詔令，如果我們不開城門，豈不是犯了欺君之罪？」於是，他親自出城迎接賀拔伏恩。賀拔伏恩命人將他拿下，斛律羨說：「我早知道自己的家族過於強盛，全家多是皇親國戚，平日裡位高權重，哥哥更是功高震主。我曾求陛下削減我的職務，奈何一直不能如願，今天落到這個下場，也在情理之中。」於是，他和他的五個兒子斛律伏護、斛律世達、斛律世遷、斛律世辨、斛律世酋都被處死了。

北周的君主聽說北齊最後的頂梁柱斛律光被抄家滅門了，十分高興，下詔大赦全國。

此時，北齊的朝政大權被祖珽和侍中高元海兩人掌握，而陸令萱成了後主最信任的人。高元海的妻子是陸令萱的外甥女，他便讓妻子打聽陸令萱的秘密，然後偷偷告訴祖珽，想讓祖珽幫助他限制陸令萱。同時，高元海又怕祖珽得志，偷偷地在後主那裡說他的壞話。有一次，後主要任命祖珽為領軍，祖珽很高興。高元海卻跑到後主的寢宮說：「祖珽胸無大志，目光短淺，他做了領軍，朝臣們都不會信服的。再說，我聽說他跟廣寧王高孝珩有秘密往來，這個人不可靠啊！」後主聽了，就撤銷祖珽的領軍職位。祖珽不服氣，對後主說：「我認為我完全有能力做領軍，是不是有人在背後陷害我？」後主看瞞不住，就告訴了他實情。祖珽大怒，說：「高元海和司農卿尹子華等人勾結在一起，我還沒有來得及告訴陛下呢，他倒是先反咬一口。」說完之後，祖珽又到陸令萱那裡，把高元海私下裡說的那些不利於陸令萱的話添油加醋地講了一遍。陸令萱非常憤怒，跑到後主那兒告黑狀，後主把高元海等人全部貶了官。

高元海被貶出京城之後，祖珽一人獨攬朝政大權，又掌管北齊的騎兵、外兵軍務。他把自己的親信安插在朝廷內部和軍隊裡面。後主也開始害怕祖珽，遇到國家大事必須請祖珽過來一起商定，還讓自己御用的太監服侍祖珽。有時候祖珽生病，後主就到他床榻邊跟他商量國家大事。其他臣子雖然看不慣祖珽，但也都不敢得罪他。

大逆不道的高澄

北魏求熙三年（五三四年），北魏權臣高歡所立的皇帝北魏孝武帝元修不願做傀儡皇帝，被迫逃往關中投奔關隴軍閥宇文泰去了。高歡擁立年僅十一歲的孝文帝曾孫元善見為帝，即東魏孝靜帝。孝靜帝儀表堂堂，臂力過人，據說他曾經用手臂夾著一隻石獅子翻越過宮牆。而且，孝靜帝還精通射術，射箭百發百中。另外，孝靜帝還很喜歡看書，舉手投足都給人沉穩端莊的印象。

高歡因為驅逐了北魏孝武帝，所以背上了「驅逐君主」的罵名。為了表達自己的忠心，他對孝靜帝非常恭敬，國家大事從來不自己作主，都是先請孝靜帝過目。孝靜帝頒布的旨意，他都不折不扣地遵守，從來不濫用職權。孝靜帝過生日時，高歡第一個向他祝壽，行禮時，他的頭都快低到地上了。孝靜帝出去辦事，高歡總是一路小跑地跟在鑾駕後面，畢恭畢敬。由於權力最大的高歡都這麼敬重孝靜帝，其他大臣更不敢怠慢，所以，孝靜帝即位之初，還是很有威信的。

高歡死後，國家大權落到了他的兒子大將軍高澄手中，高澄驕傲自大，根本不把孝靜帝放在眼裡。高澄把中書黃門郎[1]崔季舒安排到孝靜帝身邊，隨時監督他的一舉一動。高澄對崔季舒說：「皇帝雖然愚笨，但總會有聰明的一天，你要用心去觀察，看他什麼時候會變聰明。」

有一次，孝靜帝在鄴城東邊打獵，騎馬追逐一隻野兔，跟在他後面的侍臣高呼：「陛下，不要再跑了。要不然大將軍會怪罪於您的。」孝靜帝聽了這話心裡很生氣，打獵的興致也沒了。還有一次，孝靜帝宴請高澄，高澄突然端起酒杯對孝靜帝說：「微臣勸陛下與我共飲此杯。」孝靜帝聽後，氣急敗壞地對高澄說：「作為臣子的能『勸』君主與他一起喝酒嗎？每個國家都有滅亡的那一天，朕也無法避免。」高澄聽了，怒不可遏地說：「少在我面前說什麼『朕』。」說完，還讓崔季舒揍了孝靜帝一頓，才拂袖而去。孝靜帝因此臥病在床。第二天，高澄覺得不妥，就讓崔季舒進宮去探望孝靜帝。孝靜帝表面上十分大度地原諒了他們，還賞賜給崔季舒一百匹絲綢，內心卻覺得高澄欺人太甚。他當著常侍荀濟的面朗誦謝靈運的詩：「韓亡子房奮，秦帝仲連恥。本自江海人，忠義動君子。」荀濟聽罷，立即找到祠部郎中元瑾、長秋卿劉思逸、華山王元大器、淮南王元宣洪、濟北王元徽等人，一起商量如何除掉高澄。

荀濟年輕的時候與尚未繼位的梁武帝有很深的交情，但他不服梁武帝，常對別人說：

---

[1]【中書黃門郎】中書省裡面的郎官。

「如果有一天他當上了皇帝，我會寫好檄文，帶兵聲討他。」後來梁武帝真的做了皇帝，有人向他推薦荀濟。梁武帝說：「我知道他很有才能，但是他總是喜歡跟我唱反調，我怎麼用他？」後來，梁武帝因信奉佛法而大興土木，到處建造寺塔，荀濟便上書勸諫，說他這麼做勞民傷財，是昏君的表現。梁武帝被激怒，便派人去殺荀濟，荀濟的好友朱異提前向他告密，荀濟便逃往東魏。當時，高澄擔任中書監，他想提拔荀濟，高歡對高澄說：「荀濟雖然才能和膽識過人，但不可重用。連梁武帝都知道他有反骨，我們一旦重用他，他必定會跟我們對著幹。」高澄不聽，苦口婆心，軟磨硬泡。高歡無奈，才答應讓荀濟做了常侍。高澄萬萬沒想到，第一個反自己的就是荀濟。

高澄聽了，怒不可遏地說：「少在我面前說什麼『朕』。」說完，還讓崔季舒揍了孝靜帝一頓，才拂袖而去。

荀濟接到孝靜帝的密旨，藉口說要修一座假山，趁機讓人挖了一條地道，一直挖到京城外面。當地道挖到千秋門時，被守門的士兵發現了，士兵們把這一情況告訴了高澄。高澄馬上帶兵入宮，無禮地問孝靜帝：「我們父子為魏國的江山立下汗馬功勞，難道陛下認為我們做的還不夠嗎？現在挖地道是想反叛我們嗎？是不是陛下身邊的侍衛或是嬪妃們搞的鬼？我現在就解決他們。」於是，高澄起身準備斬殺孝靜帝的妃子們。孝靜帝冷笑了一聲說：「我是皇帝，你是臣子，現在卻說我要反叛，我看是你心裡有鬼吧？如果我有能力，早就把你殺掉了。我現在自身難保，這些妃子們跟著我也是受罪，你想殺就殺吧。反正你早晚都是要造反的，為什麼不來個痛快呢？」高澄聽到這些話，馬上跪在地上給孝靜帝磕頭，連聲說：「臣有罪，臣有罪……」然後，他讓人擺開宴席，與孝靜帝共飲，直到深夜才離開皇宮。

三天後，高澄把孝靜帝囚禁在含章堂內，準備殺荀濟等人。負責抓捕荀濟的侍中楊遵彥對荀濟說：「你都這麼大年紀了，不應該做這麼衝動的事情啊！」荀濟說：「我年齡雖然有點兒大，但我的心還年輕。」楊遵彥便在荀濟的獄辭中寫道：「荀濟一把年紀了還沒有什麼功名，所以才想幫助君主辦點事升官發財，並沒有想跟將軍對著幹。」高澄看了之後想免荀濟一死，就問荀濟說：「荀公啊，我對你不薄，你為什麼要反我呢？」荀濟說：「我是奉天子的命令去殺一個佞臣，這有什麼錯嗎？」高澄聽後，火冒三丈，便用大鍋在街市當眾煮死了荀濟等人。

李密命喪熊耳山

唐武德元年（六一八年）十月，李密[1]率領軍隊抵達長安。李密是朝中的光祿卿和上柱國，還被賜封邢國公。唐高祖李淵時常叫他「弟弟」，還將自己舅舅的女兒獨孤氏許配給了他，對他可以說是相當看重。

李密在瓦崗軍[2]中常年佔據高位，性格非常傲慢。在他看來，自從隋末民變爆發後，自己就戰無不勝，數次叫隋軍敗在自己手上。他歸順高祖是一項大功勞，原以為朝廷定會因此重用自己，結果他真正得到的跟他想要的卻有很大落差，為此他終日悶悶不樂。

有一回，朝中大擺宴席。李密身為光祿卿，要負責準備膳食。他覺得這是對自己極大的侮辱，於是在退朝以後找王伯當[3]訴苦。當初，王伯當跟隨李密歸順了唐，被冊封為左武衛大將軍，可他也並未因此滿足。他鼓動李密：「您昔日的下屬徐世勣[4]正在黎陽駐軍，襄陽公張善相則駐軍羅口。我們在黃河南面的勢力還跟以前一樣。眼下我們佔據著有利形勢，您一手便可操縱一切。既然這樣，我們又何必待在別人的地盤上聽人差遣？」聽了這番話李密

很是興奮。

一番思量過後，李密打定主意從長安出走，然後重整旗鼓。他這樣跟高祖說：「臣歸順朝廷後，一直在京城享受榮華富貴，高官厚爵皇上全都賜給了我，但我卻沒幫皇上做什麼事，心裡實在過意不去。如今活躍在山東的那些英雄好漢都是我當年的下屬，所以我請求皇上能讓我去招安他們，讓他們效命於大唐。以我們大唐的實力，要消滅王世充❺簡直不費吹灰之力！」

李密有不少舊部下都對王世充存有二心，這件事高祖一早就聽說過了。他原本就有意把招安之事安排給李密去做，現在李密毛遂自薦，他自然馬上答應下來。可很多大臣都勸他：「李密為人狡詐，極易謀反。皇上安排他去山東，豈不正合了他的心意？李密這一去，豈不

---

❶【李密】出生於隋朝貴族家庭，隋末起兵反隋，成爲瓦崗軍首領。後來率領瓦崗軍投靠唐，不久又叛唐自立，被唐將射殺。

❷【瓦崗軍】隋末民變中戰鬥力最強的一支軍隊。

❸【王伯當】瓦崗軍將領，對李密忠心耿耿，一直追隨左右，最後跟李密一起被射殺。

❹【徐世勣（ㄐㄧ）】也就是徐茂公，唐初名將，曾追隨李密，後被唐高祖賜姓李，改名李世勣。

❺【王世充】隋末唐初割據者之一。唐朝初年，他自立稱帝，後來投降唐朝，最終被仇人所殺。

是放虎歸山？皇上一定要想清楚再做決定啊！」高祖卻說：「皇帝哪是想做就能做的，一切全憑天意。就算李密真在山東叛變，也不值得惋惜，不過是蒿草做成的箭又射到了蒿草叢裡罷了。再說了，他若真跟王世充打起來，我們不正可以坐山觀虎鬥嗎？」

高祖於二十九日下令叫李密到關內招安他昔日的舊部下。李密想叫賈閏甫跟自己同去，高祖答應了。

李密和賈閏甫動身之前，高祖邀請他們跟自己一塊兒在御榻上落坐，賞賜了膳食給他們。三個人共飲一杯酒，之後高祖跟他們說：「三人共飲代表三個人一條心。但願你們二人這次去關內可以如朕所願，立功而返。有人對你們入關一事竭力反對，此事朕不想隱瞞你們。可朕對你們坦誠相待，就跟手足一般，況且男子漢大丈夫豈有說話不算數的道理？無論其餘人怎麼挑撥，朕都不會信的，這一點你們不用擔心。」聽完這些話，李密和賈閏甫都非常感激，對高祖不停地叩拜。高祖還叫王伯當跟李密一塊兒過去，做李密的助手。

昔日李密帶到關中的兵馬被高祖分成了兩半，一半留下到華州駐守，一半由李密統領，前往關內。高祖還安排了一個名叫張寶德的長史官跟李密過去。張寶德在半路上察覺到李密此去關內真正的目的，唯恐李密叛變會牽累自己，於是趕緊寫了封機密奏章給高祖，把實情告訴了他。高祖讀完奏章，本想立即叫李密回來，卻怕會逼得李密提早造反。高祖左思右想，最後給李密下達了一道慰問令，說有一項新任務要交給他負責，讓他單獨返回京城，其餘人等放慢腳步，繼續行進。

收到命令時，李密已經率軍抵達了稠桑。讀完這道命令，李密跟賈閨甫說：「皇上先前命我帶兵到關內，眼下忽然又叫我回京，卻不交代理由。皇上曾說有大臣反對我到關內，如今只怕是那幫人在挑撥離間。既然如此，我不如先將附近的桃林縣攻下來，利用當地的軍隊與糧草渡黃河。這樣等熊州的駐軍收到消息時，我們已離開很久了。而我們要想成就大業，只需趕到黎陽即可，你對此可有意見？」

這番話叫李密更加生氣了，他拔刀就要把賈閨甫殺了。王伯當他們趕緊過來幫賈閨甫求情，總算說服李密放他一馬。

賈閨甫卻說：「您既然已歸順了皇上，皇上也一直厚待於您，您又怎能再反叛呢？再說了，史萬寶跟任環幾位將軍正在離這兒不遠的熊州和穀（ㄍㄨˇ）州駐軍，我們若清早對桃林縣發起進攻，那當天晚上大批援軍便能趕過來。我們就算攻克了桃林縣，之後再想將軍隊召集起來加以整頓，時間也不夠啊！更何況我們若被朝廷宣布為叛軍，再想找人接受我們，就難如登天了。既然這樣，您何不先照皇上的命令去做，證明自己忠心不二，那幫挑撥皇上的人當然也就無話好說了。而招安舊部一事，以後再做打算也不遲。」

李密怒氣沖沖地說：「皇上叫我跟周勃、灌嬰❻享受同等待遇，連割地封王都不肯，根本不想對我予以重用，這叫我如何能忍氣吞聲？眼下我非但沒死，還得到了去山東的機會，可見我命不該絕，可以登上王位。就算關中被唐軍佔據了，可不管怎麼樣，山東都會歸我所有。為什麼上天給我，我卻不要呢？這樣的主意你都能想出來，虧我還把你當成心腹。你我二人既然無法達成一致，我沒有別的辦法，只能殺掉你了。」

賈閏甫嗚嗚咽咽地說：「如今天下大局早已改變。國內四分五裂，但凡有些權勢的人都想搶奪地盤。叛唐之後，您便要踏上逃亡之路，試問您能找誰做您的下屬呢？況且您殺死翟讓以後，大夥兒都說您不值得信任，是背信棄義之人。有什麼人會心甘情願叫您統領他的軍隊呢？他們必會憂心軍權被您搶走，雙方的衝突在所難免。您要是在衝突中失敗了，再想找到立足之地可就難了。我今天把自己的心裡話全都說給您聽，無非是因為您是我的大恩人。請您一定不要輕舉妄動，要好好想清楚才行！我死不足惜，但求您能好好活著。」

這番話叫李密更加生氣了，他拔刀就要把賈閏甫殺了。王伯當他們趕緊過來幫賈閏甫求情，總算說服了李密。賈閏甫當天晚上就逃去了熊州。他那一番分析，王伯當也覺得非常有道理，便竭盡所能遊說李密要慎重。可李密當時已聽不進任何人的勸告了。王伯當只好說：「生死之事不能影響或是改變一個人的意願。既然您聽不進我的意見，我就跟您一塊兒去死。可我只是擔心，就算我死了，也幫不到您。」李密接下來便把過來傳令的使臣殺掉了。

李密帶兵抵達桃林縣，是在三十日的早上。他騙桃林縣令說：「皇上讓我馬上回長安，我不便帶家眷一塊兒回去，不知可不可以叫他們在縣衙裡小住幾天？」縣令歡歡喜喜地答應了他。李密馬上從自己的部下中挑了幾十位驍勇之士，讓他們男扮女裝，扮作自己的妻妾，戴著面紗，把刀藏在裙子裡，隨自己進了縣衙。片刻過後，李密忽然率領他們拿著武器衝出來，一舉將桃林縣攻克了。其後，李密帶兵將桃林縣的百姓和駐軍押解到東面的南山去，沿途經過的道路地勢都很險要。為了讓在伊州擔任刺史的舊部下張善相馬上派軍隊來接應自己，李密還在同一時間叫人快馬加鞭去通知他。

右翊衛將軍史萬寶那時正在熊州駐守，他跟行軍總管盛彥師，也就是他的副手說：「李密勇猛善戰，還有王伯當這種才能出眾的輔臣。要抵禦他的叛變，當世沒有幾個人能做得到。」盛彥師卻笑著說：「我一定能取下李密的首級，只要將軍給我幾千兵馬即可。」史萬

---

❻【周勃、灌嬰】兩人皆是西漢開國功臣，被封侯。

寶趕緊問他：「你想採用什麼樣的戰術？」盛彥師說：「行軍打仗就算採用欺騙的手段也無妨，我以後再向您解釋。」

然後，盛彥師率領軍隊在李密到達前匆忙趕到了熊耳山南麓。他命令步兵拿著刀和盾在山間河溝埋伏好，又命令弓箭手埋伏在山路兩邊地勢較高的地方。他還下達了這樣一道指令：「大夥兒等敵方渡河渡到將近一半時再一塊兒衝出去。」有人問他：「您怎麼到山裡來了，不是說李密要去的是洛州嗎？」盛彥師說：「李密是為了混淆視聽，才宣稱自己要趕赴洛州，實際上他準備從襄城那邊走，直接去伊州跟張善相會合。若叫賊子李密早我們一步進入山谷，山路窄狹，地勢險要，我們要想從後面追擊他們實在太難。他若想阻擋我們，順利脫身，只需命一名將領殿後即可。眼下我們早他一步佔據了山谷的入口，定能讓他們全軍覆沒。」

經過陝州，抵達熊耳山後，李密覺得自己已安然脫險，便命令軍隊放慢行進的速度。他果真如盛彥師預想的那樣，率軍來到熊耳山南麓，進入谷中，落入了敵軍的圈套。佔據了地理優勢的盛彥師向李密發起突襲，將李密的軍隊從中切成兩半，前頭和後頭失去了聯繫，軍中一片混亂。李密與王伯當在混亂之中死在了盛彥師手上，兩人的頭顱在幾天之後被送到長安。盛彥師立下大功，被封為葛國公，依舊駐軍熊州。

徐世勣在李密歸順李唐時被高祖賜姓李，改名李世勣，繼續在黎陽鎮守。

李密死後，高祖專門派人帶著他的首級趕到黎陽，將他謀反被殺的始末告知了李世勣。

見到李密的首級，李世勣失聲痛哭，朝北方行叩拜大禮。他上書請求高祖將李密的首級與屍身合併下葬，得到了高祖的批准。

李密的屍身被送來黎陽，李世勣跟下屬全都為他穿上了孝服。李世勣的部下大部分都源自昔日的瓦崗軍，他們之中不少人回想起李密生前的好，傷心不已。李世勣將李密厚葬在黎陽山南麓，用的是臣子對待君主的禮節。

就這樣，曾在中原各地叱吒風雲的大英雄李密結束了自己短暫卻壯烈的一生。

李建成謀反

唐高祖李淵登基為帝後，後宮嬪妃增多，她們在高祖晚年先後為他生了二十多名小皇子。眼見高祖年紀越來越大，眾嬪妃為了日後能有個依靠，暗地裡紛紛跟那些已經成人的皇子結盟。太子李建成和齊王李元吉與她們私交甚篤，動不動就送她們一些珍寶，拉攏她們，叫她們幫自己在高祖跟前說好話，從而獲得高祖的寵信。

秦王李世民那時住在承乾殿，齊王李元吉則住在武德殿後院。各皇子可以隨意進出其餘皇子的住所，不受門禁所限。跟太子見面時，秦王與齊王只要行長幼兄弟的家禮即可。太子、秦王、齊王能攜帶兵器，騎馬隨意進出皇宮，不受任何限制。

秦王李世民是已經成人的皇子之中僅有的特例，他從來不迎合後宮那些嬪妃，一直刻意疏遠她們。她們因此對李世民滿心怨恨，經常在高祖面前詆毀他。

在率軍攻下洛陽後，李世民接管了皇宮與國庫。高祖命令貴妃前往洛陽，在將國庫珍寶收歸朝廷之餘，再從前朝宮女中挑選出一些人充盈後宮。貴妃一行人等來到洛陽跟李世民會

面，跟他說她們打算從國庫中偷拿幾樣珍寶，並打算在洛陽幫自己的親人安排一官半職。李世民卻說：「國庫裡的東西一樣都不能少，因為接手國庫時，我已將一切東西登記，呈報上去了。而要想入朝為官，並非任何人都可以，必須先為國家建功立業，如若不然，就要身負才名，因此我無法使幾位得償所願。」此事更加深了眾嬪妃對李世民的仇恨。

在李世民四處征戰期間，淮安王李神通一直追隨左右，立下赫赫戰功。李世民為了獎賞他，賜給他數十頃良田。而張婕妤的父親很早就想得到那片田地了，他由女兒牽線搭橋，懇請高祖將那片地賜給自己，高祖答應了他。因為李世民的賞賜命令早於高祖，李神通便佔著那片地不肯讓出來。張婕妤哭著對高祖說：「皇上，秦王把您賜給我父親的那片地搶去賜給了李神通，他根本就沒把您的命令放在眼裡啊！」高祖聽了非常生氣，叫李世民過來責問他說：「你的命令莫非在朕的命令之上嗎？要知道，朕才是一國之君！」過了幾天，高祖就這件事對左僕射裴寂發出怨言：「秦王終年在外行軍打仗，一堆謀臣圍在他身邊，常年受那幫讀書人的影響，現在的他已經不是朕當初那個好兒子了。」

尹德妃很受高祖寵愛，她的父親尹阿鼠仗勢橫行無忌，朝廷官員他都看不上眼。有一次，杜如晦[1]騎著馬經過他家門前，被他的幾個僕人看見了。這幾個人把杜如晦從馬上拉下

[1]【杜如晦】唐初大臣，李世民的主要謀臣之一，後任丞相，與房玄齡並稱爲「房謀杜斷」。

來，還高聲訓斥他說：「你是何人，膽子居然這麼大，敢騎著馬從我們家門前經過。你知不知道我們家主人是什麼人？」他們將杜如晦痛打了一頓，還打折了他一根手指。

杜如晦那時候正在李世民府上為官。尹阿鼠生怕李世民會向高祖告狀，就讓尹德妃先下手為強，對高祖說李世民的壞話。尹德妃就衝高祖埋怨道：「皇上，秦王的下屬欺侮臣妾的家人，秦王居然理都不理，真是太過分了。皇上要為臣妾主持公道。」高祖火冒三丈，斥責李世民說：「你怎麼連自己的下屬都管不好？現在連朕的寵妃的家人他們都敢欺侮，還有誰他們不敢欺侮？」李世民無計可施，只能再三跟他解釋，可高祖無論如何都不肯相信。

高祖時常在宮中設宴，邀請嬪妃過來參加。李世民偶爾也會在旁陪伴。每回他都會想到亡母，她早早離世，未能見到父親一統天下，李世民因此情緒欠佳，甚至會偷偷流眼淚。不知內情的高祖見狀很是不悅。

眾嬪妃便乘機對高祖說：「陛下為江山社稷辛苦了一輩子，而今天下已經平定，陛下理應經常消遣消遣。偏偏每回秦王都唉聲歎氣流眼淚，很明顯是對我們心存怨憎。皇上年紀大了，要是忽然賓天了，留下我們孤兒寡婦如何是好？秦王定會將我們全都處死的，他本就視我們為眼中釘、肉中刺。幸好太子能照顧我們，他宅心仁厚，又很孝敬您。」眾嬪妃說完這話，難過地哭起來。高祖的心情也變得很差。此後，高祖跟李建成和李元吉的關係越來越好，對他們越來越信賴，對李世民卻很少親近了，更不再有改立他為太子的念頭。

唐高祖武德七年，也就是西元六二四年，這年夏天非常熱，高祖決定六月出去避暑，選定的地點是仁智宮。但慶州都督楊文卻在六月二十四日起兵謀反，這讓高祖無法再舒服地避暑了。

高祖火冒三丈，斥責李世民說：「你怎麼連自己的下屬都管不好？」

李元吉從很久之前就竭力說服李建成越早除掉李世民越好。他這樣跟李建成說：「哥哥若是心有不忍的話，就由我代哥哥動手吧。」高祖有一回上門探訪李元吉，李世民也跟著一塊兒去了。李元吉想乘機除掉李世民，於是安排護軍宇文寶在臥室中埋伏好。李建成性格相對仁厚，不夠心狠手辣，在他的竭力阻撓下，李元吉只能放棄了這次行動。李元吉氣呼呼地說：「我這樣做能給自己帶來什麼好處？還不都是為了你。」

太子所在的東宮有一隊名為長林兵的特別護衛兵。他們平日奉太子的命令，在東宮左右兩側的長林門駐守。這些護衛兵全都是李建成私底下從各個地區招募來的驍勇之士，總數超過兩千人。另外李建成還偷偷叫可達志❷從燕王李藝那兒調集了三百幽州騎兵，個個都是勇猛善戰之士。李建成原本想讓他們以底層軍官的身分編進東宮護衛隊，但他們一抵達東宮東側，在那裡暫住下來時，就被人揭發了。李建成因此被高祖痛斥了一頓，可達志也被放逐。

起兵謀反的楊文過去曾在東宮做過侍衛，李建成對他很是信賴，兩人關係密切。李建成私底下曾叫楊文幫自己招納驍勇之士，送到長安。

在去仁智宮避暑前，高祖命秦王和齊王隨行，留下太子鎮守長安。李元吉動身之前，李建成過來找他，吩咐他藉機殺死李世民。李建成說：「今年勝負便可揭曉了。」他叫爾朱煥和橋公山運送了很多盔甲，給正在慶州的楊文。兩人行至豳（ㄅㄧㄣ）州，秘密報告高祖說：「太子叫楊文起兵謀反，還給他送去了盔甲，太子本人在長安負責接應他。另有寧州人杜風舉在同一時間趕到仁智宮面見高祖，揭發太子謀逆一事。」高祖怒不可遏，寫下親筆詔書命李建成馬上來仁智宮面聖，不過面聖原因卻是高祖杜撰的。

收到詔書後，李建成明白高祖已經知道了真相，嚇得不敢過去。他府裡的官員競相給他出主意。有人建議他馬上獨自去向高祖請罪，儀仗、隨從全免，以示誠意。有人卻建議他乾脆以長安為據點起兵。經過反覆思量，李建成打定主意去請罪。走了不足六十里路，李建成就讓諸位隨行官員在原地駐足，自己帶上十餘個人繼續匆匆趕路，最終來到仁智宮高祖面前磕頭認罪。為了得到高祖的寬恕，他使勁兒磕頭，險些昏厥，可還是沒能打動高祖。

這天晚上，高祖叫李建成住在帳篷中，讓人看著他，給他吃用磨碎的麥子煮的飯。高祖另外還安排官員宇文穎馬上趕到慶州，叫楊文過來。跟宇文穎見面後，楊文明白了當下的局勢，馬上起兵謀反。高祖便命令大將錢九隴和靈州都督楊師道一起征討楊文。

二十六日，高祖叫李世民過來，問他有何建議。李世民說：「楊文居然公開謀反，真是膽大包天。但他眼下說不定已被下屬收服或是殺死了，就算沒有，父皇也可以直接派兵將他一網打盡。楊文不是個能成大事的人，父皇用不著擔心！」

高祖略作思量，對他說：「不能這麼做，否則朕只怕楊文會一呼百應，畢竟此事你長兄也牽涉在內。朕的意思是，你親自去平息這場叛亂。到時朕會讓建成當蜀王，由你來做太子。隋文帝能狠心殺死自己的親生骨肉，朕可做不到。你要向朕承諾不殺建成，除非他不甘心只做臣子。就算他真的又鬧事，你也能比較容易地壓制他，畢竟蜀地並沒有多少兵馬。」

---

❷【可達志】唐初一位突厥高手。

仁智宮是皇帝的行宮，作為避暑之用，建在山中。高祖當天夜裡就帶著皇家護衛隊從南面離開了這片山地，以免落入太子追隨者的包圍圈。行進了不過十多里，就見東宮那些官員先後趕過來。高祖叫他們排隊，每隊三十人，分別由護衛隊看管。高祖到第二天才返回仁智宮。

李世民率軍去平定叛亂，隨後便站出不少人幫太子說話。在朝堂上，封德彝❸為了幫太子脫罪，想了各種各樣的法子。在後宮中，眾嬪妃跟李元吉也頻頻幫李建成說好話。高祖最終被說服了，重新讓太子回來鎮守長安。

在高祖的授意下，一切罪責都由效忠於太子的三名官員王珪、韋挺、杜淹承擔下來，三人被流放到巂（ㄒㄧ）州。而李建成只是受到了高祖的一頓斥責，責怪他沒有跟弟弟們處好關係，這麼大的一件事最後就這樣不了了之了。

❸【封德彝（ㄧˊ）】唐初官員，才思敏捷，但喜歡見風使舵，在李建成和李世民中間左右逢源。

李世民阻擊突厥

唐朝建立以後，關中在西北方最大的威脅非突厥莫屬。有一年七月，突厥不斷出兵侵犯唐朝邊境，高祖皇帝立刻調集軍隊前去支援。

其後，因這件事而滿腹憂慮的高祖找出了一個應對的好法子。有大臣在奏章中說：「突厥屢次向關中發動突襲的原因是什麼？不就是長安經濟發達，人口眾多嗎？要是我們將長安一把火燒光，遷都別處，突厥肯定不會再來進犯了。」高祖認為這是個好法子，就讓中書侍郎宇文士及出去尋覓合適的新都。

朝中有人贊同這麼做，有人不贊同。太子、齊王、裴寂都支持高祖，可蕭瑀❶等大臣卻認為這麼做非常不妥，可惜他們都沒有膽量出言阻止。最終還是秦王李世民站出來勸阻高祖，他說：「突厥自古以來就是中原的一大隱患。父皇一手創建了大唐，如今大唐地域廣

❶【蕭瑀（ㄩˇ）】隋煬帝蕭皇后的親弟弟，卻被隋煬帝冷落，後來在唐朝爲官，深受高祖信任。

闊，坐擁百萬大軍，戰無不勝，攻無不克，怎麼可以隨意遷都，以避開突厥的進犯呢？父皇若是這麼做了，便會令臣民們蒙羞，到時他們會如何評價父皇？只怕連後人都會恥笑父皇呢！漢朝的霍去病能下定決心消滅匈奴，為國家除掉一大禍害，而他只是個將軍而已，兒臣卻是藩王。請求父皇准許我率軍討伐突厥，我必定可在幾年內生擒突厥的頡利可汗，綁著他來面見父皇。若是我做不到，父皇再遷都也不遲。」

高祖非常欣慰，說：「這個主意真不錯。」旁邊的太子李建成問李世民：「昔日樊噲想帶十萬大軍深入虎穴，與匈奴交戰。莫非秦王也要採取相同的策略？」

李世民說：「我不會，畢竟今時已不同往日。樊噲又如何呢？用不了十年，我一定將漠北平定，絕無虛言。」高祖就此打消了遷都的念頭。

李建成卻不肯放棄，他夥同後宮妃嬪不斷向高祖詆毀李世民：「皇上，要想叫突厥人不再進犯邊境，送些值錢的東西給他們不就行了？秦王一定是圖謀不軌，要不然他怎麼會在率軍征討突厥這件事上表現得這麼踴躍呢？誰知道他是不是想乘機獨攬軍權，篡奪皇位？」

過了幾天，高祖出去狩獵，地點在長安南邊的圍場，同行的還有李建成、李世民和李元吉。高祖叫他們三兄弟舉行狩獵比賽。李建成養了一匹健壯的胡馬，動不動就尥蹶子❷。李建成想叫李世民來騎這匹馬，便對他說：「三弟擅長騎馬，就來騎騎這匹馬吧！它跑得很

李世民選出一百多名騎兵，疾奔到突厥大軍前，高聲說道：「突利可汗跟大唐締結了盟約，而且已經聯姻。可你們現在卻要背信棄約，進犯大唐，究竟是什麼原因？」

快，很寬的溪流它都能一下子跳過去。」李世民歡歡喜喜地騎上了這匹馬。

追野鹿時，這匹馬忽然尥蹶子，李世民從馬上跳下來，站穩之前接連倒退了好幾步。他等馬穩下來以後，才重新上去。同樣的事情接連發生了三次。李世民對跟在後面的宇文士及說：「太子是想利用這匹馬置我於死地，可惜他沒法傷害我，一個人是生是死，自有天來決定。」

這話傳到李建成那裡，他便讓一名嬪妃在高祖面前說秦王的壞話：「皇上，有人說，秦王說自己有上天庇佑，會成為天下霸主，誰想輕易要他的命，根本不可能。」高祖聞言非常生氣。他將李建成、李元吉叫過來，然後又叫來李世民，斥責他說：「誰都不能藉助陰謀詭計取得皇位，因為誰來做皇帝，全憑上天安排。你真這麼心急，想要謀奪皇位嗎？」李世民跪在高祖腳下，把頭頂的王冠摘下來，向高祖磕頭，懇請他先讓有關官員查明真相，再決定怎樣懲罰自己。高祖還是怒不可遏。正好有人在這時過來稟報說邊境遭到突厥人的進犯，高祖才馬上平息了怒火，和顏悅色地安慰起李世民來。他叫李世民戴好王冠，兩人一起商議對付突厥人的法子。

當年有兩個七月[3]，高祖在第二個七月的二十一日命令秦王李世民和齊王李元吉率領軍隊，從豳州出兵跟突厥交戰。高祖每回遇上戰爭，首先想到的就是叫秦王去應戰，但每回秦王征戰歸來，卻只會得到他更多的猜疑。

突厥的頡利可汗和突利可汗，那時候正率領所有軍隊大舉來犯。李世民率領軍隊去阻撓他們，途中雨水不斷，糧草補給斷絕。將士們經歷了長途跋涉，個個疲憊不堪，連兵器都損壞生銹了。這讓朝廷上下憂心忡忡。

八月十二日這天，豳州西面的五隴阪忽然湧來一萬多名突厥騎兵，準備向唐軍發起進攻。唐軍見到這陣勢不禁慌了陣腳。

李世民對弟弟李元吉說：「眼下突厥大軍壓境，不能讓他們看出我軍有半分畏怯，我們得到城外跟他們正面交鋒。四弟，我想讓你跟我一同前去，你覺得怎麼樣？」

李元吉膽怯地說：「突厥軍隊實力雄厚，我們還是小心為妙，不能隨便主動迎戰。要是敗在他們手上，就後悔不迭了。」

李世民不勉強他，說：「既然這樣，就由我獨自率軍迎戰，你繼續守在城內。」

李世民選出一百多名騎兵，疾奔到突厥大軍前，高聲說道：「突利可汗跟大唐締結了盟約，而且已經聯姻。可你們現在卻要背信棄約，進犯大唐，究竟是什麼原因？我是大唐秦王，想請你們可汗出來跟我單打獨鬥。要是你們可汗不願意，叫你們全都出來迎戰，那隨我

---

❷【尥蹶子（ㄌㄧㄠˋ ㄐㄩˇ ·ㄗ）】騾馬等牲口跳起來，後腿向後踢。

❸【當年有兩個七月】這便是閏月，指農曆每逢閏年便增加一個月，以協調農曆年和回歸年之間的偏差，避免農曆年的月份跟回歸年脫節，通常每兩年或是三年便有一個閏月。

過來的將士必會戰至最後一兵一卒。」頡利可汗笑而不語，他並未弄清李世民說這番話的真正目的。

李世民又率軍前進了一段路程，並讓人給突利可汗傳話：「先前我們訂立了盟約，任何一方遇到危險，另一方都要出兵援助，為何眼下你又率軍前來跟我開戰？我們當初的情誼，難道你們都忘記了嗎？」突利可汗沒有任何回應，李世民便繼續行軍，前方是一條河，他打算渡河。

眼見李世民率軍行進得如此肆無忌憚，再回想起片刻之前他曾說他已跟突利可汗訂立了盟約，頡利可汗當場便開始犯疑。他馬上叫人告訴李世民：「秦王就在原地駐足吧。我這次過來並無特別居心，只是想跟您一起把原先的盟約核定一下，並加以補充而已。」頡利可汗的軍隊隨即往後撤退了一段距離。

在接下來的幾天，雨水始終沒斷過，而且越來越大。李世民跟部將們說：「突厥人在戰場上最大的優勢是箭術，但近來陰雨連綿，水氣彌漫，弓箭上的膠不像平時那麼黏了，弓弦也不像平時那麼有彈性了，再用起來會很不順手，沒有弓箭的突厥人正如沒有翅膀的鳥。他們千里迢迢趕到異國他鄉，正是身心俱疲的時候，我軍的生活條件卻非常優越，兵器也正鋒利，占盡優勢。這樣的良機，我們怎能不立即加以利用呢？」

當天晚上，李世民就冒雨發動了突襲。突厥軍隊大吃一驚。李世民還在同一時間讓人偷偷跟突利可汗分析了當前的局勢，突利可汗非常愉快地表示願意接受秦王的安排。頡利可汗見李世民就要攻過來了，打算開戰，卻遭到了突利可汗的強烈反對。頡利可汗意識到局勢已出現變動，無計可施。最後他只得叫堂叔阿史那思摩跟突利可汗一塊兒去拜訪李世民，告訴他突厥願跟大唐修好。李世民答應了他們。突利可汗又提出想跟李世民結拜，李世民也遂了他的心願。雙方修訂盟約，隨後突利可汗便回去了。

就這樣，李世民阻擋了突厥大軍的來犯。第二個月伊始，阿史那思摩作為突厥的代表來長安面聖。高祖皇帝親自接待了他，冊封他為和順王，對他說了不少寬慰的話。到了當月的三十日，高祖又命令裴寂到突厥部落回訪。

賢德的長孫皇后

唐高祖李淵於武德九年（六二六年）八月九日宣布退位，李世民登基成為唐朝第二位皇帝，也就是唐太宗。八月二十一日，他冊封自己的妻子長孫氏為皇后。

長孫皇后對自己的言行舉止相當留意，無論多匆忙都不會做出半點兒違背禮儀法度的事。李世民還是秦王時，跟太子和齊王的關係很緊張。長孫皇后為了緩和高祖跟秦王的關係，經常進宮孝敬高祖，對高祖的嬪妃也都很敬重，幫了秦王不小的忙。

長孫皇后為人節儉，衣食住用行不求奢華，只求能滿足必要的需求，為其他人樹立了榜樣。太宗皇帝對她相當看重，偶爾還會拿國家大事來徵求她的意見。但她都委婉地拒絕了，說：「國事哪裡是臣妾能隨意參與的，臣妾不過是一介女流罷了。不是有句俗語說：『母雞清早打鳴，家業敗得乾淨』嗎？」太宗卻不肯甘休，執意要問她的意見，可她無論如何都不肯說。

長孫皇后為太宗生下了長樂公主，太宗對這位公主寵愛有加。她出嫁時，太宗給她準備

了比她姑姑永嘉長公主多一倍的嫁妝。魏徵勸太宗說：「昔日漢明帝❶為自己的兒子分封領地，說：『朕的兒子豈能跟先皇的兒子相比？』於是下旨只給兒子們楚王、淮陽王一半的封地。可眼下長樂公主居然得到了比長公主多一倍的嫁妝。皇上這種做法，不正好跟漢明帝截然相反嗎？」太宗認為他言之有理，接納了他的意見。

太宗事後在長孫皇后面前提起魏徵的諫言，皇后感歎道：「過去臣妾不明白皇上為何總是誇獎魏徵，到了今天才明白，魏徵確實是罕有的國家棟樑，他作為人臣，卻能用禮儀法度勸阻徇私的君主。皇上，臣妾與您夫妻多年，深受您的寵愛，但臣妾跟您講話時，也從來不敢太隨意，每每都要察言觀色，生怕會惹您生氣。臣妾尚且如此，朝中大臣就更不用說了，所以他們的進諫您千萬要留意接納才是。」

長孫皇后還懇請太宗送四百匹絹和四百緡❷錢給魏徵，以資獎勵。她命人跟魏徵說：「我一早就聽說您是個忠直的人，如今才了解傳言果然一點兒都不假。現在我賞賜這些財物給您，是想讓您以後還能直言敢諫，效忠國家，不要有絲毫改變。」

有一日，太宗提早退朝回宮，氣沖沖地跟皇后說：「那個鄉下佬可把朕給氣壞了，等朕

---

❶【漢明帝】劉莊，東漢明君，開創了「明章之治」的繁榮盛世。

❷【緡（ㄇㄧㄣˊ）】古代錢幣的計量單位，一緡即一串錢。

找到機會，一定要除掉他。」皇后趕緊問是哪個人激怒了太宗。太宗說：「不就是魏徵那個固執的老傢伙嘛。他動不動就在朝堂中侮辱朕，連半點兒顏面都不給朕留。」聽到這兒，皇后默默地出去了。

片刻過後，她換上皇后朝服，到院子裡站著。太宗趕忙問她為什麼要這樣。她說：「臣妾要恭喜皇上。臣妾聽人說過，大臣之所以忠直，全是君王開明的結果。如今魏徵之所以有勇氣在朝堂中直言進諫，不就是因為皇上的開明嗎？臣妾恭喜皇上，難道不應該嗎？」太宗頓時明白過來，不再生魏徵的氣了。

長孫皇后自幼喜歡讀書，時常就歷史上發生的大事跟太宗交流意見。在這個過程中，她向太宗提了不少好意見，還總乘機勸諫太宗。

太宗有一回情緒欠佳，遷怒於一個宮女。皇后就佯裝自己也很氣憤，懇請太宗將此事交由自己處理。她命人將那個宮女關起來，等太宗情緒平和下來後，才幫宮女在太宗面前解釋、脫罪。

豫章公主出生沒多久，她的生母便離開了人世。長孫皇后將她視若己出，親自撫養她長大。後宮之中只要嬪妃生病，長孫皇后都會親自過去探望，並將自己的藥帶過去。後宮人人都對長孫皇后敬愛有加。

長孫皇后一共為太宗生下了三個兒子。每回跟這三個兒子見面，長孫皇后都會教導他們節儉樸素，謙遜做人。太子的奶媽遂安夫人有一回懇請皇后幫太子添置一些生活用品，遭到了拒絕。皇后對她說：「太子是國家未來的君主，不必將精力浪費在日常花銷上，要集中精力想著怎樣將他培養成為有德之人，為國家做貢獻才是。」

一次李世民生病，許久都沒治好。長孫皇后不分日夜，在他身邊悉心照料。太宗生病的這段日子，她一直隨身帶著毒藥。她告訴太宗：「若皇上不在了，臣妾必會追隨皇上而去。」

長孫皇后被哮喘病困擾多年。有一年，她跟隨太宗到九成宮❸巡視。柴紹一行人等半夜三更過來，說有要緊的事要稟告太宗。太宗趕緊穿上盔甲出來，長孫皇后不顧自己身體欠佳，也跟著出來了。侍從們都勸皇后去歇息，皇后卻說：「眼下皇上不得安寧，我就算去歇息，也歇息得不安穩啊！」事後，皇后病得越來越重。

皇后病了很久都沒康復，太子見狀就跟她說：「母后吃了那麼多藥，身體也沒有要痊癒的跡象。我想懇求父皇幫母后祈福，大赦天下，鼓勵百姓出家修行。」

長孫皇后不同意，說：「生死有命，任何人都改變不了。要是行善能讓人添福添壽，那

---

❸【九成宮】位於陝西省寶雞市，始建於隋朝，起初名叫「仁壽宮」。唐太宗在位時修復擴建，更名為「九成宮」，「九成」即「九重」的意思，形容其高大。

我已做到了，我一生從沒做過惡事。而你提議的這種祈福方式，對國家有害無益。大赦天下的命令是不能輕易頒布的，牽涉太廣。再者說，你父親一向不願將精力浪費在佛道之事上，他覺得這些事只會使國家百姓遭殃。既然如此，我又豈能讓他為我勉強自己？你要是堅持這樣做，我寧可現在就離開人世。」

太子見狀便沒敢在太宗面前提及這件事。其後，太子私底下跟房玄齡談到自己跟皇后的這些對話，房玄齡又轉述給太宗聽。太宗聽了非常難過，要大赦天下以求皇后痊癒。皇后堅決反對，太宗最後也只能順從她。

皇后病重時，太宗已將房玄齡的官職罷免了。皇后臨終前跟太宗說：「皇上，房玄齡多年來一直追隨在您左右，盡心竭力效忠於您，並且他心思細密，行事小心，朝中機密他從來沒對外界透露過半分。他犯的若不是什麼大錯，您便叫他再回來為您效勞吧！皇上非常寵愛臣妾，為臣妾的親人封爵，給他們俸祿。可臣妾請求皇上別讓他們中的能力平庸者擔任要職，否則只會使其惹禍上身。皇上只需讓他們以外戚的身分按時過來面聖即可。臣妾在世時從未造福於人，去世後更不想讓人因我受害。皇上不要為臣妾建造陵墓，浪費錢財。只求皇上能將臣妾葬在山中，用些尋常器皿陪葬就行了。皇上一直親近賢臣，遠離佞臣，但願皇上以後也能如此。大臣的直言進諫，皇上要盡量採納，不要聽信那些挑撥離間的話。皇上還應減輕百姓的徭役負擔，巡遊、狩獵這種事能少則少。如此一來，我便可以無牽無掛地離開人

「太子是國家未來的君主，不必將精力浪費在日常花銷上，要集中精力想著怎樣才能將他培養成為有德之人，為國家做貢獻才是。」

世了。不必讓子女過來探望我，除了傷心、不安外，這樣的探望一點兒用處都沒有。」長孫皇后將長久以來帶在身上的毒藥拿出來給太宗，說：「臣妾在皇上生病期間，便已打定主意與皇上生死相隨。臣妾斷然不會步呂后的後塵。」

長孫皇后於貞觀十年（六三六年）六月二十一日離世，諡號文德皇后。

長孫皇后在世時，收集了從古至今很多與后妃是非曲直相關的故事，將它們整理、編撰成一本題為《女則》的書，共計三十卷。她在《女則》中批判了漢朝明德馬皇后❹放縱外戚勢力擴張一事。長孫皇后過世後，後宮女官將《女則》交給了太宗。看過這本書後，太宗傷心萬分，並讓周圍的臣子傳閱這本書，並對他們說：「皇后寫的這本書足以作為典籍流芳百世。生死自有天意，不應該長久悲傷，這些朕都很清楚，但朕終究是看不開啊，朕失去了皇后這個賢慧能幹的妻子，往後在後宮，再也沒有人能像皇后一樣勸誡朕了。」之後，太宗下令讓房玄齡回到朝廷，恢復了他原先的官職。

到了十一月，太宗命令段志玄和宇文士及率軍護送長孫皇后的靈柩，安葬到昭陵❺。

太宗親自為皇后題了碑文：「皇后在世時十分簡樸，臨終前請求不要將自己厚葬。皇后覺得，若非陵墓之中藏有財寶，便不會引來賊人盜墓。皇后的看法，朕再同意不過。身為一國之君，坐擁全天下，對一樣東西的佔有，並不需要將其埋到陵墓中證明。朕將皇后的陵墓修在山中，總共動用了超過一百名工匠，耗時數十天。陵墓中只有用陶土和木料製作的人俑、車馬、器皿作為陪葬，沒有金銀財寶。盜墓者不會對這種陪葬感興趣，這樣大家都能免去後顧之憂。後人應效仿這種做法。」

太宗對長孫皇后的思念從來沒有間斷過。為此，他命人在後花園建造了一座了望臺，隔三岔五就上去遙望昭陵所在的方向。有一回，太宗帶著魏徵一起爬上了望臺，讓他眺望遠方。眺望良久過後，魏徵跟太宗說：「臣年紀老邁，兩眼昏花，什麼都望不到。」太宗便指著昭陵讓他看。魏徵說：「臣還以為皇上是想叫臣看獻陵❻，不曾想竟是昭陵，昭陵臣一早就看見了。」聽了這話，太宗傷心落淚，之後便命人將了望臺拆了。

❹【明德馬皇后】東漢漢明帝唯一的皇后。
❺【昭陵】唐太宗爲自己修建的陵墓。
❻【獻陵】唐高祖李淵的陵墓。

從晉王到太子

唐貞觀十七年（六四三年）四月一日，紇干承基❶偷偷告訴太宗，太子李承乾意圖謀反。收到消息後，太宗馬上命令長孫無忌❷、房玄齡、蕭瑀和李世勣跟大理寺、中書省、門下省就這件事展開調查。太子謀反一事，事實清楚。太宗詢問眾大臣：「對朕應該怎樣處置太子一事，大家有什麼意見？」眾大臣都一言不發。有一個名叫來濟的官員說：「太子犯下這樣的大罪，理應斬首。皇上讓太子的性命得以保全，便稱得上慈父了。」太宗同意了。

太宗在五天後下令將太子廢為庶民，幽禁終生。侯君集等人因依附太子謀反，被斬首。張玄素等人因為沒能及早給太子以監督、勸導，被貶為平民。原本應被株連的其餘人，全都免於處罰。

太宗原本不想殺漢王李元昌，但不少大臣堅決抗議，太宗只好命他在家中自殺，對他的家人則予以厚待。東宮屬官于志寧恪盡職守，屢次勸諫太子，得到太宗的獎賞。因告密立下大功的紇干承基得到高升。

侯君集被關押起來後，賀蘭楚石[3]帶上他的犯罪證據去面見太宗，將他參加謀反一事詳細說了一遍。太宗叫來侯君集，說：「念在你多年以來一直追隨在朕身邊，朕要親自審訊你，以免你在刑部受辱。」侯君集起初堅決不承認謀反一事自己也有參與。太宗找來賀蘭楚石，跟他當面對證，又將太子和他的通信拿出來。見到這些證據，侯君集無話可說，只好認罪。

太宗跟眾大臣商議：「侯君集曾為大唐立功，是大唐的開國元勳。朕有意保全他的性命，不知大家有什麼意見？」眾大臣都表示反對。太宗只能跟侯君集說：「朕今日便要跟你訣別了。」太宗一邊說一邊流下了眼淚。侯君集叩頭表示自己願意接受處罰。隨後，太宗便命人帶他到市集斬首示眾。

侯君集在被斬首之前跟監斬官說：「請告訴皇上，臣之所以淪落到今天這種地步，全因一時糊塗。請求皇上念在當初臣曾追隨皇上攻下了吐谷渾[4]和高昌[5]的情分上，留臣一個兒

---

❶【紇干承基】太子李承乾的衛士。

❷【長孫無忌】唐朝名臣，長孫皇后的哥哥。

❸【賀蘭楚石】唐初官員，侯君集的女婿。

❹【吐谷渾（ㄊㄨˇ ㄩˋ ㄏㄨㄣˊ）】中國古代少數民族政權，鮮卑族的一支。勢力範圍在今青海、甘肅一帶，唐朝時期被征服，首領加封青海王。

❺【高昌】西域古國，位於今新疆吐魯番東南部，是古代西域的交通樞紐。

子繼承侯家血脈。」太宗最終放過了侯君集的妻子兒女，將他們放逐到嶺南❻地區。侯君集家的財產被朝廷沒收，其中包括兩個美貌的女子，她們從小到大除了人奶以外什麼都不吃。

侯君集多年前曾奉太宗的命令，跟李靖學習兵法。後來，侯君集對太宗說：「皇上，李靖想要謀反。」太宗問他可有證據，他說：「李靖只願教授臣一些兵法皮毛，不願對臣傾囊相授，臣據此判斷他有意謀反。」太宗詢問李靖這是怎麼回事。李靖卻說：「皇上，這正好證明侯君集有謀反之心。如今中原地區大局已定，周邊少數民族成了中原最大的威脅。要應付它們，臣教給他的兵法已經足夠。他卻一定要臣傾囊相授，這不正好證明他有謀反之心嗎？」

江夏王李道宗也婉轉地勸太宗留意侯君集，他說：「皇上，侯君集雖然沒什麼學識，卻非常驕傲，總覺得自己勞苦功高，覺得自己的官位比房玄齡和李靖都低，是對自己的侮辱。他一定不會滿足於只做吏部尚書。臣認為，他叛變只是時間問題。」

太宗說：「侯君集想做什麼官，朕都能滿足他，他的能力的確很出眾。不過，做官要論資排輩，他只是還沒有輪到罷了。你可不要隨意猜忌。」

等到侯君集真的謀反被誅了，太宗特意向李道宗致歉：「你當日那麼說侯君集，的確沒有說錯，現在發生的一切正合了你當初的預言。」

太子被幽禁起來後，魏王李泰每日都會到宮裡照料太宗。太宗被李泰深深打動了，當著他的面許諾要立他為太子。大臣岑文本和劉洎（ㄐㄧˋ）也支持李泰做太子。可長孫無忌卻建議冊封晉王李治為太子。

太宗有一次對眾大臣說：「魏王昨日伏在朕懷中，跟朕說：『兒臣真高興能成為眾兄弟之中跟父皇關係最親密的一個，兒臣簡直像死而復生一樣。將來兒臣死了，一定會讓晉王繼承皇位，至於兒臣的兒子，兒臣一定會在死前處死他。』魏王這個念頭讓朕很是痛惜，試問世間有什麼人不憐惜自己的孩子呢？」

諫官褚遂良卻說：「臣覺得，皇上的說法有失妥當。在冊立太子一事上，不能再出現任何閃失了，臣請求皇上一定要考慮清楚。皇上若叫魏王繼承皇位，他斷然不會為了把皇位留給晉王，處死自己的親生骨肉。先前太子之所以謀反，鑄成大禍，皆因皇上對魏王太過寵愛，甚至超越了對太子的寵愛。這個教訓皇上一定要吸取啊！皇上若真想冊立魏王為太子，為確保以後政局穩定，必須要先將晉王安置好。」

太宗聽了難過得落淚，說：「這件事朕做不到。」隨後太宗便回宮了。

因為憂心太宗會冊立晉王李治為太子，魏王找到晉王說：「過去你跟漢王李元昌關係親

---

❻【嶺南】也叫百越之地，位於越城嶺等五嶺之南，在今廣東、廣西、海南一帶，還包括湖南、江西等省份的部分地區。

密，如今他因協同太子謀反被殺，難道你就不擔憂父皇會對你起疑心嗎？」聽了他的話，李治每天驚慌失措，愁容滿面。太宗驚訝地問他出了什麼事，問了很多次，他才將實情說出來。太宗對李泰大失所望，對承諾立他為太子一事也生出了悔意。

太宗當日曾針對太子李承乾謀反一事當面跟李承乾對質，得到的回覆是：「兒臣並無奢求，畢竟兒臣都已是太子了。兒臣之所以要經常跟一些大臣在一起，商議如何保全自己，全因李泰一心想要害我。再加上身邊還有些居心不良的人乘機挑唆我，我才一時糊塗，走到今天這一步。父皇若真冊立李泰為太子，便落進他設下的圈套了。」

太宗有一天退朝後吩咐長孫無忌、房玄齡、李世勣和褚遂良四個人到兩儀殿中面聖，對他們說：「朕的一個弟弟和三個兒子合謀做出這種事來，真叫人難過。朕心中十分痛苦、煩悶，簡直生無可戀。」說完這話，太宗便撞向床頭，四人趕緊攔住他。太宗又將佩刀拔出來要自殺，褚遂良一下子搶過刀，遞給旁邊的晉王。長孫無忌幾人問太宗心裡是怎麼打算的，太宗跟他們說：「朕想冊立晉王為太子。」

長孫無忌走上前去，說：「我們幾人必定會照皇上的意思行事，還請皇上將那些有異議的人斬首。」

太宗跟晉王說：「你舅舅已答應支持立你為太子了，你還不快點謝謝他。」李治連忙衝長孫無忌致敬道謝。

太宗跟晉王說：「你舅舅已答應支持立你為太子了，你還不快點謝謝他。」李治連忙衝長孫無忌致敬道謝。

太宗說：「你們對朕的決定持贊同意見，可朝中其他人不知會有什麼看法？」

大家說：「所有人都知道晉王為人厚道，對父母又很孝順。皇上若不信，大可以向眾官員詢問。要是有誰表示反對，那我們幾個就犯了欺君之罪，理應被處死。」

太宗隨即將朝中六品以上的官員全都召過來，對他們說：「李承乾和李泰都不適宜做太子，李承乾公然謀反，李泰又包藏禍心。朕想從其他皇子中選出一人做太子。大家覺得哪位皇子可以勝任，儘管明言。」

眾大臣異口同聲地說：「晉王宅心仁厚，是太子的合適人選。」太宗聽了很是欣慰。

太宗當日又召見了魏王李泰。跟李泰一塊兒過來的還有一百多名騎兵，一行人被攔截在永安門。太宗命令李泰的騎兵衛隊當場解散，李泰本人則被幽禁。

太宗於貞觀十七年（六四三年）四月七日宣布，立晉王李治為太子。太宗親自登上承天門樓，下令大赦天下，全國上下大擺筵席，慶賀三天。

武則天封后

王皇后侍奉唐高宗李治多年，卻未能生下一兒半女，倒是蕭淑妃給高宗生了個兒子，高宗對蕭淑妃寵愛有加，這讓王皇后滿心妒恨。

高宗做太子時，經常去太宗的寢宮侍奉太宗。那時候，武則天正服侍在太宗身旁，高宗非常愛慕她。太宗去世後，武則天遵照太宗的遺願到感業寺出家為尼。有一年，高宗在太宗的忌日到感業寺燒香拜佛，遇上了武則天，二人相擁大哭。

此事傳到了王皇后那裡，她便吩咐武則天悄悄蓄髮。王皇后向高宗提議，將武則天接回宮來。她的意思是想藉武則天與蕭淑妃搶奪高宗的寵愛。武則天非常聰慧，又很會籠絡人心。回宮之初，她在王皇后面前表現得相當謙恭。王皇后對她十分滿意，時常對著高宗誇獎她。

武則天很快得到了高宗的專寵，被冊封為昭儀。失寵的王皇后和蕭淑妃又聯合起來，說武則天的壞話，無奈高宗絲毫不為所動。武則天也經常在高宗面前詆毀王皇后和蕭淑妃，以此作為報復。武則天的話高宗都信以為真。

王皇后交際能力欠佳，在不經意間結下很多仇家。她母親魏國夫人柳氏和舅父中書令柳奭（ㄕˋ）都很傲慢，進宮參拜總是不守禮節。在留意到此事後，武則天就開始留心將王皇后討厭的人全都拉攏到自己這邊來。武則天總是將高宗給自己的賞賜分給周圍的人，出手很大方。這些人為了答謝她，便將王皇后和蕭淑妃平日的所作所為都稟報給她。高宗雖不喜歡王皇后，卻也從沒動過廢后的念頭。

武則天後來為高宗生了個女兒。王皇后過去看她，見孩子長得很討人喜歡，就跟孩子玩了片刻，隨後便走了。武則天趁著沒人的時候將自己的孩子掐死，又給孩子蓋上被子。高宗很快上完朝回來，武則天在他面前裝得像什麼都沒發生一樣。兩個人一塊兒過去看女兒，掀開被子後，高宗卻發覺孩子已經死了。武則天也裝出震驚的樣子，大哭起來。高宗趕緊問下人剛才有誰來過，所有人都跟他說：「剛才除了皇后以外，沒有外人到過這裡。」高宗火冒三丈，高聲說：「皇后居然把我的女兒殺死了，實在歹毒。」一見高宗這麼生氣，武則天趕緊抓住機會，一面哭一面歷數皇后的過錯。

對於小公主之死，王皇后也給不出一個合情合理的解釋，高宗因此動了廢后的念頭。他只怕大臣們會不同意，想先獲得舅舅長孫無忌的支持，就帶上武則天上門拜訪長孫無忌。長孫無忌擺下宴席，招待他們兩個。席間，高宗為長孫無忌最寵愛的三個兒子封官，還賞了十車金銀財寶和綾羅錦緞給長孫無忌。喝到興頭上，高宗想跟長孫無忌談廢后一事，就拿王皇后始終沒為自己生下一兒半女做引子。長孫無忌卻對高宗的話裡有話置之不理，老是扯到別的話題上，令高宗很不愉快。

之後，武則天讓自己的母親楊氏登門拜訪長孫無忌，請他站在高宗這一邊。長孫無忌一直沒有答應。禮部尚書許敬宗曾勸過長孫無忌好幾次，也遭到了他的痛斥。

武則天為了扳倒王皇后，誣衊王皇后及其母親柳氏請來巫師給自己下咒。高宗當即下令，往後不准柳氏再到宮裡來。

七月十日，柳奭遭到貶黜，由吏部尚書降為遂州刺史。有個名叫于承的官員猜測到柳奭被貶的緣由，隨即在高宗面前誣衊柳奭曾將後宮秘事向外界透露，以至於柳奭在上任途中再度遭到貶黜，被貶到更加偏遠的地區。

唐朝承襲了隋朝的嬪妃制度，皇后下面設有貴妃、淑妃、德妃、賢妃四位一品妃子。為了武則天，高宗想再設立一個宸妃，結果被韓瑗[1]和來濟兩位大臣以從無此先例為由強烈反對，最終只能放棄。

長孫無忌對一個名叫李義府的官員很是厭惡，找了個機會將他貶黜。李義府在貶黜命令傳過來之前已經收到消息，向自己的同僚王德儉求助。王德儉說：「皇上在改立皇后這件事

---

❶【韓瑗】唐朝宰相，強烈反對高宗廢黜王皇后，因此被貶官，後來又被誣陷謀反，被處死。

上遲疑了很久，只因擔心得不到那幫老臣子的支持。這次你要想渡過難關，保住官位，只需建議皇上冊立武昭儀為后即可。」

李義府接納了他的意見。這天正好輪到王德儉值夜班，李義府頂替了他，李義府藉這個機會上奏高宗，請求廢掉王皇后，遵從百姓的心願，立武昭儀為后。見到他的奏章，高宗欣喜萬分，馬上叫他過來面談。結果高宗不光保住了他的官位，還賞了很多珠寶給他。武則天也在私底下命人打賞他。李義府很快被破格提拔為中書侍郎。另外，許敬宗、崔義玄、袁公瑜這三位大臣，也都偷偷投靠了武則天。

有一天，高宗退朝後，讓長孫無忌、李世勣、于志寧、褚遂良四人到內殿商議事情。

褚遂良跟其餘三人說：「這回皇上應該是為了改立皇后一事召見我們。皇上現在已做出了決定，若不想死的話，只能遵從他的意願。長孫大人和李大人都不宜表示反對，你們二人一位是皇上的舅舅，一位是開國元勳，你們若是這樣做了，便會讓皇上因殺死自己的親人和有功之臣被天下人辱罵。而我出身平民，若沒有先帝的恩賜，根本無法坐到這個位子。先帝信賴我，讓我做皇上的輔臣。若我不能在皇上面前勇於進諫，死後有何顏面去見先帝？」

李世勣沒有去面見高宗，理由是生病了。高宗見到長孫無忌等人，跟他們說：「武昭儀已為朕生了孩子，皇后卻一無所出。朕打算改立武昭儀為后，大家有沒有意見？」

褚遂良說：「皇后是大家閨秀，是先帝親自為皇上挑選的妻子。先帝病危時，曾跟臣

褚遂良就將頭巾解下來，將原先拿在手裡的朝笏放到臺階上，衝著高宗磕起頭來，直到頭都磕破了。

說：『朕今日便將兒子和兒媳託由你照料了。』這是皇上親眼所見，親耳所聞。皇上有什麼理由要廢后？臣從不知道皇后哪裡做錯了，先帝的遺願，臣是一定要遵從的。皇上要改立皇后，臣絕不同意。」這番話讓高宗很是不悅，可他也沒說什麼。

高宗第二天重提這件事時，褚遂良說：「就算皇上心意已決，一定要改立皇后，也大可從名門閨秀之中挑選，為何一定要立武昭儀為后？武昭儀過去是服侍先帝的才人，這是盡人皆知的事。皇上想怎樣瞞過全天下？後人又將給您怎樣的評判？皇上，您要想清楚啊！臣今日這樣反對皇上，真是該死。」說完這話，他就將頭巾解下來，將原先拿在手裡的朝笏❷放到臺階上，銜著高宗磕起頭來，直到頭都磕破了。他對高宗說：「懇請皇上批准臣告老歸田，這朝笏臣今日就交還給皇上。」高宗火冒三丈，命人將他帶出去。

正在簾子後頭坐著的武昭儀聽完這些話，高聲說：「皇上應馬上殺了這老傢伙！」長孫無忌勸解道：「皇上別生氣，褚遂良縱然做錯了事，皇上也該原諒他，不管怎麼樣他都是接受先帝託孤的重要臣子。」從頭到尾，于志寧都一言未發。

之後韓瑗又上疏高宗，勸說高宗不要改立皇后，一邊勸一邊流下了眼淚，高宗卻不為所動。韓瑗非常傷心，第二天繼續勸說高宗，高宗索性命人將他帶出去了。韓瑗又上了第三道奏章，勸說高宗：「即便是平民百姓，在成親之前也要經過挑選。皇上身為一國之君，就更應該這樣了。皇后是天下女子的榜樣，皇后好與不好，會讓全天下直接受到影響。正因為這樣，上古時期便有了這樣的事：醜婦嫫母❸成了黃帝的賢內助，絕世美女妲己卻令商朝滅亡。《詩經》也說：『褒姒一手毀掉了繁盛的周朝。』每回讀到這種史實，臣都免不了要感慨。想不到這樣的事居然也會在大唐盛世出現。若皇上不能依規矩辦事，後人會對您有什麼樣的評價？皇上還請三思，別讓自己淪為後世的笑柄。臣說這些話，要是能使國家受益，那臣就算犧牲性命，連屍體都不能保全，也不會有半句怨言。吳王夫差當初對伍子胥❹的諫言置之不理，以至於國家覆滅。皇上今日若也固執己見，只怕會叫百姓大失所望，用不了多久，國家也要亡了。」

來濟也上疏說：「皇上立后不能違背禮儀法度，一定要挑選賢德、溫順的大家閨秀，這樣才能令臣民滿意，又不違背神明的旨意。周文王之所以能從《關雎》中得到教育感化，並惠及百姓，就是因為他專門造船迎娶了太姒❺。漢成帝❻縱情聲色，冊立一個宮女❼為后，最

---

❷【朝笏（ㄏㄨˋ）】古代大臣上朝時手裡拿的板子，用玉、象牙或竹片製成，又窄又長。

❸【嫫（ㄇㄛˊ）母】傳說生活在五千年前的黃帝時代，相貌醜陋，但品德賢淑，性情溫柔，黃帝選她作爲自己的第四妻室，對她信任有加，讓她管理後宮。嫫母不但有非凡的組織管理才能，還能利用自己的相貌幫黃帝驅邪。

❹【伍子胥】春秋末期吳國大夫，輔佐吳王夫差成爲霸主。

❺【太姒（ㄙˋ）】周文王的正妃。

終國破家亡。因為太姒，周朝走向繁盛，漢朝因為一個宮女而遭遇大禍。請皇上千萬要引以為鑑。」可是這些以史實為依據提出的規勸，高宗一點兒都聽不進去。

幾天後，李世勣進宮面聖。高宗詢問他：「朕想冊立武昭儀為后，褚遂良堅決反對，既然如此，朕是否應該就此打消這個念頭，畢竟褚遂良是先帝安排給朕的輔政大臣呀。」

李世勣卻說：「皇上冊立誰為皇后，何必非要外人插嘴，這是皇上的家事啊！」高宗豁然開朗，打定主意改立皇后。

許敬宗也在朝中向眾官員宣揚：「皇上改立皇后是人之常情，種田的農夫要是多收了十斛❽糧食，都想休妻另娶呢！這種事哪裡用得著我們插手？」武昭儀私下命人在高宗面前轉述了這些話。

高宗於當年十月下令廢黜王皇后和蕭淑妃。十一月，武則天被冊立為皇后，登上皇權巔峰，心願得償。

---

❻【漢成帝】西漢皇帝，在位期間寵幸趙飛燕，不理朝政，導致大權旁落，西漢衰亡。

❼【宮女】此處指趙飛燕，她本是一名宮女，後來被漢成帝冊立爲皇后。

❽【斛（ㄏㄨˊ）】中國古代的容量單位，一斛本爲十斗，後來改爲五斗，一斗爲十升。

男寵作亂

武則天晚年寵幸張昌宗和張易之兩兄弟，二人藉機誣陷忠臣，排除異己，肆無忌憚。不少大臣對他們很不滿，因此慘遭他們的誣陷，其中就包括宰相魏元忠。

魏元忠過去曾在洛州為官，之後被調到京城。他去洛州之前，當地有個官員名叫張昌儀，正是張昌宗和張易之兩兄弟的弟弟。張昌儀因兩位哥哥在朝中有權有勢，不把任何人放在眼裡。他每次去拜訪自己的頂頭上司，都會直接進入上司辦公的大堂，而不是依照規矩站在堂下等待召見。魏元忠成為他的上司後，就命令他到堂下站著，絕不縱容半分。見到張易之家的傭人在洛陽大街上橫行無忌，魏元忠便直接命人將其杖斃。

魏元忠進京做了宰相後，有一回，武則天叫岐州刺史張昌期來京面聖，他也是張易之的弟弟。武則天想讓他擔任雍州長史。上朝時，武則天詢問幾名宰相：「雍州長史這個位子誰來坐比較合適？」

魏元忠答道：「臣覺得薛季昶[1]是最適合的人選。」

武則天卻說：「長久以來，薛季昶都在京城為官，朕有意安排別的職位給他。朕的意思是，叫張昌期來做雍州長史，大家有什麼意見嗎？」

大臣們都說：「張昌期確實很適合這個職位，皇上睿智。」

唯獨魏元忠不同意，他說：「以張昌期的才能，根本不足以擔當這個職位。」

武則天問他這樣言之鑿鑿可有什麼憑證。他說：「張昌期年紀很輕，還沒掌握地方管理的方法。他擔任岐州刺史時，當地人口稀少，大量人口都逃到外地去了。人少的地區管理起來當然很容易。可雍州靠近京城，人多事多，管理起來絕不簡單。而薛季昶已經熟練掌握了地方管理的方法，且他十分聰明，辦事能力強，絕非張昌期所能相比。」武則天默許了他的意見。

魏元忠還曾當面對武則天說：「臣從先帝在位時就深受重用。現在臣身居宰相之位，卻沒能阻止奸佞之徒在皇上身邊玩弄權術，一切罪責都在臣，是臣未能為國家拼盡全力啊！」這話讓武則天很是反感，也讓張易之兩兄弟非常記恨他。

太平公主❷有段時期非常寵愛一個名叫高戩（ㄐㄧㄢˇ）的官員。那時候，武則天正好生了大病，張昌宗生怕她離開人世後，自己會死在魏元忠手上。為此，他便對著武則天詆毀魏元忠，說他偷偷跟高戩商議：「皇上現在年紀大了，我們要為將來打算，只能依附於太子。」武則天一聽怒不可遏，馬上命人將魏元忠和高戩關到獄中，準備讓他們跟張昌宗當面對質。

張昌宗私底下跟鳳閣舍人❸張說會面，請他幫忙作偽證，證實魏元忠確實跟高戩說過那種話。張昌宗承諾，事成之後會給他榮華富貴作為報酬。張說答應下來。

第二天，武則天吩咐幾名宰相來到朝堂中，並叫太子李顯和相王李旦也一起過來。然後，她命令魏元忠在眾人面前跟張昌宗對質此事。二人各有說辭，爭執不下。張昌宗便說：「皇上，請讓張說過來作證，魏元忠說那番話時，張說正好聽到了。」

武則天命人叫張說過來。張說走到朝堂外，這時與他同為鳳閣舍人的宗璟（ㄐㄧㄥˇ）跟他說：「聲譽和正義是人最寶貴的東西。人做了什麼事，鬼神都一清二楚。因此，你無論如何都不能偏幫壞人，誣陷忠臣，保全自己。」

另一位官員張廷則說：「孔子曾說：『早上明白了道理，就算晚上死去也沒有遺憾了。』」

還有一位官員劉知幾也說：「請無論如何都不要成為歷史上的污點，使你的後人蒙羞。」

---

❶【薛季昶（ㄔㄤˇ）】唐朝官員，後來參與宮廷政變，誅殺了張易之、張昌宗兩兄弟，立下大功。

❷【太平公主】武則天和唐高宗李治的小女兒，深受武則天寵愛，後來因爲跟唐玄宗李隆基爭權失敗被賜死。

❸【鳳閣舍人】也叫中書舍人，太子的親近屬官。

張說進入朝堂，武則天問起他來，他並未馬上作答。魏元忠憂心忡忡地問他：「莫非你要跟張昌宗合夥來誣衊我？」張說批評魏元忠：「只有市井之徒才會說這樣的話，您是堂堂宰相，怎麼也這麼說呢？」張昌宗則在一旁不停催張說講出「真相」。

武則天問他這麼說可有依據。他指著守在武則天身邊的張易之兩兄弟說：「早晚有一天，他們兩個會闖出大禍來。」

張說便跟武則天說：「皇上，您都看到了，張昌宗當著您的面就這樣肆無忌憚地逼臣，在別的地方就更別提了！臣要當眾對皇上說出真相，張昌宗脅迫臣幫他作偽證，臣從未聽魏大人那樣說過。」

張昌宗和張易之一聽，馬上高聲叫道：「皇上，張說跟魏元忠曾在背地裡想要謀反。」武則天趕忙問這是怎麼回事。他們兩人答道：「張說先前說魏元忠是大唐的伊尹❹和周公❺。伊尹放逐了太甲❻，周公統領朝政，這不是想造反是什麼？」

張說分辯道：「你們二人實在見識淺薄，對伊尹和周公的德行只了解了皮毛。魏元忠當初剛剛被擢升為宰相，我去向他道賀。他對諸位道賀者說：『我沒有立下多少功勞，卻被皇上這樣厚待，心中實在惶恐。』我跟他說：『您何必要惶恐？您是得到了三品大官的俸祿，但同時也擔當著伊尹和周公的重責啊！』伊尹和周公是古往今來深受世人愛戴的忠臣，莫非皇上不想讓自己親自任命的宰相效仿伊尹和周公？臣要是聽從了張昌宗的吩咐，必然能享受榮華富貴，可要是支持魏元忠，用不了多久便會遭受滅門之災。這樣的道理臣又豈會不明白？可臣一定要說出實情，如若不然，臣日後必定會被魏元忠的冤魂所擾，日日不得安

❹【伊尹】商初大臣，輔佐商湯滅掉夏朝，建立商朝。

❺【周公】周文王的第四個兒子，曾輔助周武王滅掉商朝，建立周朝，後來又輔佐周成王治國。

❻【太甲】商湯的嫡長孫，商朝的第四位國君。他登基後，由伊尹輔政。因爲他貪圖享樂，殘害百姓，朝政腐敗，還破壞商湯制定的法規，伊尹便將他送到商湯墓地附近的桐宮居住，讓他反省自己的過錯，史稱「伊尹放太甲」。

寧。」

武則天說：「張說一時這樣、一時又那樣，不值得信任，理應被關押起來接受審訊，跟魏元忠接受同等待遇。」

過了幾天，武則天再度向張說詢問這件事。張說還是堅持上次的說法，憤怒的武則天便命令河內王武懿宗跟另外一位宰相再度審訊他，也得到了同樣的答覆。

朱敬則❼在武則天面前幫魏元忠和張說說話，他說：「大家都知道魏元忠是忠直之人，張說也沒犯什麼錯，結果卻被關到了獄中。皇上若在這樣的情況下給他們定罪，只怕會使百姓對皇上失望。」

蘇安恆也上書說：「皇上初登帝位時，人人都說您很願意接納臣子的諫言。現在皇上年紀大了，對那些奉承話的喜愛卻與日俱增。魏元忠被免職，關進獄中，讓百姓們覺得皇上親小人、遠賢臣，為此深感恐慌。不少大臣都不敢說話，生怕會惹惱了張易之他們，白白賠上性命。這些大臣時常在家中為朝廷當前的局勢憂心歎氣。百姓現在承受的賦稅和徭役都很繁重，生活每況愈下，皇上卻還任由那些小人胡作非為，賞罰不當的情況也時有出現。時間長了，臣只怕皇上會失去民心，國內會出現變動。萬一皇宮中有人發兵攻進大明宮❽，想取代皇上的位子，試問皇上要怎樣阻擋？」

張易之他們之後見到了這封奏摺，火冒三丈，想將蘇安恆除之而後快，好在有朱敬則等人竭盡所能保護他才倖免於難。

魏元忠最後被武則天貶為高要縣尉，高戩和張說也被放逐到嶺南地區。從長安離開時，魏元忠去辭別武則天，對她說：「臣年紀老邁，這回從長安離開，只怕跟皇上再無相見之日了，但皇上終有一日會想起臣的。」

武則天問他這麼說可有依據。他指著守在武則天身邊的張易之兩兄弟說：「早晚有一天，他們兩個會闖出大禍來。」張易之兩人馬上到武則天跟前哭著說魏元忠血口噴人。武則天卻發出了一聲長歎，叫魏元忠走了。

有個名叫王晙（ㄐㄩㄣˋ）的官員還想上疏幫魏元忠說話，宗璟勸阻他說：「魏元忠能保全性命已經很不錯了，如今你又要上疏，要是惹得龍顏大怒，你自己也吃不了兜著走。」

王晙卻說：「魏元忠這樣忠貞不貳，卻遭到貶黜，我要幫他喊冤，伸張正義。哪怕我自己也遭到貶黜，也不會有半分怨尤。」

---

❼【朱敬則】唐朝賢臣。武則天掌權後，大肆誅殺重臣，他進諫勸阻，被武則天採納。魏元忠被張易之兩兄弟誣衊，多虧有他進諫，才得以赦免。

❽【大明宮】唐朝皇宮，位於長安城東北部，是唐朝的政治中心，世界史上最宏偉、最大的宮殿建築群之一，相當於北京紫禁城的四倍，後來毀於戰亂。

宗璟由此發出感歎：「我實在愧對朝廷，竟無法使魏元忠沉冤得雪。」

魏元忠離京當天，太子身邊的官員崔貞慎等八人在京郊為他設宴餞行。張易之用柴明這個假名秘密報告武則天說：「崔貞慎等人跟魏元忠一起謀反。」武則天命令監察御史馬懷素馬上將此事查個清楚。她吩咐馬懷素：「密報中說的都是實情，你只要大致查一查，之後把結果告訴朕，越快越好。」

馬懷素接下這個案件後，武則天很快派來好幾批太監催他：「案子已經再清楚不過了，你卻遲遲不肯下結論，究竟是什麼原因？」馬懷素懇請武則天找出那個名叫柴明的告密者，當面跟崔貞慎等人把事情說清楚。武則天卻說：「這個人身在何處，朕也不清楚。你找他做什麼，直接照密報內容審問嫌犯不就行啦？」

馬懷素將自己查出的真相呈報給武則天。武則天很生氣，問他：「你是想幫忙掩飾那幫逆賊的罪行嗎？」

馬懷素說：「這種事臣沒有膽子做。魏元忠本是宰相，已遭到貶黜離開京城，身為他朋友的崔貞慎等人在京郊設宴送別他，這便是實情。誣衊他們乘機謀反，臣真的做不到。漢朝的梁王彭越[9]因謀反罪名被斬首示眾。可面對彭越的人頭，梁大夫欒布[10]卻還能將自己出使的情況彙報出來，而漢高祖並未因此怪罪欒布。眼下魏元忠不過是被貶黜到京城以外的地方任職，他的朋友去給他送行而已，難道皇上因為這個緣由就要殺掉他那些朋友嗎？皇上若真認為他們犯了罪，大可直接給他們懲處，畢竟大臣的性命全都握在皇上手中。可皇上叫臣來查辦這個案件，除了如實上報外，臣別無選擇。」

武則天問：「你是說他們都沒有謀反？」

馬懷素說：「臣的確沒查出他們謀反的蛛絲馬跡，是臣無能。」

武則天的本意是要對太子身旁的這幾名官員予以重罰，馬懷素的話讓她最終放棄了這個想法。就這樣，崔貞慎等人因馬懷素的正直敢言，逃脫了張易之兩兄弟的誣衊。

---

❾【彭越】西漢開國名將，西漢建立後被封爲梁王。後來被人告發謀反，被劉邦誅殺三族，斬首示眾。

❿【欒（ㄌㄨㄢˊ）布】漢初梁王彭越的下屬。彭越被殺時，他出使齊國，還沒回來。劉邦殺了彭越，將他的頭懸掛在洛陽城門下示眾，並下令任何人不得爲他收屍。欒布從齊國回來後，對著城門上懸掛的彭越首級彙報了自己出使的情況，爲他大哭一場，並爲他祭祀。結果劉邦卻沒有責怪欒布。

武則天之死

神龍元年（七〇五年），武則天已經八十多歲了，她已登基為帝十五年，操縱唐朝政權達半世紀。她於當年正月初一宣布大赦天下，並改年號為神龍，可她衰老的速度卻沒有因為這些減慢分毫。她生病了，而且病情相當嚴重。

張易之、張昌宗兄弟二人乘機獨攬朝政。大臣張柬（ㄐㄧㄢˇ）之和崔玄暐、桓彥範和袁恕己三位大臣商量剷除他們。

張柬之去見右羽林衛❶大將軍李多祚（ㄗㄨㄛˋ），問：「將軍現在享受的高官厚祿是誰賞賜的？」李多祚哭起來，說：「是先帝高宗。」張柬之說：「眼下張易之兩兄弟已危及先帝之子的生死存亡，將軍不想向先帝報恩，拯救正處於危難之中的太子嗎？」李多祚對天起誓說：「只要能使朝廷獲益，我任憑您差遣，就算犧牲性命和家庭也在所不惜。」接下來，李多祚、張柬之、崔玄等人便在一起擬定了詳盡的行動計畫。

張柬之過去曾奉命到荊州❷接替都督府長史楊元琰的位子。兩人閒來無事，乘船遊覽長

江。船行至長江中心時，他們聊起了武則天做皇帝、改國號為武周一事。楊元琰激動地表示想要恢復唐朝的國號。後來，張柬之當了宰相，在他的推薦下，武則天任命楊元琰為右羽林衛將軍。當時，張柬之跟楊元琰說：「你這個右羽林衛將軍可不是白做的，你還記得昔日我們乘船到長江中心時，你說了什麼話吧？」

張柬之其後又接連委任桓彥範、敬暉、李湛擔任左、右羽林衛將軍，將禁軍的統領權掌控在了手中。張易之兩兄弟因此起了疑心，張柬之便安排張易之的同夥武攸（ㄧㄡ）宜擔任右羽林衛大將軍，張易之他們才放下心來。

姚元之❸不久之後從靈武返回長安。張柬之和桓彥範得知此事都非常高興，說：「我們馬上就要大功告成了。」兩人一塊兒去跟姚元之會面，跟他說起了已經訂好的計畫。桓彥範還跟自己的母親說起了這件事，得到了母親的讚許。母親鼓勵他說：「忠孝自古難兩全。身為朝廷命官，你當然應先考慮國家要事，家裡的事都是小事，之後再做打算也不遲。」

當時太子李顯每天都要從北門入宮拜見武則天。桓彥範和敬暉將他們的計畫悄悄跟太子

---

❶【羽林衛】皇帝禁軍。
❷【荊州】位於湖北省中南部。
❸【姚元之】本名姚崇，唐朝著名宰相，歷任武則天、唐睿宗、唐玄宗三朝，人稱「救時宰相」。

武則天驚訝地從床上坐起身來，問張東之：「出什麼事了？什麼人想要謀反？」

說了，得到了太子的認同和許可。

張東之、崔玄、桓彥範和左威衛將軍❹薛思行一行人，於二十二日率領超過五百名羽林兵抵達玄武門。李多祚、李湛和另一位大臣王同皎在同一時間趕去東宮接太子。

太子卻沒有勇氣離開東宮，生怕會遭人算計。王同皎對他說：「先帝當年讓您承繼大統，結果您卻無端遭到廢黜、幽禁。天下臣民都為此憤怒不已，連神靈也不例外。如今二十三年過去了，上蒼終於決定滿足臣民的心願。在北門駐守的羽林衛與眾大臣決定上下齊心，剷除奸臣，恢復大唐。您不該讓大家失望，還請您跟我們到玄武門去吧。」

太子說：「剷除奸臣是很應該的，你這話說得很對。可皇上如今正生著病，你們這麼做會使她受驚的，不如過些日子再說吧！」

李湛說：「各位宰相和將軍不顧自己和家人的性命，一心報效朝廷，殿下怎麼忍心叫他們承受鼎鑊❺酷刑呢？還請殿下親自前去玄武門阻止他們。」

太子這才走出東宮。有人抱他上馬，大家一起陪他前往玄武門。王同皎將門閂砍斷，跟太子進了宮。

武則天當時正在迎仙宮歇息。張柬之帶著一夥人在迎仙宮的廊道上殺死了張易之和張昌宗兩兄弟，隨後來到長生殿武則天床前。

武則天驚訝地從床上坐起身來，問張柬之：「出什麼事了？什麼人想要謀反？」

張柬之說：「是張易之兩兄弟，臣已經奉太子之命處死了他們。臣之所以沒在動手之前告訴皇上，只因害怕走漏風聲。請皇上不要因臣率軍在宮中誅滅反賊、驚擾了皇上而怪罪臣。」

武則天見太子李顯混在眾人當中，問他：「他們這樣做，是你吩咐的嗎？眼下張易之兩

---

❹【左威衛將軍】羽林衛統領。

❺【鼎鑊（ㄏㄨㄛˋ）】鼎和鑊是古代的烹飪器皿，鼎鑊是古代的一種酷刑，即用鼎和鑊將人烹煮而死。

兄弟已被他們處死，你若沒有別的事情，便返回東宮吧！」

桓彥範卻說：「太子為什麼還要返回東宮呢？先帝當初將太子託付給皇上，太子如今已不年輕了，卻常年留在東宮。無論是上蒼還是百姓，都盼著李氏重掌朝政。眾臣子之所以要支持太子，殺死反賊，也都是因為念及太宗皇帝與先帝的浩蕩皇恩。請求皇上將皇位傳給太子，滿足上蒼和臣民的心願。」

在眾大臣中，武則天見到了李義府之子李湛，責問他說：「李將軍，殺死張易之，你也有份參與嗎？想不到你也背棄了朕，虧朕往日對你和你父親那麼厚待。」李湛滿心羞慚，一句話也說不出來。

武則天又瞧著崔玄說：「你為什麼要跟這些人一塊兒行動呢？他們都是別人舉薦上來的，你可是朕一手提攜上來的。」

崔玄卻回答說：「臣此舉不就是為了回報皇上對臣的提攜嗎？」

張易之兩兄弟的同夥張昌期、張同休、張昌儀等人也在之後遭到逮捕、斬殺，他們的人頭跟張易之兩兄弟的人頭被一起擺到洛陽天津橋示眾。

為避免出現意外，袁恕己和相王李旦當天便開始抓捕張易之的餘黨。官員韋承慶、崔神慶等都被抓住，囚禁在監獄中。

武則天於二十三日宣布將朝政大權交給太子李顯，同時大赦天下。太子擢升袁恕己為鳳閣侍郎、同平章事，並派出十位使臣帶著皇帝詔書前去安撫各州。

第二天，武則天傳位給太子李顯。李顯於二十五日登基，即唐中宗。唐中宗即位後，大赦天下，但張易之的餘黨不在大赦之列。中宗命令平反酷吏周興❻等人製造的所有冤案，赦免那些無辜受害者被賣為奴婢或遭到放逐的後人。中宗封相王李旦為安國相王，並授予三品官職；封太平公主為鎮國太平公主。中宗還恢復了先前遭到放逐甚至被賣作官奴的李氏皇族與其後裔的身分，根據每個人的具體情況授予官職或爵位。

武則天於二十六日從皇宮搬去上陽宮❼，由李湛負責她的保衛工作。

當年冬季十一月二十六日，武則天在上陽宮中孤零零地離開了人世。女皇的墓碑上空無一字，她一生的功過是非，全都交由後世評判。

---

❻【周興】武則天重用的酷吏，濫殺無辜達數千人。

❼【上陽宮】唐朝行宮，安史之亂後遭到嚴重毀壞，之後逐漸廢棄。

甘露之變❶

太和九年（八三五年）十一月五日，唐文宗（李昂）委任大理卿郭行餘為邠（ㄅㄧㄣ）寧節度使。當月十二日，委任河東節度使、同平章事李載義兼職擔任侍中。十六日，委任戶部尚書、判度支王璠（ㄈㄢˊ）為河東節度使。十七日，委任京兆尹李石為戶部侍郎和判度支，京兆少尹羅立言暫時代理京兆府政務。到了十八日，又委任太府卿韓約為左金吾衛大將軍。

鄭注與李訓原本打算，等鄭注到鳳翔走馬上任後，他們便選出數百名精壯男子，組成一支親兵，每名親兵都手握白色大棒，懷揣鋒利大斧。為了能在二十七日到河邊將王守澄❷的屍體下葬時，將這隊親兵帶過去，兩人商定由鄭注去請示文宗，准許他們當日帶一隊衛兵過去。另外他們還請文宗准許神策軍❸中護軍中尉以下的宦官全都趕到河邊，送王守澄最後一程。到時候關上墓穴大門，再讓親兵拿出武器，將這些宦官全部除掉。李訓在計畫確定後擔心，一旦計畫成功了，鄭注便會將所有功勞據為己有，為此李訓跟其餘黨羽商議，叫郭行餘和王璠在到邠寧、河東走馬上任時藉機招兵，與此同時，將韓約掌管的金吾兵與御史臺、京

兆府的官兵調過來，在鄭注殺掉那幫宦官後再殺掉鄭注。李訓安排自己信賴的邠寧節度使郭行餘、河東節度使王璠、左金吾衛大將軍韓約、京兆少尹羅立言和御史中丞李孝本等人在此次行動中擔任要職。除了李訓等人和宰相舒元輿外，此次行動計畫沒有向任何官員透露過。

到了二十一日，文宗在紫宸殿中接見了眾位大臣。依照規矩，左金吾衛大將軍韓約應該報平安，但他卻上報文宗說：「昨天晚上，臣已經讓守門的宦官通報了皇上，說左金吾衙門後院的石榴樹昨晚落下了甘露，是祥瑞之兆。」說著，他便跪下向文宗道賀，宰相也帶著眾官員恭賀文宗。李訓跟舒元輿都提議文宗親自過去接納這天賜的福分，文宗答應下來，眾官員隨即來到含元殿，等待皇帝吩咐。一過辰時[4]，文宗就坐著一頂軟轎從紫宸殿來到含元殿上朝。他先讓宰相與中書省、門下省官員到左金吾後院去觀看甘露，這些官員許久過後才回

---

❶【甘露之變】唐太和九年，唐文宗不甘心被宦官掌控，和大臣李訓、鄭注想藉觀露之名誅殺宦官，奪回皇權，結果卻導致李訓、王涯、王璠、郭行餘等朝廷大員被宦官殺死，在該事件中因受株連被殺的有一千多人，史稱「甘露之變」。

❷【王守澄】唐朝宦官，專擅朝政十餘年，後被文宗秘密賜毒酒殺死。

❸【神策軍】皇帝禁軍之一。

❹【辰時】古代把一天分為十二個時辰，每個時辰相等於兩小時。辰時也叫食時，即吃早飯的時間，相當於上午七點至九點。

來，李訓上報文宗說：「經臣等檢驗，這似乎並非真正的甘露，為了避免各地臣民向皇上道賀，皇上還是不要馬上將這件事公告天下了。」文宗對他的話半信半疑，便讓左右神策軍護軍中尉仇士良和魚弘志帶著一幫宦官再去查看。李訓等那幫宦官走了，立即叫郭行餘和王璠接旨。王璠畏懼，沒有膽子接，郭行餘便去接了。那時候，他們私底下召集的數百名士兵正在丹鳳門外候命。在此之前，李訓已讓人吩咐這些士兵來過含元殿，說文宗已向他們下令，將宦官徹底剿滅。可是最終抵達這裡的只有郭行餘統領的河東軍隊，王璠統領的邠寧軍隊未曾出現。

依照文宗的指令，仇士良帶著眾宦官去左金吾後院，檢查那裡的甘露。韓約緊張得雙腿抖個不停，仇士良感覺事有蹊蹺，問他怎麼回事。片刻過後，院子裡的帷帳被風吹起來，宦官們隨即見到了許多拿著武器的士兵，並聽到了武器相互碰撞發出的響聲。仇士良一行人大吃一驚，趕緊跑到門外。守門士兵沒來得及上門閂，將他們關在裡頭。仇士良一行人匆忙趕到含元殿告訴文宗有人要起兵謀反。這時，李訓剛好在場，高聲吩咐金吾兵：「馬上到殿內護駕，所有人都重重有賞。」宦官對文宗說：「情況危急，皇上還是快回宮吧！」說著便扶起文宗上了軟轎，逃向北面。

李訓卻死死拽住文宗的軟轎，高聲說：「皇上還不能回去，臣還有政事沒有稟報呢！」這時候，金吾兵已進入含元殿。李孝本也在同一時間帶著兩百名御史臺侍從西面朝這邊跑來，羅立言帶著京兆府三百多名巡邏兵從東面跑過來，他們共同進入含元殿，誅殺那幫宦官。宦官們高叫著冤枉，死傷的有十多個。文宗乘坐的軟轎朝北邊的宣政門衝過去，李訓用更急切的聲音高喊著，同時抓住軟轎不放。文宗斥責起他來，趁著這個機會，有個名叫郗（ㄒㄧ）志榮的宦官一拳打在李訓胸口，將李訓打倒在地。宣政門在軟轎進去的剎那就關閉了，眾宦官高呼萬歲。在含元殿中上朝的眾官員受到驚嚇，紛紛逃亡。李訓看到文宗返回了後宮，明白情況不妙，便將隨從官的綠色官服穿在身上，騎上馬逃走了。所有人都沒懷疑他，因為他在逃跑時不停高叫：「為什麼要貶黜我？犯罪的又不是我！」

宰相王涯、賈餗（ㄙㄨˋ）和舒元輿返回政事堂商議起來，說：「皇上很快便會叫我們去延英殿❺議事。」中書省和門下省官員都問他們出了什麼事，他們只說不知道，叫那些官員回去了。仇士良等宦官在知道文宗也有參與李訓秘密謀劃的這件事後，非常憤怒，對文宗說話很不客氣。既慚愧又害怕的文宗只能選擇忍耐。

在仇士良等人的命令下，左右神策軍副使劉泰倫和魏仲卿一行人分別帶領五百名禁軍，光明正大地拿著兵器疾奔出紫宸殿，去捉拿逆賊。在政事堂，王涯等宰相正打算吃飯，突然

❺【延英殿】位於唐大明宮內紫宸殿西，殿外設有中書省等中樞機構。該殿後來逐漸成爲皇帝平時召見百官、商議政事的地方。

有人過來通報，說從宮裡跑出一幫官兵，見一個殺一個，王涯等人慌忙逃竄。中書省和門下省再加上金吾衛的官員和士兵，一千多人同時競相逃往門外。片刻過後，門被關起來了，有六百餘人被困在裡面，沒有一個活口。仇士良又命令分派士兵，分別關閉各處宮門，對南衙❻各個衙門展開清查，捉拿逆賊。他們最終殺死了一千多人，南衙各個衙門的官員、衛兵，以及在裡頭賣酒的老百姓和商販都死在了他們手上，鮮血流了一地。他們還毀壞或是奪走了各個衙門的官印、辦公用品以及別的不少東西。為了捉拿已經出逃的逆賊，仇士良等人派出一千餘名騎兵追出城去，與此同時，他們還派人在京城清查。

舒元輿獨自騎馬逃出去，事先還換了一套衣服，可還是被騎兵抓住了。王涯在一家茶館中被抓，之後他被送到左神策軍中。已經七十多歲的王涯被屈打成招，說自己想跟李訓擁立鄭注做皇帝，才起兵謀反。王璠回家以後就把大門緊緊閉鎖，吩咐自己私下招募的那些士兵保衛自己的安全。有神策軍將領來到他家門口，高聲叫道：「我們奉護軍中尉魚弘志的命令，來向大人道賀，王涯等人起兵謀反，您被任命為新任宰相。」王璠上了當，被神策軍抓走，走時眼淚都流出來了。王璠被帶到左神策軍中，看見了王涯，問：「為什麼要拉我下水？謀反的明明是你。」王涯說：「今天之所以會出這樣的事，完全是因為當初你做京兆尹時，將宋申錫❼想剷除宦官的計畫洩露給了王守澄。」做錯事的王璠低下頭，一句話也不說了。神策軍還抓捕了羅立言和王涯的所有家眷、傭人，關在左右神策軍中。

李訓有個遠房表弟名叫李元皋，在朝中擔任戶部員外郎，也遭到逮捕，並被處決，但他其實從未得到過李訓的提攜。京城中有個大富翁名叫胡證，以前擔任過嶺南節度使，禁軍對他的財富垂涎三尺，找了個由頭就去他家搜查，結果抓捕了他兒子，還將其處死了。另外，禁軍還去羅讓、詹事渾、黎埴（ㄓˊ）等官員家搶奪財物。京城那些年輕的地痞流氓也都開始渾水摸魚，報復仇人，大肆殺戮，隨意搶劫，聚眾鬥毆，以致京城一片混亂。

官員上朝在二十三日恢復。朝陽升起後，大明宮右面的建福門才被打開。門內禁軍擺好陣勢，以防不測，官員們進去時，每個人只能有一個隨從跟隨。走到宣政門，大門還關閉著。少了宰相和御史大夫❽的統領，官員隊伍排得亂七八糟。文宗來到紫宸殿，問宰相為什麼沒來。仇士良說：「宰相王涯一干人等謀反，已被抓起來，關在監獄中。」說著便呈交給文宗一份王涯的供詞。文宗讓左僕射令狐楚和右僕射鄭覃（ㄊㄢˊ）去看看這是否是王涯所寫。文宗非常悲傷地詢問他們結果，他們回答說是，文宗便說：「若果真是這樣，那他真是

---

❻【南衙】唐朝中央的各個官署都設在皇宮以南，因而稱爲南衙或南司。

❼【宋申錫】唐朝官員，秘密幫助唐文宗策劃剷除宦官。後來，宋申錫推薦王璠擔任京兆尹，並向王璠透露了文宗的計畫，結果王璠洩密，讓王守澄等人有所警覺。

❽【御史大夫】唐朝官員，專門負責監察執法。

罪大惡極。」文宗叫令狐楚和鄭覃參與制定朝廷政策，並吩咐令狐楚草擬制書[9]，將李訓、王涯一干人等謀反被鎮壓一事公告天下。令狐楚在草擬制書時，只是大致描述了一下王涯和賈餗謀反一事，關鍵的地方並沒有提，仇士良等人對他很不滿意，他沒能當上宰相就是因為這件事。

京城的街道與市集還跟先前一樣雜亂無序。朝廷便命令左右神策軍將軍楊鎮和靳遂良等人，分別率領五百名士兵守衛重要的路口，為了警示百姓，還敲起了鼓，並處決了十多名犯人，總算讓昔日的秩序得以恢復。

賈餗將身上的官服換下來，在平民百姓家躲了一夜。之後，他覺得自己逃不掉了，便穿上一身喪服，騎著一頭毛驢，趕到興安門，跟門衛說：「我就是賈餗，當朝宰相，有小人誣陷我，你們把我送到左右神策軍中去吧！」門衛抓住他送到右神策軍那裡。李孝本戴了一頂帽子，擋住臉，換上六七品官員穿的綠色官服，卻沒將五品以上官員才能佩戴的金帶取下來。他準備到鳳翔投奔鄭注，在獨自騎馬疾奔至咸陽城西時，被追兵抓住。

文宗於二十二日下令，擢升右僕射鄭覃為同平章事。

李訓去終南山投奔自己的故友宗密和尚。宗密原想幫他剃髮，讓他裝扮成和尚，藏身寺中。可是宗密的眾弟子都不同意。李訓只能從終南山離開，準備去投奔鳳翔的鄭注，結果被一個名叫宋楚的官員抓住了，戴上刑具，送往京城。神策軍的那套做法，李訓心知肚明，他很害怕會承受酷刑，就在行至昆明池[10]時他對押解自己的人說：「所有抓到我的人都能得到巨大的賞賜，一生富足。據說，禁軍正在四處抓捕我，他們若見到我，必然會把我搶過去。既然這樣，你們倒不如殺掉我，取下我的人頭，然後帶回京城。」押解的人聽了便殺掉了他，帶著他的首級進了京。

文宗於二十四日下令，委任戶部侍郎、判度支李石為同平章事，同時兼任判度支[11]，並恢復了原河東節度使李載義的官職。

左神策軍總共出動了三百名士兵，前面的士兵帶著李訓的人頭，後面的士兵押解著王涯、王璠、羅立言、郭行餘；右神策軍同樣出動了三百名士兵，將賈餗、舒元輿、李孝本押解到太廟[12]和太社[13]祭祀。接下來，神策軍又帶著這些犯人到東市和西市遊街，官員們收到命令，全都趕去當觀眾。犯人們遊完街，被腰斬於京城一株柳樹下，頭顱也被懸掛到興安門

---

❾【制書】皇帝的詔令文書。
❿【昆明池】長安西南郊的一座湖泊。
⓫【判度支】官職名。唐代以大官兼小職，稱爲「判」；度支，掌管財政的官職。
⓬【太廟】中國古代皇帝的宗廟。
⓭【太社】中國古代皇帝爲百姓祈福、報功設立的祭祀土神、穀神的場所。

上示眾。李訓一干人等的親眷全都被處決，沒被處決的女眷也都被賣為官婢。王涯曾奉命主持茶葉專賣[14]工作，圍觀百姓因此對他恨之入骨，或是高聲斥罵他，或是直接拿磚瓦往他身上投擲。

⓮【茶葉專賣】王涯此前兼任榷（ㄑㄩㄝˋ）茶使，即嚴禁百姓私賣茶葉，將茶農的茶株移栽到官場，燒毀茶農的陳茶，強行推行官府茶葉專賣。王涯死後，這項政策被廢除。

回紇禍亂邊境

回紇大將嗢（ㄨㄚˋ）沒斯因為被回紇可汗猜疑，投靠了唐朝。之後他懇請在太原安家，唐武宗便吩咐河東節度使劉沔（ㄇㄧㄢˇ）撫慰並養活嗢沒斯的家人。

回紇的烏介可汗命令宰相給武宗呈上奏章，請求武宗借兵給他，並再度借用天德城，以幫他把失地收回，卻遭到了武宗的拒絕。

烏介可汗先前曾在天德與振武兩城之間率軍搶劫党項部族和吐谷渾部族，之後還將軍隊駐紮在了杷（ㄆㄚˊ）頭烽以北。唐朝政府數次命令他回到沙漠南面去，他卻置之不理。宰相李德裕說：「那頡啜駐軍在燕山北面，烏介可汗不願從邊疆地區離開，是因為擔心在返回沙漠南面途中，那頡啜、奚族、契丹族會聯手向他發起進攻。臣提議讓幽州節度使張仲武傳令奚族和契丹族跟烏介可汗聯手剿滅那頡啜，這樣一來烏介可汗便不用再擔憂了，當然也就會回去了。」可李德裕卻猜錯了，那頡啜被殺後，烏介可汗依然在原地逗留。有官員覺得，烏介可汗不願離開是因為朝廷沒有把他們賣馬的錢付清，但烏介可汗在收到所有賣馬錢後，還

是沒走。

到了八月份，烏介可汗率軍從杷頭烽南部來到大同川境內，將河東地區雜居的各民族百姓的數萬頭牲口搶的搶、攆的攆。接下來，他又率軍進攻雲州。雲州刺史張獻節將城門關緊，與其抗爭到底，吐谷渾和党項部族都舉家搬到山裡避禍。武宗於當月九日下令，將陳州、許州、徐州、汝州、襄陽等地軍隊調到太原、振武、天德等地駐紮，來年開春時再跟回紇開戰，將其趕出大唐。

十六日，武宗賜嗢沒斯及其弟弟阿曆支、習勿啜、烏羅思姓李，分別給他們取名為李思忠、李思貞、李思義和李思禮；賜宰相愛邪勿❶姓愛，取名為愛弘順，還讓其擔任歸義軍❷副使。

當時有個名叫石戒直的回紇人，已在京城逗留了很長時間，武宗叫他回去，並帶一封信給烏介可汗。信中說：「當初回紇被黠戛斯❸所滅，你帶領殘部千里迢迢來投奔大唐，在大唐邊境居住，朝廷接納了你們，並悉心撫慰你們。然而，直到現在你們還在邊境居住，沒有回去的念頭，不僅如此，你們還進攻、搶掠雲州、朔州等地區以及党項和吐谷渾等部族。據朕推測，你們每回做這種事都肆無忌憚，可能是因為你們手上有太和公主❹作為人質。眼下朝中文武百官都要求討伐你們，絕不留情，可是朕念及兩國先前的友好關係，與其讓你們受苦，朕寧可自己受苦。所以可汗眼下最應該做的，就是馬上帶著各部回到沙漠南面去。」

河東節度使劉沔要對回紇宰相頡干迦斯寫來的信做出回覆，武宗讓宰相李德裕代替他草擬回信。在信中，李德裕說：「匈奴的呼韓邪單于當初投奔漢朝，不僅讓自己的兒子到京城做侍衛，還親赴京城，覲見漢宣帝。回紇不遠萬里從邊疆趕來投奔大唐，也應該如此。眼下若是可汗准許太和公主來京城探訪其母郭皇后，並懇請大唐憐憫回紇國破家亡，那大唐便可心安理得地救助你們。可你們始終表現得非常傲慢，對大唐邊疆將領輕蔑有加，接連提出過分的要求，更有甚者，還讓軍隊進攻、搶掠大唐，簡直跟在本部落中沒有區別。你們不斷要求恢復跟大唐的友好關係，讓大唐支援你們，可你們就拿這些作為對大唐的回報嗎？你前段時間剛剛寫信過來，說回紇人性子急躁，要是他們提出的要求得不到滿足，發起火來，將不可收拾。可依我看，回紇人該衝著黠戛斯發火才對，是黠戛斯滅掉了回紇，讓回紇人遠離了歷朝可汗的墳墓，將回紇文武大臣的屍骨遺棄在荒原上，可眼下回紇人卻對大唐朝廷輕蔑有加，在大唐境內耍威風，實在是背信棄義。若神明有知，你們的這種做法他們是斷然不會

---

❶【愛邪勿】回鶻人，中國愛姓始祖。

❷【歸義軍】唐朝在沙州（即甘肅敦煌）建立的地方政權武裝。

❸【黠戛斯（ㄒㄧㄚˊㄐㄧㄚˊㄙ）】唐朝西北少數民族。西元九世紀三十年代末，回紇汗國內亂，黠戛斯乘機將其消滅。

❹【太和公主】唐武宗的祖父唐憲宗的第十個女兒，為了唐朝的安定與回紇和親。

那時候有個名叫石公緒的牙將，奉幽州節慶使張仲武的命令，率領奚族、契丹族人殺死了八百餘名回紇監使。

容忍的。當初匈奴的郅支單于❺因為不肯歸順漢朝，最終被漢朝消滅，你們難道想重蹈覆轍嗎？」

宰相李德裕等人於二十七日上疏說：「皇上前天頒下命令，讓包括河東在內的三支軍隊嚴防死守做好準備，等明年春天將回紇驅趕回去，這樣做既能抓住回紇兵困馬乏的良機，更能避免隆冬作戰讓將士們承受難以忍受的苦寒。將士們已照這道命令做了。根據這道命令的指示，理應讓幽州將士在原地待命。皇上若想避免回紇趁冬季黃河結凍後來犯，應盡早對回紇發兵，可及早將河朔藩鎮的軍隊調到河東去，盡量讓戰爭在兩個月內打完，那時天氣還沒有變冷。據說，眼下文武百官對作戰計畫爭議不斷，為了避免皇上因為一些沒有實用價值的建議無法自行做出判斷，皇上應該聽聽各個大臣的看法。臣建議皇上召來眾大臣，共同商討這件事。」武宗表示同意。大部分官員都覺得來年春天出征比較合適。

當年九月份，武宗下令讓河東節度使劉沔兼職擔任招撫回紇使一職，與此同時，武宗還下令一旦對回紇用兵，開赴前線的各路大軍的指揮大權，就暫時交給劉沔；武宗委任張仲武為東面招撫回紇使，負責指揮幽州行營兵以及奚族、契丹族和室韋族❻軍隊；另外，武宗還委任李

❺【郅支單于】曾於西漢年間領導匈奴實現短暫復興，最終被漢朝軍隊所滅。
❻【室韋族】中國古代民族，蒙古族的祖先。

思忠為河西党項都將和回紇西南面招討使。各路大軍都彙聚於太原。之後，武宗又下令，讓劉沔率領軍隊前去雁門關把守。

先前奚族與契丹族都歸回紇管轄。回紇在兩族內部都設立了監使，監使一方面要監督兩族每年向回紇繳稅，另一方面還要留意唐朝的一舉一動。那時候有個名叫石公緒的牙將，奉幽州節度使張仲武的命令，率領奚族、契丹族人殺死了八百餘名回紇監使。在擊敗那頡啜後，張仲武生擒了室韋族酋長的妻子。為了將她贖回去，室韋族人給張仲武送了一些財物，包括金子、絲綢、牲畜等。張仲武不肯要，他說：「你們去殺掉回紇的監使吧，監使一死，她便能安然返回。」

宰相李德裕等人十二日上疏說：「剛剛河東奏事官孫儔（ㄔㄡˊ）趕到京城彙報說，回紇往南面行進了四十里路，劉沔認為回紇是在擔心跟自己關係欠佳的契丹會進攻自己。這樣看來，要將回紇驅逐出去，眼下正是極好的機會。我們已經向孫儔詢問過，要讓河東與幽州一起對回紇用兵，另外還需要多少人手。孫儔說大同軍隊人數較少，需要增援一千兵力，這樣人手便夠用了。」武宗表示同意，為了向回紇施壓，他命令河東、幽州、振武、天德都派出大隊人馬，將兵營循序漸進地推向邊境地帶。

劉稹割據

左神策軍護軍中尉仇士良跟昭義節度使劉從諫的關係向來都不太融洽。仇士良上疏說劉從諫在偷偷留意朝廷的一舉一動，劉從諫也數次上疏檢舉仇士良的不法行為。唐武宗登基後，劉從諫送了一匹好馬給他，武宗拒絕了這份禮物。劉從諫怒不可遏，覺得是仇士良從中作梗，就將馬殺掉了。此事過後，劉從諫跟朝廷便彼此猜忌起來。劉從諫開始招募士兵，打造兵器。分布在昭義周圍的各個藩鎮，都開始偷偷對他採取預防措施。

每年劉從諫都能從昭義的馬場和生意場上獲得巨大收益，而官府專賣的鐵、鹽也能給他帶來大筆錢財。另外，劉從諫還讓一些大生意人到節度使門下做官，委派他們去跟各藩鎮結交，兼職做生意，以此籠絡他們。這幫大生意人有劉從諫撐腰，時常侮辱各藩鎮的文武官員，以至於各藩鎮都對他們反感至極。

後來劉從諫生了病，對妻子裴氏說：「一直以來，我都對朝廷忠心耿耿，可無論是朝廷還是各藩鎮都不能理解我。朝廷若在我死後派別人擔當昭義節度使一職，就是叫我們劉家絕

後來劉從諫生了病，對妻子裴氏說：「一直以來，我都對朝廷忠心耿耿，可無論是朝廷還是各藩鎮都不能理解我。」

後了。」他隨即便跟自己的幕僚張谷和陳揚庭偷偷商量要實施割據，效仿河北的藩鎮。他讓弟弟劉從素之子劉稹（ㄓㄣˇ）、侄兒劉匡周、孔目官❶王協、家奴李士貴到軍中擔任要職，又讓劉守義、劉守忠、董可武和崔玄度分別統領自己名下的親兵。

很快，劉從諫便離開了人世。外界對此全然不知，因為劉稹將消息封鎖了。王協幫劉稹出主意說：「你如今只需賄賂朝廷使臣，跟鄰居們搞好關係，讓他們不要來進犯，另外在城內偷偷做好預防措施，就跟昔日劉從諫在父親劉悟死後，為繼承節度使一職所做的事一樣。只要你做到這些，用不了多久，朝廷便會下令由你來擔當節度使。」劉稹命人上疏，懇請武宗委派有名的御醫來醫治劉從諫。武宗吩咐一個名叫解朝政的宦官陪同御醫趕到昭義醫治劉從諫。劉稹還強迫監軍崔士康上疏朝廷，說病中的劉從諫懇請朝廷委任自己的侄兒劉稹為留後❷。武宗委派供奉官薛士幹到昭義傳旨：「劉從諫生病後，朝廷很是擔憂，唯恐他一病不起，為此讓他先去洛陽休養一段時間，等病情好轉了，再談任命的事情。此外，命劉稹來京城面聖，朝廷一定會賞賜給他高官厚爵。」

為了商量昭義一事的處理方法，武宗將所有宰相都叫過來。宰相之中的大部分人都覺得：邊疆地區的防禦還需加強，畢竟回紇殘部的威脅還沒有解除。在這樣的前提下，國家財政只怕無法支持軍隊再去討伐昭義，所以不妨先讓劉稹擔當昭義留後。眾官員都表示贊同。

唯一持反對意見的是宰相李德裕，他這樣說道：「昭義的狀況有別於河朔的魏博、成德和幽州這三個藩鎮。先前好幾代君王之所以認可了這三個藩鎮的割據局面，沒有再對其實施征討，是因為這樣的局面形成已久，要感化民心絕非易事。可是昭義地處國家中央位置，昭義軍隊曾多次立功，貞元元年擊敗了謀反的幽州節度使朱滔，元和三年又擒住了當地叛將盧從史，憑藉對國家的忠心耿耿，昭義軍隊聞名天下。此前的昭義節度使多是文官。身為昭義

❶【孔目官】舊時官衙裡的高級屬官，掌管獄訟、帳目等事務。

❷【留後】唐代節度使、觀察使缺位時所設置的代理職稱。

大軍的建立者，李抱真立下大功，可他的兒子李緘也只能送他的靈柩返回洛陽，而不能承襲他的節度使官職。之後劉從諫之所以能在父親劉悟死後當上節度使，全因唐敬宗荒廢政務，朝中宰相也庸庸碌碌。劉從諫非常跋扈，數次上疏脅迫朝廷，朝廷卻一點兒辦法都沒有。眼下他就要死了，卻再度自作主張，讓自己的侄兒繼承了兵權。若朝廷又跟先前一樣委任劉稹為節度使，那國內所有藩鎮都會效仿他們。皇上再想讓全國上下按自己的指令去做，便根本不可能了。」

武宗問他：「要讓劉稹乖乖臣服，你可有什麼法子？」李德裕說：「劉稹仰仗的無非是河朔的魏博、成德、幽州這三個割據藩鎮。只要成德和魏博不再跟他聯合，他便寸步難行。朝廷若能命人通知成德節度使王元逵跟魏博節度使何弘敬，安史之亂過後的歷朝君王都對其子孫世襲節度使這個職位持肯定意見，眼下朝廷打算派大軍征討昭義，命令成德跟魏博向昭義在太行山東面的邢州、磁州等地發起進攻，等朝廷平息了昭義的叛亂，便會給他們豐厚的賞賜，要是成德跟魏博按朝廷指令行事，不對朝廷大軍造成干擾，那朝廷再想捉拿劉稹，便十拿九穩了！」武宗興高采烈地說：「李德裕這個建議我很贊同。」武宗就此打定主意，要征討劉稹，旁人阻撓也無濟於事。

武宗讓李德裕為成德節度使王元逵和魏博節度使何弘敬草擬了一份詔書，大致內容如下：「你們兩個藩鎮的狀況不同於昭義，你們之所以跟劉稹採取一致行動，是為了子孫後代的利益。但在朝廷征討劉稹期間，只要你們能支持朝廷，立下功勞，朝廷便會認可你們兩個藩鎮當前的狀況，准許你們將節度使一職世代沿襲下去。」武宗十九日上朝時誇讚李德裕草擬的詔書直截了當。隨後，他又要求李德裕草擬另外一份詔書，給幽州節度使張仲武，其中寫道：「眼下回紇的殘餘勢力猶存，特命你去防禦他們對北部邊境用兵。」王元逵和何弘敬收到詔書後十分畏懼，說願意唯朝廷馬首是瞻。

朝廷命宦官解朝政擔任使臣，前往昭義。昭義的治所❸位於上黨，解朝政到達了那裡，出來迎接他的是劉稹。劉稹對他說：「叔父劉從諫無法出來接旨，他病得太重了。」解朝政想知道劉從諫究竟病成了什麼樣，便一下子衝過去，結果冷不丁看到門簾被昭義兵馬使劉武德和董可武踩住了。解朝政見狀趕忙離開，生怕再耽誤下去會有意外變故。劉稹之後送了大量錢財給朝廷，還派一個名叫梁叔文的牙將叩謝朝廷大恩。供奉官薛士幹似乎已知道了劉從諫去世一事，到達昭義後對劉從諫的病情不聞不問。薛士幹到來的消息傳到了昭義都押牙❹郭誼那裡，郭誼隨即派出很多人去龍泉驛歡迎薛士幹，請求他上奏朝廷委任劉稹為昭義留後。郭誼接下來又跟昭義監軍崔士康見了面，向他提出相同的請求。崔士康膽子小，只好答

❸【治所】古代地方政權的政府駐地。
❹【都押牙】管理儀仗侍衛的官員。

應了他。昭義節度使府中的將領和官員隨即將劉稹扶到外面見眾將士，堂而皇之地為劉從諫辦理喪事。薛士幹無法進入昭義節度使府中，他傳令劉稹去京城接受別的安排，劉稹也不肯聽。解朝政返回京城，將自己出訪昭義的過程告訴了武宗。武宗非常氣憤，將他痛打了一頓，又將他放逐，去守恭陵❺。武宗隨即發布命令，將昭儀使臣梁叔文等人抓了起來。

武宗在二十三日那天下令為悼念劉從諫暫停上朝，另外追封劉從諫為太子太傅。武宗還頒下詔令，將劉從諫的屍身送到洛陽，劉稹同行護送。武宗接見了劉從素，也就是劉稹的父親，讓劉從素勸劉稹接受朝廷指令，劉稹不聽。武宗便於二十九日委任忠武節度使王茂元為河陽節度使，邠寧節度使王宰為忠武節度使。

❺【恭陵】唐高宗李治的第五個兒子、武則天的長子李弘的陵墓。

唐武宗的抉擇

唐武宗會昌三年（八四三年），成德節度使王元逵的先鋒部隊在開進昭義下轄的邢州一個多月後，魏博節度使何弘敬依舊按兵不動。王元逵偷偷上報了朝廷多次，說何弘敬對朝廷有二心，想做牆頭草。李德裕上奏武宗：「忠武大軍先前戰功顯赫，享有很高的聲望。節度使王宰年輕體壯，智慧過人，長久以來，外界對他的讚譽不斷。懇請皇上下詔給何弘敬：『河陽、河東跟昭義間隔大山，逆賊因此數次對絳州和晉州用兵，在兩地燒殺搶掠。眼下為分散逆賊兵力，命令忠武節度使王宰帶領所有兵馬，直接從魏博趕赴昭義磁州。』這條計策可從內心瓦解何弘敬，他必定會心生畏懼，對昭義用兵。」武宗表示贊同，依次下了詔書。

到了十八日，昭義將領薛茂卿率軍擊破河陽和科斗店，生擒了河陽重要將領馬繼一干人等，並焚毀、搶劫了河陽十七處小軍營。行進到距離懷州十餘里處，薛茂卿才命令軍隊停下來。朝中百官收到消息後眾說紛紜，大家都覺得理應赦免劉悟的後人，畢竟劉悟昔日曾立過大功。也有大臣說，要擊敗劉稹絕非易事，劉從諫昔日囤積了十萬精銳部隊，糧草更足以支撐十

年。武宗也困惑地詢問李德裕的意見，李德裕回答道：「小小的失敗是很難避免的，但皇上最終一定能平定昭義叛亂，請皇上堅定信心。」武宗對他說：「要是再有人上疏勸朕不要征討昭義，對朕先前的旨意充耳不聞，朕必然會在逆賊的邊境線上將此人處死。」聽了這話眾大臣再也沒有膽子提出異議了。

武宗跟他說：「要是再有人上疏勸朕不要征討昭義，對朕先前的旨意充耳不聞，朕必然會在逆賊的邊境線上將此人處死。」

眼看王宰統帥的忠武軍隊就要來到魏博了，魏博節度使何弘敬急忙出戰，以防軍中有變。何弘敬二十日上奏朝廷，自己已統領全軍橫渡漳河，往昭義磁州進發。

李德裕二十四日對武宗說：「在科斗店打了勝仗後，逆賊日益囂張跋扈，河陽軍隊非常畏懼，打算退到懷州去，畢竟河陽軍隊實力本就不足，節度使王茂元眼下又生了重病。我留意到，自從元和年間朝廷出兵征討逆賊後，逆賊總是集中兵力向官軍的薄弱地帶進攻，獲勝之後再轉向別的地方。眼下昭義逆賊還不方便進攻西邊的官軍，因為雙方間隔著大山；而魏博軍隊也還沒跟逆賊正面交鋒。因此，逆賊會集中所有兵力進攻南面的河陽。河陽若是失陷了，不僅會讓軍隊士氣受損，還會使東都洛陽受到威脅。懇請皇上命令忠武節度使王宰現在馬上趕去支援河陽，之後再奔赴磁州。這樣做有兩大好處，一來可以保住洛陽，二來也可以約束附近的魏博。」李德裕二十八日又請求武宗下令，叫王宰帶領忠武所有兵馬趕去河陽支援，另外還要趕快將軍隊所需給養運到河陽去。武宗接納了這些提議。

河陽節度使王茂元率領軍隊駐紮在萬善。劉稹讓牙將張巨、劉公直等人和薛茂卿聯合所有兵力進攻萬善，準備在九月一日將其包圍。劉公直等人八月二十九日那天先偷偷率領軍隊抵達萬善以南五里處，將雍店一把火燒了。張巨率領軍隊跟在後頭，做好了支援的準備。在從萬善旁邊經過時，張巨得知城內防禦薄弱，於是帶兵攻打萬善。他想大功獨攬，所以等到萬善就要攻破時，才讓人通知劉公直等人。義成大軍收到命令，前來河陽支援，這時候剛好趕到。戰敗的王茂元準備棄城逃跑，都虞侯[1]孟章勸說道：「這幫攻城的逆賊遲早要退回去，眼下正在攻城的逆賊只佔所有逆賊的一半，一幫散兵游勇而已，另外一半還在雍店呢。

而義成軍隊剛剛趕到，連飯都沒來得及吃，你若是現在逃跑，消息傳出去，我軍必然失敗。懇請你不要逃跑，留守萬善。」王茂元覺得言之有理，便留下來死守萬善。張巨一直等到黃昏時分，也沒見到趕來援助的劉公直，只能率領軍隊撤退。軍隊在攀登太行山時，天色暗下來，還下起了濛濛細雨，眾將士只當有追兵追過來了，全都死命逃竄起來，場面一片混亂，人踩馬，馬踩人，不少將士都丟了性命。

讓王茂元和王宰這兩名節度使在河陽共處，武宗感覺很是不安。李德裕等人跟他說：「王茂元不擅長統領軍隊，只擅長管理官員，等他的身體康復了，就讓他去守河陽，無論他以後生多大的病都不是問題。懇請皇上任命王宰為河陽行營攻討使。」武宗於九月五日下令，讓王宰兼職擔任河陽行營攻討使。

何弘敬上疏說，自己已經攻克了昭義的肥鄉和平恩兩個縣，殺了不少逆賊，還收起了劉稹貼出的跟官軍作對的公告。武宗九月七日跟宰相說：「現在我們不用再疑心何弘敬了，他已攻克了昭義的兩個縣。在跟昭義軍隊開戰後，他再想做牆頭草已經不可能了。」武宗因此擢升何弘敬為檢校左僕射。

王茂元的死訊二十日傳到京城。李德裕對武宗說：「為了避免王宰隨意騷擾河陽百姓，只能讓他作為忠武節度使統率萬善軍隊，不能讓他再兼職擔任河陽節度使。過去，河陽節度使一度兼任懷州刺史，一般情況下，都由判官❷處理當地政務。如今河陽將河南五個縣的賦稅都據為己有，既然這樣，索性直接將這五個縣組合成一個孟州，並派其他人擔任懷州刺史。昭義平定後，對澤州的管理工作就交給河陽負責。這樣一來，太行山的險要地理位置，昭義就只能佔據一部分，而東都洛陽在河陽變成主要藩鎮後，也不會再受到威脅了！」武宗接納了李德裕的建議。二十二日，武宗委任河南的尹敬昕（ㄒㄧㄣ）為河陽節度使和懷孟觀察使，負責向率軍討伐昭義的王宰提供軍隊所需給養。

武宗二十四日又命令石雄取代李彥佐擔任晉絳行營節度使。武宗下令讓石雄從冀氏縣出兵進攻昭義治所潞州，與此同時，為了預防昭義大軍來犯，他又派部分將士駐紮到翼城。

❶【都虞侯】唐朝後期，藩鎮將領的親信武官。

❷【判官】唐朝官職名，唐朝政府規定，特派擔任臨時職務的大臣可自選中級官員擔任判官，以輔助自己的工作。

楊弁謀反

唐武宗會昌四年（八四四年）正月初一，叛軍將領楊弁（ㄅㄧㄢˋ）率領軍隊肆無忌憚地搶劫了太原市集，殺死了都頭梁季葉，嚇得官員李石往汾州方向逃跑了。在攻佔了河東節度使府衙後，楊弁釋放了昭義使臣賈群，讓自己的侄兒跟他一同趕赴昭義，跟劉稹見面，結為異姓兄弟，劉稹欣喜萬分。石會關守將楊珍聽說太原發生叛亂，便投靠了劉稹，將石會關雙手奉上。

河東監軍呂義忠派使臣將楊弁謀反一事上報了朝廷，消息在正月初四傳到，大臣們眾說紛紜。有的大臣覺得不宜再對昭義、河東這兩個地區使用武力。

王宰對武宗說：「前段時間，劉稹剛剛送了表章❶給臣的下屬游弈將。最近，臣也命人到昭義澤州走了一趟，見到逆賊的確真心實意想歸順皇上。皇上若是批准，就請發布詔令，讓臣去勸說那幫逆賊投降。」李德裕卻跟武宗說：「王宰私自接納劉稹送去的表章，私自命人去逆賊軍中查探情況，事先都未能得到朝廷的許可。依臣看，他應該是想獨佔說服劉稹投

降的大功。昔日韓信擊敗田橫，李靖生擒突厥的頡利可汗，他們之所以能獲勝，都是因為他們在敵人提出歸順請求時，對其發動了突襲。因此，眼下為了維護朝廷的威嚴，只能讓王宰背棄對劉稹的承諾。在對昭義逆賊的征討開始後，官軍立功取勝的良機終於在今天到來。這麼好的機會，我們無論如何都要把握住，斷然不能被楊弁在太原製造的小動亂耽誤。懇請皇上馬上派供奉官趕赴前線，讓各藩鎮軍隊抓住良機，馬上出兵。除非劉稹與其下屬將領、親眷全都反綁自己的雙手，來到這裡歸降皇上，否則皇上便不能接受他們的請降。皇上另外還要委派一名供奉官到晉絳行營偷偷跟石雄說，要是劉稹在王宰的勸說下投降了，石雄便一點兒功勞都撈不到了。石雄要攻打昭義，當前的時機再好不過，他不會放任這個好時機白白溜走的。」

李德裕還幫政事堂給王宰草擬了一封信，其中寫道：「先前成德節度使王承宗罔顧朝廷命令，謀反作亂。儘管如此，他還是委派弟弟王承恭來京懇求宰相張弘靖可憐他們，懇求憲宗皇帝赦免他們的罪行。之後，他還將自己的兩個兒子王知感和王知信送入京城，充當人質。但即便如此，他還是沒能從憲宗那裡得到肯定的答覆。眼下劉稹沒有將自己反綁起來，歸降於你，也沒有將自己的親眷送入京城，充當人質，以求得到朝廷的同情。他不過是在郊

---

❶【表章】大臣為表述自己的意見，上交給君主的奏章。

野的路上，交給了游弈將一份投降表章。游弈將的反應也很不恰當，他收到這份表章後，居然上報朝廷，而不是馬上將其焚毀。再說，劉稹、楊弁二人聯合造反大逆不道，你作為朝中臣子居然對這種欺騙行為不聞不問。若從國家大局出發，這應該不是什麼正確的做法：大臣能從中獲取私利，朝廷卻要被人議論，說其不肯赦免罪臣。若是劉稹日後再送來請求投降的表章，負責接收的將士無論是誰，都要立即將表章焚毀。要接受劉稹的歸降，除非劉稹將自己反綁，親自過來投降。」

李德裕對武宗說：「太原將士之所以會叛亂，全因一時的困苦，士兵們沒有得到足夠的賞賜，而太原百姓一直以來都對朝廷忠心不二。再說，光靠一千五百人就想在叛亂中取勝是完全不可能的，所以絕對不能縱容楊弁。更何況朝廷眼下正在征討昭義，若不想其餘人跟楊弁一樣起兵謀反，必須征討楊弁。西川節度使張延賞過去被自己的下屬將領驅趕出境，之後他重新攻進成都，殺掉了下屬。臣據此懇請皇上，命令李石和呂義忠重返太原軍隊駐紮地，集合周邊軍隊征討楊弁。」

李德裕的提議，武宗一一接納了。

當時李石已經抵達晉州，武宗又讓他回到了太原。武宗於當月七日下令所有河東軍隊留守榆社縣，由將領王逢從其他地方調來一千名騎兵、三千名步兵征討楊弁。武宗還命令將領王元逵率領五千名騎兵由土門❷出發，跟王逢會合。忻州刺史李丕（ㄆㄧ）上報說，自己已將楊弁派來做說客的使臣殺死，封住了楊弁軍隊北面的出口，並已向南面派兵，征討楊弁。

武宗十七日又跟宰相李德裕討論起楊弁在太原謀反一事。李德裕說：「臣預計太原的叛亂用不了多久就能平息，因為眼下在太原叛亂的只有一千多人，餘下的都在昭義前線，而楊弁要讓其他地區回應自己，根本不可能。皇上只要命令王逢急速進軍至太原城外，楊弁軍中自然會起內訌。」武宗說：「讓幽州節度使張仲武出兵征討楊弁怎麼樣？朕知道，張仲武對成德、魏博大軍征討昭義立下的大功，肯定豔羨不已。」李德裕說：「還是讓成德派兵援助吧，畢竟成德距離太原最近，派兵最為便利。要是讓張仲武出兵，只怕他會放任手下士卒禍害百姓。皇上忘了去年他征討回紇期間，曾跟前任河東節度使劉沔搶功勞嗎？」武宗聽了，對他的建議表示贊同。

武宗派一個名叫馬元實的宦官去太原，勸降當地謀反的將士，趁機偷偷調查楊弁的軍隊實力。楊弁熱情款待了馬元實，跟他喝了三天酒，還送了不少錢財給他。

二十四日，馬元實離開太原，趕回京城。在跟李德裕說起在太原的見聞時，他說：「朝廷一早就該任命楊弁為節度使了。」李德裕詢問他這樣說的依據是什麼。他說：「楊弁的光明甲從河東節度使衙門一直排到了柳子列，足足排了十五里，實力這麼強大，我們哪裡能平

❷【土門】唐長安城開了十二座城門，土門是南面的一道城門，又叫開遠門。

定得了？」李德裕說：「李石之所以讓橫水柵的守兵趕去援助榆社縣，就是因為太原沒有軍隊把守。那幫援兵已將倉庫裡的兵器都帶到前線去了，楊弁怎能在這麼短的時間內找到這麼多士兵和兵器？」馬元實答道：「楊弁從太原本地人中招募了這些士兵，個個勇猛異常。」李德裕說：「一定要有錢才能招兵，若非李石欠了士兵們一匹絹，也不會出現這場叛亂。既然這樣，楊弁是從什麼地方找來了那些錢？」馬元實無言以對。李德裕說：「無論楊弁這個逆賊有多少光明甲，都要格殺勿論！」李德裕隨後上疏說：「對楊弁這個小逆賊，一定不能輕饒。眼下朝廷同時征討昭義、太原兩地的叛軍，要是擔心沒有足夠的財力支持，寧可對劉稹網開一面。」在榆社縣駐守的河東軍這時剛好收到消息，朝廷下令讓其餘藩鎮軍隊進攻太原，因為擔心這些軍隊會威脅到自己妻兒的安全，河東軍便自行組織起來，在監軍呂義忠的統領下，對太原發起進攻。他們於二十八日攻克太原，生擒了楊弁，殺死了所有謀反士兵。

叛軍將領楊弁率領軍隊肆無忌憚地搶劫了太原市集，殺死了都頭梁季葉，嚇得官員李石往汾州方向逃跑了。

王式智鬥裘甫

唐懿宗咸通元年（八六〇年），浙東觀察使鄭德因當地軍情緊急❶，再三上疏朝廷，還向臨近的州求援；宣歙（ㄕㄜˋ）鎮派一個名叫白琮的牙將帶著三百士兵趕去支援，浙西也安排一個名叫凌茂貞的牙將帶著四百士兵趕過去。起初，鄭德讓援軍駐紮在城門外和東小江畔，很快又調集他們去保衛帥府。鄭德給這些援軍的錢財比朝廷度支發給他們的多十三倍。可宣州和潤州兩地的將士仍不滿足，他們聲稱為了更方便跟裘甫逆賊交鋒，需要當地軍隊在前頭帶路。這些征討軍怎麼都派不出去。浙東軍中有些將領佯裝墜馬，有些佯裝生病，願意出去打仗的將領也要求先給自己升職。裘甫逆賊的騎兵已經趕到了平水東面的小江，浙東百姓只能帶著乾糧坐上整整一宿的船逃亡。

朝廷知道鄭德是個膽小鬼，商議著要不要派出一名武將取代他的位子。夏侯孜說：「要奪取山高水深路險的浙東，不能用強，只能用計。現在朝廷中的武將都沒什麼謀略，不如派前安南都護❷王式。王式雖出生於書香世家，但在安南任職期間，當地人都對他十分折服，他也因此聲名遠揚。」夏侯孜這個提議得到了所有宰相的認同。唐懿宗下令讓王式擔任浙東觀察使，鄭德則回朝擔任太子賓客。

王式三月一日入朝，唐懿宗問他有什麼方法征討裘甫逆賊。他說：「給我一支大軍，我必能將逆賊剿滅。」站在唐懿宗身旁的一名宦官說：「派軍隊免不了要支出高額軍費。」王式說：「我這樣做，其實是為國家節省軍費。一支大軍能在短時間內將逆賊剿滅，反倒能節省軍費。要是軍隊人數不夠，無法在短時間內剿滅逆賊，或是讓戰爭長時間拖延下去，逆賊的實力會越來越強，將江淮各地的強盜都吸引到他們那裡。目前國家的財政收入主要源自江淮，若江淮被逆賊佔據，上繳財政賦稅的道路被切斷，那從九廟❸到北門十軍❹的供應都會受到巨大威脅。若果真是這樣，那支出的軍費就將變成一個無底洞。」懿宗便對宦官說，派遣大軍給王式是明智之舉。懿宗隨即下令將忠武、義成、淮南等地的軍隊全都徵調過來，交由王式統領。

---

❶【當地軍情緊急】因爲當時爆發了裘甫之亂，裘甫是這場農民起事的首領。

❷【安南都護】唐朝時期安南都護府長官，安南即今越南。

❸【九廟】帝王的宗廟。

❹【北門十軍】即神策軍。

裘甫派出軍隊進攻衢（ㄑㄩˊ）州和婺（ㄨˋ）州。軍隊無法深入婺州，因為婺州軍中的押牙房郅、將領樓曾、名列衢州十將的方景深等人佔據要地，死守婺州。裘甫分散軍隊，轉而進攻明州。當地百姓在一塊兒籌謀，說：「那幫逆賊要是打到城裡來，一定會殺死我們的妻兒，搶走我們的錢財。」他們索性拿出自家的錢財堅守明州城。賊軍便又向台州發起了進攻，破了唐興縣。裘甫在十九日這天親自帶領一萬多名士兵對上虞縣發起進攻，焚毀了上虞縣城。到了二十三日，裘甫又率軍對餘姚縣發起進攻，殺死了當地的縣丞和縣尉，之後又攻克了東面的慈溪縣，抵達了奉化縣，繼而是寧海縣，佔領了寧海縣城，殺死縣令。接下來，他又命令部分士兵向象山縣展開圍攻。裘甫軍隊每到一個地方，都會先生擒當地的年輕力壯者，然後殘忍地折磨餘下的老幼婦孺，再將他們全部殺死。

在任命王式為浙東觀察使的委任狀頒下來後，浙東的民心終於略微安定了一些。當時裘甫正在跟自己的下屬喝酒，得知王式要來非常不悅。

有個姓劉的下屬唉聲歎氣地說：「真可惜我們有這麼多將士，卻不能確定作戰計畫。今天朝廷委派王中丞率領軍隊前來鎮壓，四十天內一定會趕過來。據說，這個王中丞勇猛之餘還很有計謀，極少有人能敵得過他。將軍應馬上派出軍隊，攻佔越州。越州地勢很高，將軍正好可以藉助這一地勢佔領官倉，然後派出五千大軍駐紮到西陵，並為抵禦王式統領的官軍，在浙江邊境修建堡壘。另外還要廣泛搜羅各種戰船，等到時機到來，馬上率領大軍朝浙西發起進攻，到長江對岸的揚州去，搜羅當地的財寶，充盈軍費。大軍返回後，再修好石頭城，並堅守到底。到時候宣歙、江西的部分人肯定會來投奔將軍。隨後，您再讓劉從簡統領一萬大軍沿海向南進攻福建。這樣大唐的東南賦稅寶地就會全都落入我們手中。儘管東南這半壁江山我們的子孫後代很難守得住，但我們這一代人要守住這榮華富貴，是不會遇到什麼困難的。」

裘甫卻說：「這件事我們明天再說，今天你喝多了。」劉很氣惱裘甫對自己的計謀不理不睬，便佯裝喝醉離開了。

裘甫軍中有個名叫王輅（ㄌㄨˋ）的進士，深受裘甫厚待。他跟裘甫說：「劉兵馬副從使籌謀佔領江東，這正是昔年孫權所做的事。可孫權之所以能成功，只因當時時局混亂。眼下將軍是無法佔領江東、自立為帝的，因為中原地區當前並無戰事。將軍若想找個萬無一失的對策，最好是帶著軍隊佔據一個險要之處，平日在海中捕魚，在地上耕作，若遇上危險便到海島上藏身。」因為非常害怕王式，裘甫遲疑再三，始終拿不定主意。

王式四月份帶著軍隊抵達柿口。義成軍隊儀容不整，王式見到後非常氣憤，本想將領頭大將處死，最後將他關押了一陣子，然後放出來。此事過後，義成軍隊便軍容整肅了。王式抵達西陵後，見到了裘甫為歸降大唐派來的使者。王式說：「裘甫一點兒都不想歸降大唐，他這樣做只是為了刺探軍情，並使我軍放鬆戒備。」他跟使者說：「要是裘甫綁住自己，親

王式對他們說：「你們這樣做非常好，你們應該去立戰功，跟那幫逆賊劃清界限。」

自過來請降，我或許會放他一條生路。」

王式十五日開進越州，跟鄭德交接完工作，隨後設宴為鄭德送行。王式說：「我不能喝酒，軍政要務的管理都由我負責，但是監軍之下的將領都能陪客人盡情地喝。」眾人一直喝到晚上，還沒喝夠，便點起蠟燭再喝。王式說：「大家只管喝，有我在這兒，不用害怕那幫逆賊。」王式十六日送鄭德離開，一直送到郊外很遠的地方，又大喝了一頓。之後，王式對軍令做出休整，過去因病整天躺在床上的那幫人都下了床，開始做事，過去嫌軍餉不夠花的那幫人和出兵之前先要求晉升的那幫人，則通通沉默下來。

裘甫軍中有兩個小首領，分別叫洪師簡和許會能，兩人帶著自己的部下歸降官軍。王式對他們說：「你們這樣做非常好，你們應該去立戰功，跟那幫逆賊劃清界限。」王式命令他們統領原來的部下作為進攻裘甫軍隊的先鋒軍，誰在戰場上立功，便上報朝廷為其加官晉爵。

在此之前，裘甫派出探子偷偷進入越州。越州軍官卻未將他們抓起來，不僅如此，還幫助他們藏身，送飯菜和飲水給他們。州內其餘官員也多在暗地裡跟裘甫軍隊有所勾結，以求在逆賊破城時保全自己妻兒的性命。有些官員為了幫裘甫軍將領刺探官軍軍情，不惜協助對方假意歸降。越州城內官軍的秘密規劃與密語，裘甫軍隊都一清二楚。王式在私底下將這些情況全都摸清楚了，將所有勾結敵軍的文武官員全都抓起來處決。他還對那些詭計多端、專橫暴戾的官員施以嚴刑酷罰，宣布嚴格執行門禁令，要進出越州城，必須先過檢查那一關，另外還部署了嚴密的警戒巡夜。這樣一來，裘甫逆賊再想打探官軍的軍情，便難如登天了。

城中的窮苦百姓經常吃不上飯，王式就下令，城內各個縣都將糧倉中存儲的糧食交出來，賑濟百姓。有人勸王式：「這些糧食不能發放給百姓，裘甫逆賊尚未剿滅，軍隊正急需用糧。」王式卻說：「你不明白。」

唐朝的官軍騎兵數量偏少。王式說：「我們可以在這裡徵集吐蕃、回紇的降兵和俘虜，他們中有不少人都被流放到了這裡。這些人不僅熟悉騎射之道，更習慣於在艱苦的環境中求生。」王式在翻查過政府名冊後，徵集了一百多名吐蕃人和回紇人，個個勇猛強壯。這幫胡人很久以前就被發配到了這個遠離故土的地方，負責監管他們的軍官對他們相當嚴厲，而在被王式徵募過去以後，他們的父母、妻子、兒女都能獲得賑濟。正因為如此，他們都很聽王式的話，對他感激涕零。他們被王式安排去當騎兵，統領他們的是騎兵大將石宗本。王式用這個辦法將所有被放逐到越州的吐蕃人和回紇人都徵調過來，然後向朝廷求來兩百匹好馬，這樣騎兵就變得很強大了。

有人提議為了遠端彙報來犯逆賊的距離和數量，修建烽火臺。王式不置可否，只是笑笑。王式從軍中挑選了一些膽小者，讓他們帶著少量兵器，騎著強壯的戰馬，去做偵察騎兵。下屬們都沒勇氣問他為什麼要這樣，只是在心中暗暗稱奇。

王式去巡查越州城中各軍營，那時候城中原有的軍隊和土團❺兵加起來共計四千人，在王式的安排下分成幾支隊伍，做官軍的嚮導和支援，征討逆賊。為了充盈越州守軍，王式又徵募了一千名土團士兵。隨後，王式下令，讓忠武鎮大將游君楚、義成鎮大將白宗建和淮南大將萬璘帶領各自的軍隊，跟台州軍隊聯合為南路軍，並下令浙西大將凌茂貞、宣歙大將白琮分別率領各自的軍隊，跟從北方大將韓宗政等統領的土團合併為一支一千人的大軍，稱為東路軍。由石宗本統領騎兵做前鋒，由上虞縣向奉化縣進軍，解救正遭受圍攻的象山。王式命令道：「各軍將士無論此行順利與否，都不能搶奪別人的任務。不能為了獲得更多的首級，立下更大的軍功，殺害百姓充數。不能放火燒百姓的房子，要對那些被逼加入叛軍的百姓予以招降。無論你們從叛軍那裡得到了多少財寶，政府都不會干涉。你們抓到的俘虜要是當地人，就放他們各自回家。」

南路軍二十三日攻克了裘甫的沃州寨，二十四日又擊敗了叛軍將領毛應天，攻克了新昌寨，繼而又攻克了唐興縣。

❺【土團】唐代後期南方由當地人組成的武裝軍隊。

張玄稔用計平叛

梁丕未經請示便殺掉了姚周，這件事一開始讓龐勛[1]非常生氣，他罷免了梁丕的官職，讓原先的徐州鎮將張玄稔（ㄖㄣˇ）代替梁丕管理宿州，又命令部將張實、張儒等人率領宿州城內幾萬大軍跟官軍開戰。張儒等人為了進一步穩固防守，特意在宿州城外的河岸邊增設了多道營寨。唐將康承訓統領官軍，將張儒軍隊團團包圍。張實命令部下趁夜色突出重圍，送了一封信給龐勛：「今天官軍對宿州發起進攻，西面必定沒有多少官軍。將軍應趁著官軍不防備的時候，率軍進攻千里之外的宋州和亳州城郊，這樣一來，官軍必然會趕去西面支援，不會再理會宿州。將軍在官軍前方的險要處設下埋伏，我們帶領宿州軍從後面發起進攻，形成前後包抄之勢，肯定能擊敗官軍！」那時候，唐將朱玫奉大將曹翔之命，接連攻克了豐縣、徐城和下邳（ㄆㄟˊ），殺掉了幾萬名龐勛軍。收到張實的信時，龐勛正滿心畏懼，想要逃跑，這封信讓他打消了這個念頭。他馬上將張實的計畫付諸實踐，自己統領軍隊朝西面進軍，同時命寵舉直和許佶（ㄐㄧˊ）在徐州鎮守。

康承訓八月二十七日焚毀了宿州城外龐勛軍的軍營，張儒等死守宿州外城。官軍犧牲了幾千人，也沒能攻克宿州城。康承訓認為攻城難度太高，便找口才好的人到宿州城門外高聲勸城中逆賊投降。張玄稔先前曾保衛邊疆，立下大功，此次參與叛亂是被逼的，跟這些逆賊合作讓他心中悲憤不已。那時候，他正率軍駐守在內小城中，到了晚上，他叫來數十名心腹，偷偷籌謀投降朝廷。他叫這些心腹去遊說自己的下屬，不少人都說願意歸降。張玄稔讓親信張皋在夜色掩護下趕到城外跟康承訓會面，將城裡的狀況說給他聽，約定在某個時間殺死逆賊主帥，然後帶領整個宿州歸降。屆時為了表明官軍不會傷及城中歸降士兵的性命，打消他們的顧慮，讓他們安心歸降，還請官軍打出青色的大旗，作為一種訊號。康承訓得知此事後歡欣不已，馬上答應下來。

龐勛軍將領張儒等人，九月三日到柳溪亭喝酒。張玄稔讓自己的下屬董厚等率領軍隊埋伏在亭西，自己則騎馬一面朝前疾奔，一面揚聲大喊：「龐勛已經在康承訓軍營中被處死，現在輪到張儒你們這幫逆賊了！」勇猛的眾將士殺掉了包括張儒在內的幾十個人。宿州城立

❶【龐勛】唐末桂林戍卒軍領袖。唐懿宗咸通九年，龐勛領導在桂林戍守的士卒起兵反抗唐政府。龐勛軍攻克了江蘇、安徽、山東、河南等地的部分地區，控制了江淮一帶，切斷了江南經濟通道。梁丕和姚周都是龐勛的部下，姚周在起事過程中被梁丕所殺。

龐勛軍將領張儒等人，九月三日到柳溪亭喝酒。張玄稔讓自己的下屬董厚等率領軍隊埋伏在亭西，自己則騎馬一面朝前疾奔，一面揚聲大喊……

即變得混亂不堪，百姓們都慌了神，不知如何是好。張玄稔便向大家宣布了自己打算投降朝廷的計畫。到了黃昏時分，百姓們終於平靜下來。第二天，張玄稔帶領大家到城外投降。見到康承訓後，張玄稔跪到地上，露出自己的胸膛和手臂，涕泗橫流，向前爬行，懇請康承訓寬恕自己的罪過。康承訓撫慰了他和其餘人，隨後將懿宗的旨意告訴了他們，張玄稔得到了豐厚的賞賜，還被冊封為御史中丞。

張玄稔幫康承訓出主意說：「其餘各地的逆賊都不知道我已經投降朝廷，所以我若佯裝宿州被攻破，率軍趕到苻離和徐州，是不會引起任何猜疑的，到時我便可以乘機將他們全部殲滅！」康承訓採納了他的意見。宿州原先的將士共計三萬人，康承訓又撥了幾百名騎兵給他們。在讓眾將士出戰之前，康承訓好好犒勞了他們一番。

張玄稔返回宿州，點起了平安火，跟平時沒什麼兩樣。到了第二天凌晨，他堆砌了幾千捆乾柴，將其點燃，假裝城池已被敵人攻陷，之後便率軍逃往苻離。苻離龐勛軍對他們毫無疑心，將他們迎進城中。張玄稔進城後便率領大軍將苻離龐勛軍守將殺死了，城內將士和百姓此後都對他言聽計從。他在苻離召集了一萬將士，繼續朝北進軍，打算對徐州發起進攻。龐舉直和許佶聽說張玄稔已歸降朝廷，便將城門緊閉，死守徐州城。

張玄稔七日抵達了徐州城，在他的領導下，將士們將徐州城團團包圍，在攻城之前對守城人說：「朝廷不殺好人，只殺逆賊，你們何苦要幫那夥逆賊？你們要是現在不歸降朝廷，用不了多久，你們就要跟那夥逆賊一塊兒受死了。」守城人聽到這話，紛紛丟掉兵器、脫下鎧甲，跳到城樓下面。有個名叫路審中的官員，先前做過崔彥的下屬，他將徐州城的大門打開，迎接官軍入城。龐舉直和許佶帶領下屬撤退到內城，臨近黃昏又從北門逃走，張玄稔命人立即追過去。最後，龐舉直和劉佶都被殺死了，至於別的逆賊，多數跳進水中淹死了。那些造反將士的家眷，全都被張玄稔抓捕並處決了，總共處決了數千人，徐州的局勢就此安定下來。

龐勛統領兩萬大軍從石山出發，朝西面進軍，沿途又是殺人，又是放火，又是搶劫。到了六日，康承訓才查到龐勛的行蹤，命令朱邪赤心❷往西追擊龐勛，同行的有幾千名擔當先鋒部隊的騎兵，以及步兵與騎兵組成的八萬大軍。龐勛對宋州發起進攻，攻克了南城，宋州刺史鄭處沖死守北城。龐勛了解到城中官軍事先已做了些準備工作，抵禦自己的進攻，便不再攻打宋州，而是橫渡汴水，進攻起了南面的亳州。這時，沙陀騎兵追過來了，龐勛便率軍沿著渙水一路向東逃竄，準備返回彭城。沙陀騎兵緊緊追在身後，龐勛甚至都抽不出空來吃飯。後來，龐勛抵達了蘄（ㄑㄧˊ）縣，打算渡河。這時候唐軍將領李袞（ㄍㄨㄣˇ）也已做好了開戰的準備，命令軍隊擺好陣勢，還將河上的橋截斷了。眼見河是過不了了，龐勛一行人不知該往何處走。他們兜個圈子，來到蘄縣以西，卻被聞訊趕來的官軍殺死了將近一萬人，另有一千人歸降，至於剩下的人，全都跳進河中淹死了。龐勛也死了，不過人們發現他的屍體，已經是好幾天以後的事了，因為官軍都不知道他長什麼樣子。在宿遷等地的龐勛軍軍營中，士卒們殺掉了守將，歸降官軍。蕭縣被唐將宋威攻克了，濠州卻沒有被攻克，龐勛軍將領吳迥在那裡死守不放。

懿宗任命康承訓為河東節度使和同平章事，任命杜慆（ㄊㄠ）為義成節度使，任命朱邪赤心為大同軍節度使，賜姓李，名國昌，並賞了他不少財寶，以表彰他立下的軍功。懿宗還任命辛讜（ㄉㄤˇ）為亳州刺史。在泗州時，辛讜為了將城外的軍糧運到城內，先後十二次突出重圍。他在收到亳州刺史的委任令後，上疏說：「一切都是杜慆的功勞。」懿宗命令和州刺史崔雍自盡，將他的家人放逐到康州。崔雍的五名兄弟也都遭到貶黜，被放逐到偏遠地帶。

---

❷【朱邪赤心】唐末匈奴部落沙陀部的首領，姓朱邪。他跟隨康承訓鎮壓龐勛之亂，立下大功，被冊封爲大同軍節度使，並賜姓李，名國昌。

南詔進犯

唐懿宗咸通十一年（八七〇年），南詔[1]進犯新津，進而攻入定邊北面邊境。西川節度使盧耽命令副使譚奉祀去質問南詔首領杜元忠為什麼要進犯大唐，結果譚奉祀卻被杜元忠扣押了下來。盧耽隨即命人上報朝廷，請朝廷去跟南詔議和，以緩和目前的邊境危機。朝廷任命支詳擔任宣諭通和使，趕赴成都。成都內部的防禦部署已基本完成，這得益於盧耽對南詔軍隊謙恭的態度，使對方的行軍速度放緩。

南詔大軍不斷朝北面進軍，於十一日攻佔了雙流。盧耽十七日派一名姓柳的節度副使去拜訪南詔首領。杜元忠寫了封信，讓柳節度副使帶回去，還跟他說：「日後南詔國君跟你們節度使會面的禮節，都寫在這封信裡了。」他的話非常無禮，信裡所寫的禮節也都要求把他當君王看待。杜元忠宣稱，為了方便南詔國君居住，要收拾一下成都城中的蜀王廳，另外他還叫人將彩色簾幕移到了城南。

朝廷二十日下令，廢除定邊軍隊，由西川節度使統轄原先歸定邊軍統轄的七州。

南詔軍在同一天進軍到成都城門外。前一日，盧耽已經命令先鋒游奕使王晝趕赴漢州求援。那時候，漢州已經匯聚了四千名鳳翔兵和六千名興元兵。就在同一時間，唐將竇滂也率領忠武、義成和徐宿的軍隊，共計四千人趕到漢州，跟援兵聚首，以求保全自身。王晝統領興元、資州和簡州的士兵共計三千人，於二十四日向於毗橋發起了進攻。王晝遇上了南詔軍隊的先鋒部隊，敗在對方手上，之後便退守漢州。成都的將士和百姓都盼著援兵早日到來，但竇滂卻盼著西川陷落，因為他統領的定邊軍屬地已全都陷落，四川陷落可使他的罪過減輕。所以一有北邊的援兵趕過來，他就會趕去勸說：「南蠻軍人數比官軍多，再加上官軍長途跋涉到這裡，已經十分疲憊，所以千萬不要輕率地發起進攻，否則後果不堪設想。」不少援兵聽他這麼說，就沒有勇氣再進軍了。成都將領李自孝在背地裡勾結南詔軍隊，為了配合對方，甚至打算燒毀成都東面的倉庫。他的意圖被成都將士和百姓發現，隨即受到處決。南詔軍隊幾天後趕來攻城，可原本負責接應他們的李自孝卻遲遲沒有動靜，他們等了很長一段時間都沒等到，最終只能撤退了。

幾日後，南詔軍隊將成都團團包圍，利用雲梯和衝車[2]對其發起進攻。成都守軍用鉤子將雲梯勾住，把滾燙的油往下潑，隨後丟下火把，將攻城的南詔軍隊燒死了一大半。盧耽

---

❶【南詔】唐朝西南部政權，範圍包括今雲南全境和貴州、四川、西藏、越南、緬甸的部分地區。

成都守軍用鉤子將雲梯勾住，把滾燙的油往下潑，隨後丟下火把，將攻城的南詔軍隊燒死了一大半。

一聲令下，楊慶復和李驤（ㄒㄧㄤ）兩名將領率突將❸到城外跟南詔軍開戰，南詔軍死傷超過兩千人。夜幕降臨之際，楊慶復等人燒毀了南詔三千多副攻城兵器之後才回城。四川人素來膽小怕事，可是突將卻非常勇猛，他們都是精心挑選出來的驍勇之士，得到的獎賞也非常豐厚。他們全都是主動請戰，有些人未能得到參戰機會，都感到非常可惜。南詔軍隊數日後換了一種攻城方法：將籬笆弄濕，編成竹篷，將士們攻城時，便高舉竹篷作掩護。這樣一來，無論是用箭射還是用火燒，都傷不到他們。他們在竹篷的保護下抵達城下，開始挖城牆。楊慶復便下令將鐵燒成滾燙的鐵水，倒到城下，結果南蠻軍無一倖免。

當月三日，朝廷的宣諭通和使支詳委派使臣去跟南詔議和。南詔到五日這天終於支撐不下去了，只好撤軍議和。六日，南詔派出使臣，想請支詳過去，支詳沒有答應，因為顏慶復認為，唐朝的援兵應該很快就能趕過來了。支詳跟南詔使臣說：「皇上命令我來到定邊跟你們議和，可你們卻在進攻成都，跟我收到的命令不符。更何況，朝廷就是想讓你們停止對成都的進犯，才跟你們議和，現在你們不斷進攻成都，哪裡有半分誠意？」眼見議和不成，南詔軍隊八日又對成都發起了進攻。成都軍隊於第二天出城應戰，逼得南詔軍撤退回去。

先前，唐將韋皋為攻打吐蕃，曾召集南詔軍幫忙。為此他委派工匠前往南詔，將兵器製造技術傳授給當地人。短短數年過後，南詔人就能造出品質非常好的兵器了。東蠻的苴（ㄐㄩ）那時、勿鄧和夢衝三個部落都曾在韋皋進攻吐蕃期間幫助過韋皋，為大唐立下軍功，可惜之後他們卻因被唐邊境官員勒索而憎恨大唐，轉而臣服於南詔。他們為南詔提供支援，南詔對唐邊境發起進攻時，時常能見到他們的身影。被他們擒獲的唐朝俘虜全都慘遭折磨，之後再被處死。

---

❷【衝車】攻城主要兵器，以衝撞力量破壞城牆或城門。
❸【突將】即突擊隊。

朝廷將竇滂貶為康州司戶，任命顏慶復為東川節度使，兼職統領各路援軍。十一日，顏慶復率軍抵達新都，南詔軍派出部分將士趕赴新都，抵禦他的進攻。十二日，雙方正面交鋒，顏慶復率軍殺死南詔軍兩千餘人，取得了巨大的勝利。幾千名四川百姓出來為唐軍助威，他們手裡拿著刀、棒等武器，口中高呼不已，以至於有地動山搖之勢。到了十三日，南詔軍又派出步兵和騎兵，共計數萬人前來挑釁。顏慶復統領各路軍隊迎戰，唐將宋威也帶領忠武軍及時趕到，提供支援。最終，唐軍殺死了超過五千名南詔軍，再次取得勝利。南詔軍退守星宿山，宋威率領軍隊趕到沱江驛，那裡距離成都只有三十里。這時，南詔再度派出楊定保，向支詳求和，得到的回應是，南詔軍得先從成都撤退回去。可楊定保走後，成都依舊深陷南詔軍隊的包圍圈中。城中將士和百姓並不知道唐朝的援兵已經來了，可他們能猜出獲勝方肯定是唐援兵，如若不然，南詔也不用接連數次派使臣議和了。南詔十六日又派出使臣，到成都議和多次，無奈始終沒得到確切的回應。南詔軍隊眼見唐援兵已逼近成都，便加快了攻城步伐，首領之下的將領全都親上戰場指揮作戰。唐援兵十八日抵達成都，將南詔軍擊敗，將他們的昇遷橋據為己有。南詔軍隊連夜焚毀了攻城器械，之後逃跑。到了第二天早上，唐朝軍隊才發現他們走了。

一開始，朝廷命令顏慶復去支援成都，之後又命令宋威駐軍綿州和漢州，隨時準備支援前線。然而，宋威在獲勝之後勇氣大增，首先抵達了成都，擊敗了南詔軍，立下了頭功，讓顏慶復心生妒意。宋威讓戰士們馬上去吃飯，之後去將趁夜逃跑的南詔軍追回來。成都城內將士也想加入他們。顏慶復寫信給宋威，讓他去保衛漢州，乘機收回了他的兵權。南詔軍撤退到雙流時，被河水擋住了去路。他們想建一座橋，結果沒能建成，以至於軍中一片混亂，眾將士擠成一團。過了三天，他們終於建好了橋，成功渡河。行軍途中，他們丟掉了不少兵器和財物。因為顏慶復、宋威未能去追擊南詔軍，這讓四川百姓十分不滿。南詔軍包圍了邛州，對其發起進攻。黎州刺史嚴師本召集了幾千名散兵游勇，堅守邛州城。南詔軍進攻兩日，都沒能攻克邛州，只好撤兵。

在顏慶復的領導下，四川百姓開始建造壅門城，即在城門外建造高牆，擋住城門，挖掘壕溝，用水將溝填滿，這樣一來，敵軍再想對城門發起進攻，便無從下手了。另外，百姓還用樹杈當鹿角，插在城外的空地上，並將城中駐軍分為好幾個軍營，分別派駐守衛。南詔人明白成都現在守衛森嚴，也就沒有膽子再來進攻了。

黃巢入京

唐僖宗廣明元年（八八〇年）十一月二十五日，將領張承範等人率領神策軍弓弩手離開了京城。神策軍成員全都出身京城富戶，平日裡衣著華美，縱馬疾馳，盛氣凌人。他們從未上過戰場，只是藉助賄賂宦官的方式，在軍籍中掛個名，據此獲得豐厚的獎賞。他們一收到朝廷要派他們去前線的消息，便跟父親抱頭痛哭，不少人花鉅資雇窮苦百姓代自己參戰，可是這些替代者一般都對行軍打仗一竅不通。

僖宗有一日去送別遠征將士，張承範對他說：「據說，黃巢❶正統領幾十萬大軍從西面朝這裡進軍。在潼關以外，齊克讓率領一萬多名將士跟敵軍對抗，卻連飯都吃不上。皇上現在讓臣帶著兩千將士前往潼關，可為諸位將士調派軍糧一事卻無人提及，真叫臣覺得痛心。懇請皇上從各地徵調精銳部隊，及早趕來援助我們。」僖宗說：「援軍很快就會過去，你們先動身吧！」二十七日，張承範等人帶領軍隊抵達華州。當時華州刺史剛好被調去擔任宣歙觀察使，城內軍隊和百姓都逃到華山去了，華州城幾乎變成了一座空城，官倉中也只剩了灰塵和老鼠出

沒的痕跡，不過糧倉裡倒還存了些米，真是萬幸，將士們上路時帶的米糧足夠吃上三天。

十二月一日，將士們抵達了潼關。他們在茂盛的草叢中找到了不少村民，總數有一百多人。他們吩咐這些村民幫著運送石頭和水，做好準備，堅守城池。當時，張承範和齊克讓率領的軍隊都士氣低落，因為兩軍的糧草都已斷絕。黃巢的先鋒部隊於當日到達潼關城外，遍插白旗❷，無邊無際。齊克讓率軍迎戰，取得了小小的勝利。黃巢大軍隨後趕來，全體將士一起發出震耳欲聾的呼喊聲。齊克讓帶領軍隊從午時開始作戰，到酉時還沒停止，將士們都餓壞了，高叫起來，燒掉了軍營，各自逃亡。齊克讓帶領軍隊進了潼關。潼關附近有座名為「禁坑」的山谷，平日裡為了徵收商業稅，嚴禁百姓出入這座山谷。官軍事先沒想到黃巢大軍會趕來，結果潰不成軍，逃到禁坑。

張承範將軍中財物和自己的財物全都分給了將士，之後又命人緊急上報朝廷：「六天前，臣率領軍隊從京城動身，截止到現在依舊沒有見到援兵甚至是軍餉的影子。我軍抵達潼關當日，黃巢便率領六十萬大軍抵達城下。我帶著兩千多名士兵與之對抗，齊克讓統領的軍隊潰不成軍，逃到禁坑中避禍，而這只因他們實在饑餓難耐。我若是讓潼關落入了敵軍

---

❶【黃巢】唐末民變領袖。

❷【白旗】黃巢喜歡白旗。

鳳翔、博野兩鎮軍隊退守渭橋，見到宦官田令孜招募的新兵個個穿一身嶄新的皮衣，當即怒不可遏……

手中，甘願被扔進油鍋；可朝中諸位宰相大臣難道就不覺得慚愧嗎？我聽人家說，皇上準備去四川巡查。皇上任何一點兒輕微的動作，都會不可避免地使整個朝堂崩潰。臣馬上就要戰死沙場了，在此之前，臣願拼上這條命懇請皇上和眾位宰相、大臣認真考慮清楚，立即派援兵趕來支援潼關。要是能保住潼關，便有可能在剿滅安祿山後再將黃巢剿滅，保住高祖皇帝和太宗皇帝創立的大唐基業。這樣一來，臣就算戰死沙場，也比哥舒翰[3]強。」

十二月二日，黃巢大軍開始猛烈進攻潼關。張承範率領軍隊死守潼關。在將潼關的箭全都射光後，官軍們又開始拿石頭砸黃巢大軍。黃巢大軍強迫一千多名百姓挖土，將潼關城外的壕溝填起來。壕溝很快被填平了，黃巢軍隊順利過了壕溝，當天夜裡將關樓[4]放火燒得一乾二淨。張承範命令王師會率領八百名士兵把守禁坑，可是在王師會抵達禁坑之前，黃巢大軍已經從那裡過去了。三日早上，黃巢軍隊對潼關形成了前後包抄之勢，對其發起進攻。王師會自殺身亡，潼關守軍潰敗，張承範換上便衣，帶著殘餘將士朝京城逃亡。逃亡到野狐泉時，他們遇上了先後從奉天趕過來的兩千名援軍。張承範對這些援軍說，他們到得太遲了。鳳翔、博野兩鎮軍隊退守渭橋，見到宦官田令孜招募的新兵個個穿一身嶄新的皮衣，當即怒不可遏，說：「這幫人一點兒功勞都沒有，穿的衣服卻這麼好。反觀我們，卻要挨餓受凍、拼死作戰。」於是他們搶劫了這幫新兵，還充當領路人，帶著黃巢軍隊向長安進軍。

在黃巢軍隊攻打潼關的這段日子，朝廷委任京兆尹蕭廩（ㄌㄧㄣˇ）為東道轉運糧料使。蕭廩沒有膽子坐這個位子，便以生病為藉口，懇請朝廷准許自己辭官回鄉，哪曾想最後卻被貶為賀州司戶。

黃巢率軍攻克了華州城，讓部將喬鈐（ㄑㄧㄢˊ）在城中駐守。唐朝的河中留後王重榮向黃巢提出歸降。僖宗於當月四日下令，冊封黃巢為天平節度使。

五日，僖宗委任翰林學士承旨、尚書左丞王徽為戶部侍郎兼同平章事，翰林學士、戶部侍郎裴澈為工部侍郎兼同平章事。另外，僖宗還免去了盧攜的宰相之職，讓他去做東宮的屬

---

❸【哥舒翰】唐朝名將，在安史之亂中被安祿山俘虜，之後被殺。

❹【關樓】城上用於瞭望的小樓。

官。田令孜得知黃巢軍隊已經抵達關中，生怕自己會成為百姓的眼中釘，便貶斥了盧攜，讓他做代罪羔羊，另外推薦王徽和裴澈成為新任宰相。當天黃昏時分，盧攜服毒自盡。

在收到逆賊攻入長安的消息後，眾官員都從朝堂中退出去，四下找地方藏身。田令孜統領五百名神策軍保護僖宗從金光門逃出城去，眾官員都對皇帝的行蹤一無所知，隨皇帝一塊兒逃亡的除了福王、穆王、澤王和壽王這四位王爺外，就只有幾名嬪妃。僖宗日夜兼程地逃亡，大部分隨從都落在了後面。等僖宗的車馬隨從出了京城，城中將士和百姓馬上跑進皇宮寶庫，開始搶奪那裡的金銀財寶。

近黃昏時，黃巢的先鋒部將柴存進入了京城。唐金吾大將軍張直方帶著幾十名官員趕到霸上，恭迎黃巢入京。黃巢坐在一頂轎子中，轎身上有黃金做成的飾品，其部將跟在後面，個個披頭散髮，身穿繡著紅色圖案的錦衣，手拿兵器。進京的道路被財物、車馬堵得滿滿當當，身穿鎧甲的騎兵綿延不斷，整支隊伍從頭到尾延續了上千里。京城百姓都在路邊看熱鬧，尚讓❺逐一向他們解釋道：「大家用不著驚慌，好好過自己的日子就行了。我們黃王發動起義，原本就是為了幫百姓謀福祉，他可不會像李唐皇帝那樣，對百姓毫不愛護。」黃巢在田令孜家中居住。黃巢的部將都非常有錢，經常送錢給貧苦百姓。

❺【尚讓】黃巢軍的第二號人物。

田令孜禍國

唐僖宗於中和元年（八八一年）抵達成都，打賞了蜀中軍中所有將士。田令孜自從擔任行在都指揮處置使後，每回各地進貢財物給僖宗，跟隨僖宗一起到成都來的將士都會得到賞賜，可蜀軍卻沒有份，這讓他們抱怨不已。

田令孜一日擺下宴席，招待當地的蜀軍都頭和外來軍隊都頭。田令孜給眾都頭用的酒杯都是金杯，還送了金杯給他們，大多數都頭都卻之不恭，唯有西川黃頭軍使郭琪拒絕了，他起身說：「在座諸位每個月拿到的厚祿便足以養活一家子，大家要將這豐厚到無以為報的恩賜時常記掛在心上才是。至於這金杯，大家是不能接受的，要不然就是貪心不足了。我看到蜀軍跟外地軍隊同時擔當保衛職責，但是蜀軍得到的賞賜卻少得可憐，因此他們怨言頗多，要是一個不小心鬧出什麼亂子來，再想平定只怕就難了。我請求田軍容收回給在座諸位的特殊賞賜，然後均分給蜀軍，給蜀軍跟外地軍隊相同的待遇，這對所有將士來說，都是件幸事。」一聽完這話，田令孜沉默了。過了許久，他才詢問郭琪立過何種戰功。郭琪說：「我不

郭琪回家以後，殺了一個丫鬟，將她的血吸出來為自己解毒。他吐出來的黑色毒汁足足有幾升。

是四川人，我的家鄉在崤山東面。我曾在邊疆統領軍隊跟契丹交戰十餘次，跟党項交戰十七次，全身上下都曾受過傷，我還去征討過吐谷渾，腹部受傷，腸子都淌出來了，拿線簡單縫合後，又上了戰場。」

田令孜聽到這兒，親自找來另外一個酒杯，倒了滿滿一杯酒賞賜給他。郭琪明白酒中有毒，可這酒是田令孜賞賜的，他要是不喝，只能吃不了兜著走，於是只好喝了。郭琪回家以後，殺了一個丫鬟，將她的血吸出來為自己解毒，吐出來的黑色毒汁足足有幾升。其後，他便帶上自己的部將開始謀反，帶著軍隊在成都大肆搶劫、縱火，成都亂成一片。僖宗在田令孜的陪伴下趕到東城，緊閉城門，到城樓上對各路軍隊發布號令，讓他們去進攻郭琪統領的叛軍。郭琪被圍攻後，率軍返回了自己的軍營。在官員陳敬瑄的命令下，都押牙安金山趕來包圍了郭琪的軍營，對其展開進攻。郭琪趁夜突圍出去，只帶了一個軍府廳吏，朝廣都方向逃亡，至於別的部下，都已四散逃跑了。郭琪帶著這名廳吏來到江岸邊歇息。

郭琪對他說：「陳敬瑄很清楚，這件事錯不在我，可是他現在必須除掉我，因為軍府因我受驚，他得讓軍府定下心來。眼下，我終於可以回報你長久以來對我的不離不棄了。你帶上我的官印和寶劍去跟陳敬瑄說，你見到我想渡江逃跑，就一劍將我打進江中，湍急的水流將我的屍身沖得無影無蹤，你便將我的官印和寶劍帶回去了。你將它們送交到陳敬瑄手上，陳敬瑄必然會將它們掛在成都的鬧市區，並張貼告示，好讓大家不必再憂心。而你肯定能得到很多賞賜，更能保住我全家人的性命。我會去投靠廣陵的淮南節度使高駢（ㄆㄧㄢˊ），你先等上幾天，然後偷偷向我的家人說出實情。」他將官印和寶劍都給了這名廳吏，隨後便順著江水的流向逃向了西面。依照他的吩咐，這名廳吏把他的官印和寶劍都交到了陳敬瑄手上，郭家人因此得到赦免，一切正如他所料。

僖宗終日跟宦官們混在一起，處理政務也全都跟宦官商議，與大臣們的關係卻日漸疏遠，給他們的待遇也一日差過一日。

左拾遺孟昭圖二十四日上疏僖宗說：「內外大臣理應團結一致，共同進退，不論國家是平安無事，還是災難頻發。皇上去年冬天到西面巡視，卻沒事先通知南司的宰相以及諸位大臣，導致宰相、僕射之下的眾官員全都死在了黃巢逆賊手上，反觀北司眾位太監，卻一點兒損傷都沒有。眾臣子要共同進退，還有一個很重要的原因，就是大家為來到這裡服侍皇上，無一不是拚上性命，歷經坎坷。可前天黃昏時分軍隊叛亂時，我卻見到皇上只跟田令孜、陳敬瑄和眾宦官緊閉城門，躲在城樓上，而沒有召見宰相王鐸，也沒有讓眾大臣到城裡去。到了第二天，皇上依舊沒有召見宰相，對文武百官連一句寬慰的話也沒有。臣雖為諫臣，可直到現在，臣都不能確定皇上龍體是否安康。眾臣子要是完全不理會皇上的安危，便是罪孽深重，但皇上毫不體恤臣子，同樣於理不合。大唐基業是高祖皇帝和太宗皇帝一手創立的，不是北司那些太監的；大唐的皇帝是全天下百姓的皇帝，而非北司那些太監的皇帝。南司的官員不一定都是可造之才，但是北司那些太監也不是都值得信賴。皇上跟宰相和諸位大臣一點兒聯繫都沒有，這怎麼能行呢？長此以往，皇上就該想想什麼時候收復京城了。那幫人終日無所事事，卻得以享受榮華富貴。臣之所以能成為諫臣，多虧有皇上信賴，臣的責任就是跟皇上說些能造福國家的諫言。身為諫臣，我未必做到了盡職盡責，但是我還有後繼者，繼續履行這樣的職責。」

田令孜將這份奏章扣押下來，沒讓僖宗看到。二十五日，田令孜偽造僖宗的命令，將孟昭圖貶黜為嘉州司戶。隨後，田令孜又命人將孟昭圖扔到江裡，活活淹死了。眾大臣得知這件事後都非常憤慨，可是沒有一個人有膽量提出抗議。

高駢醉心道術

淮南節度使高駢對道術非常感興趣。

有個名叫呂用之的道士因參加妖黨走上逃亡之路，高駢不光收留了他，還為他在軍中安排了一個職位，給了他相當優厚的待遇。呂用之的父親是鄱陽一名茶商。多年以前，呂用之就曾到過廣陵，非常了解廣陵的風土人情。他煉丹之餘時常跟高駢就公私利弊展開討論，高駢對他的信賴因此與日俱增。平日裡，高駢對自己的老部下梁纘（ㄗㄨㄢˇ）、陳珙（ㄍㄨㄥˇ）、馮綬、董瑾、俞公楚、姚歸禮等人都非常好，呂用之用計將這些人逐一排擠出去，以獲得高駢的獨寵。梁纘因此失去了兵權，陳珙被滅族，馮綬、董瑾、俞公楚和姚歸禮也都被高駢冷落。

呂用之向高駢舉薦了自己的同黨張守一和諸葛殷，三人一起利用道術迷惑高駢。張守一原本只是個農夫，住在滄州、景州一帶。有一回，他仗著自己會道術，得到了高駢的接見。可高駢對他的才能並不欣賞，他因此陷入困境。呂用之對他說：「你要是能跟我一條心，榮華富貴必然手到擒來。」呂用之向高駢舉薦了張守一，高駢果然非常寵信張守一，給了他僅

次於呂用之的地位。

諸葛殷是從鄱陽過來的。他過來之前，呂用之對高駢說：「玉帝見高公工作太過繁忙，專門選了一位神仙過來幫您的忙。您要熱情款待他，另外，您還可以給他高官厚祿將他留在人間，要是您願意這麼做的話。」第二天，諸葛殷過來拜訪高駢。高駢見他不停地胡言亂語，但言談非常幽默風趣，便讓他擔任鹽鐵要職。高駢是個很愛乾淨的人，他坐的位子就算是他的親人也不能坐。諸葛殷生了風疽瘡，癢得要命，一天到晚撓個不停，手上全是膿血，高駢卻願意跟他坐在同一張桌子上吃飯喝酒，還親自遞酒杯給他。高駢的近侍都勸他不要這樣做，他完全聽不到耳朵裡去。高駢養了幾條狗，諸葛殷身上的腥臭味傳到狗鼻子裡，引得狗都跑過去了。高駢不明白發生了什麼事，諸葛殷便笑著說：「想不到到了今天，它們還記得我。上次我跟它們見面，還是幾百年前在玉帝那裡的時候。」

高駢跟一個名叫鄭畋（ㄊㄧㄢˊ）的官員總是鬧矛盾。呂用之告訴高駢：「有人找了劍客，今晚會來刺殺你。」高駢驚恐地問自己該怎麼辦。呂用之說：「張守一能幫您抵擋劍客，他曾經學過對付劍客的法術。」高駢就去請張守一幫助自己，張守一答應下來。他叫高駢換了女裝，到別的房間躲避，他自己則睡在高駢的床上。夜深人靜時，他拿起銅器丟到臺階上發出響聲，連房外的人都能聽到，他預先裝了一袋豬血，這時偷偷灑在堂上，假裝跟人搏鬥了一番。第二天早上，他笑著告訴高駢：「奸人差點兒傷到我。」高駢居然對他感激涕零，還送了很多財寶給他。

有個名叫蕭勝的人為了謀求鹽城縣監一職，給了呂用之不少好處，高駢卻遲疑著不願將這個職位給他。呂用之見狀就說：「近來我得到一本仙書，說鹽城一口井中放了把寶劍，取寶劍的任務只能交給有靈性的官員，蕭勝就是合適的人選。我並非在幫他說話，只因他本是服侍神仙的人。」一聽了這話，高駢馬上吩咐蕭勝去鹽城做官。過了幾個月，高駢收到了蕭勝送來的一把銅質匕首。呂用之假惺惺地參拜了這把匕首，說：「先前它是屬於北帝的，它能在一百里內抵禦各種兵器。」高駢命人將珠寶玉石鑲嵌在這把匕首上做裝飾，平日裡總是將它擺在座位一角自衛。呂用之說自己是溪真君，張守

呂用之告訴他：「玉帝知道你修仙成果斐然，想讓你去做真的神仙，迎接你的仙鶴鸞鳥應該這幾天就會到了。」

一是赤松子，諸葛殷是葛將軍，蕭勝則是秦穆公❶的女婿。

呂用之讓近侍將一塊刻著「玉皇大帝授予高駢先生」這種古怪字樣的青石偷偷擺到道觀的香案上，高駢見到這塊神奇的石頭，喜出望外。呂用之告訴他：「玉帝知道你修仙成果斐然，想讓你去做真的神仙，迎接你的仙鶴鸞鳥應該這幾天就會到了。我跟張守一、諸葛殷都是神仙，來到人間住了這麼長時間，限期將至，如今必須跟你一塊兒回天上去了。」之後，高駢用木頭製作了一隻很大的鶴放在道觀裡，隔三岔五就穿上羽衣騎到上面。為了能成仙，他不分晝夜不停地齋戒，並耗費巨資煉製丹藥。

未得到重用時，呂用之在江陽縣的后土廟中居住，不管做什麼事之前都要先祈禱。在得到高駢的重用後，他便說服高駢請來江南的工匠，用江南的建築材料擴建后土廟。每回軍中發生了什麼大事都要拿牲畜祭祀，向上天祈禱。呂用之還說服高駢建造了一座迎仙樓，並耗費巨資建造了延和閣，高度達到了八丈，而他說服高駢這麼做的理由只是神仙愛住在樓上。

呂用之動不動就當著高駢的面裝神弄鬼，抬頭望著天空行禮，說雲中有神仙經過。高駢一聽，馬上跪下參拜神仙。呂用之給了高駢的近侍很多好處，讓他們幫自己偷偷留意高駢的一舉一動，合夥騙高駢。高駢從頭到尾都未察覺分毫，大家對此都很憤怒，卻沒有勇氣說出來。高駢身邊的人一旦有誰批判神仙，很快就會被呂用之害死。高駢將呂用之當成自己的心腹，讓他代自己處理一切事務。呂用之貶黜賢能，提攜惡人，賞罰不均，將淮南政務搞得一片混亂。

呂用之很清楚府中所有人都對自己充滿怨恨，為了避免有人偷偷檢舉自己，他便懇請高駢設立了巡察使這個職位。高駢馬上將相關職務交由他負責，他召集了上百個人稱「察子」的特務，個個都非常奸詐。他們走遍整座廣陵城查探消息，連百姓罵自己的妻兒都瞞不過他們。呂用之還很喜歡搶佔民女和民間財物，找到目標後就迅速下手，誣衊對方是逆賊，嚴刑逼供，最終將對方的財物或是美貌女子據為己有。這導致廣陵幾百戶人家妻離子散，城內人心惶惶。

呂用之打算用武力使淮南各將領對自己臣服，便提議高駢在軍中挑選兩個勇猛的將士，分別冊封為左、右莫邪都。最終，這個右莫邪都頭銜落到了呂用之身上，左莫邪都則由他的黨羽張守一擔當，他們兩人能自行任命將領，跟節度使沒有區別。自此之後，兩人每回在府中出入，光隨從就有將近一千人，兩人的衣著也都非常華美、乾淨，使用的武器裝備也都非常好。

呂用之的侍妾多達上百人，花銷太大，俸祿不夠用，為了填補空缺，他就時常私吞戶部、度支和鹽鐵三司上交朝廷的土貢和軍賦。

---

❶【秦穆公】春秋時期秦國的國君，春秋五霸之一。

呂用之終日弄虛作假，也很害怕自己的陰謀詭計會被人拆穿，所以他便對高駢說：「學習道術並不難，可學習道術的人若不能跟塵世斬斷一切關係，神仙是不會降臨的。」高駢一聽，便拒絕再跟任何客人見面，拒絕再理會一切凡俗小事。若有人非見不可，見面之前，對方一定要先沐浴齋戒，將身上的穢氣全都除乾淨，之後才能跟高駢相聚片刻。就因為這樣，呂用之才能獲得專寵。

高仁厚的計謀

阡能❶的實力日益壯大起來，他帶兵一路攻到蜀州，沿途殺人放火，無惡不作。唐將楊行遷已經很久沒有立過軍功了，陳敬瑄便委任押牙將高仁厚為都招討指揮使，率領五百名士兵前去取代他。

出征前一日，有個賣麵的生意人在軍營中進出了好幾次。巡邏兵抓捕了此人，一經審訊發現他果然是探子。高仁厚讓人把他身上的繩子解開，用非常親切的語氣向他詢問，得知他是某村的村民，因為家人全都被阡能抓住並關在了監獄，才不得不幫阡能做探子。只要他能查到真實的官軍軍情，他的家人便會被釋放。高仁厚對他說：「你說的這些話我都相信，要殺死你實在於心不忍。你若能照我的吩咐去做，我會立即釋放你，讓你去救你的家人。你告訴阡能：『明天高仁厚就會統領一支只有五百人的軍隊出征。』不過，你們一家能保住性

---

❶【阡能】唐朝末年成都農民軍的首領。

命都是我的功勞，你還得私底下幫我跟逆賊軍營中那些將士說：『陳敬瑄僕射對你們滿懷同情，他明白你們只是受制於逆賊，身不由己。高仁厚會去救你們，使你們沉冤得雪。高仁厚到來時，你們要丟掉武器歸降他，他會命人在你們的後背上寫上「歸順」字樣，放你們返回家鄉。平民百姓絕對不會受到牽累的，朝廷要處決的只有五個人，分別是阡能、羅渾擎、句胡僧、羅夫子以及韓求。』」

那名探子說：「百姓們心裡想些什麼，尚書都一清二楚。尚書對百姓這麼寬厚，百姓會很樂意聽從您的吩咐。大家會四處傳播您這些話，百姓見到您以後，肯定會歸順您的。」高

高仁厚讓人把他身上的繩子解開，用非常親切的語氣向他詢問……

仁厚聽他這樣說，就讓他回去了。

第二天，高仁厚率軍抵達雙流，把截使白文現過來迎接他。他巡查了當地的柵欄、塹壕，然後氣沖沖地說：「你們一府的軍隊，耗時一年都沒能抓住阡能那幫農夫。你們將柵欄、塹壕建造得這麼堅固，放任那幫逆賊壯大，之後還想向朝廷邀功嗎？」說完這話，高仁厚一聲令下，要將白文現處決。監軍百般勸阻，好不容易才保住了白文現的命。高仁厚命令將柵欄、塹壕全都夷為平地，然後帶走了當地大部分將士，只留下了五百名守軍。

阡能收到消息，說高仁厚要來，便命羅渾擎在雙流以西建了五座軍營，然後率領一千多名將士埋伏到野橋箐（ㄑㄧㄥˋ）附近，讓官軍無法繼續前行。高仁厚得知後，就率領軍隊包圍了羅渾擎的軍營，然後命人脫掉軍裝，悄悄潛入軍營跟逆賊說了高仁厚昨天說給探子聽的那番話。許多逆賊歡欣雀躍，一面高喊一面將兵器丟掉，戰甲脫掉，跪下來歸降。對於這些人，高仁厚又是安撫又是勸慰，還在他們後背上寫了「歸順」字樣，叫他們回去把事情一五一十說給其他的將士聽。軍營中剩餘的那些將士，也紛紛跑來歸降高仁厚。羅渾擎見狀只好從塹壕上越過去，倉皇逃竄。他的下屬將他擒住，送到高仁厚面前。高仁厚說：「這個人這麼愚蠢，用不著跟他多費口舌。」他給羅渾擎戴上刑具，送到官府去。逆賊的五座軍營以及所有兵器、盔甲，都被高仁厚一把火燒光了，唯一保存下來的只有逆賊的大旗。歸降的逆賊共計四千餘人。

第三天，高仁厚一早便召來這些歸降者，說：「我原想馬上就放你們回去，但前方沿途各地的百姓尚未了解我的心意，所以我想讓你們先行一步，從穿口、新津寨等地經過時，讓當地百姓看看你們後背上的『歸順』字樣，將你們歸降朝廷的前後經過告訴他們。我會在行進到延貢後，放你們回家。」歸降眾人分成多個小組，每組五十人，分別扛起倒掛的逆賊大旗，高叫道：「大唐軍隊來啦，羅渾擎已被生擒，送到官府去啦！營寨裡的人馬上出來投誠吧，你們也能立即變成朝廷良民，跟我們一樣。」其後，官軍到達穿口，句胡僧統領的十一個軍營的逆賊全都爭先恐後地跑出來歸降官軍。驚恐的句胡僧拔劍想要阻撓，眾人便拿地上的磚瓦將他痛打了一頓，還合夥將他生擒，送到高仁厚面前。就這樣，他的五千名部下全部歸降了朝廷。

到了第四天早上，高仁厚焚毀了逆賊的軍營，跟從雙流出兵時一樣，吩咐歸降眾人手拿旗幟在最前面開路。到新津時，韓求十三個軍營的將士全都跑出來，要歸降朝廷。韓求本人逃進了很深的塹壕，他的部下用鉤子鉤住他，將他拉上來，但韓求已經死了，他的部下見狀就砍掉了他的頭顱，獻給了高仁厚。官軍們想燒毀軍營，卻被高仁厚攔住了。高仁厚說，先把軍中的錢財和糧食搬出來再燒軍營也不遲，這些剛剛歸降的人連飯都沒吃呢。剛剛歸降的人負責生火、煮飯，跟遊說他們歸降的人一塊兒吃飯，大家談笑風生，一聊就是一宿。

第五天，高仁厚讓雙流、穿口兩地的歸降者回家去了，命令新津的歸降者手拿大旗開路。他告訴這些歸降者：「我會在邛州放你們回家。」延貢地區有羅夫子建立的九個軍營，他的部下從前一天夜裡就慌了神，新津那場大火他們全都看見了。新津的歸降者一到，他們全都歸降了。羅夫子只能朝阡能所在的軍營逃亡。

羅夫子於第二天抵達了阡能的軍營，兩人一塊兒商議著，要統領所有兵力跟官軍展開最後一搏。他們一直商議到黃昏時分，還是沒有得出結果。高仁厚已經率領延貢歸降者趕過來了。阡能和羅夫子打算派人出去迎戰，兩人騎馬巡視軍營，想找個合適的人選，結果連一個肯聽他們吩咐的人都找不到。高仁厚率軍逼近他們。到了第二天早上，各軍營將士聽說官軍就要來了，全都大叫著向外跑去。部分將士想到抓住阡能就能立下大功，便去抓阡能。無路可逃的阡能只好跳進井中逃命，結果仍被生擒了。另外有些人去抓捕羅夫子，在劫難逃的羅夫子自殺身亡。眾人砍掉他的頭顱，又將阡能捆綁起來，一路驅逐他去迎接官軍的到來。大家將高仁厚的馬團團圍住，哭訴道：「這麼久以來，百姓們含冤受辱，卻無處申訴。後來探子跟我們轉述了您的話，我們就日盼夜盼，盼著官軍快點兒過來。眼下您總算來了，大家也不用再受苦了。」各處百姓聽了都歡呼起來。高仁厚又派了數名將領，去招降其餘地區軍營中的逆賊。出征短短六天後，高仁厚就將五名大逆賊全部剿滅了。他每攻克一座縣鎮，便在當地設立鎮遏使以安撫百姓。

陳敬瑄把韓求和羅夫子懸掛在街市中，將阡能、羅渾擎和句胡僧送到城西示眾七天，之後將他們凌遲處死。阡能的謀士名叫張榮，本是一名進士，多次參加科舉考試，始終沒被錄用為官，於是投靠了阡能。他寫詩懇求高仁厚放過自己，結果還是被高仁厚處決了。

十二月份，朝廷下令，委任高仁厚為眉州防禦使。

在邛州境內，陳敬瑄貼出公告，表示不會對阡能等人的親友和同黨問罪。很快，邛州刺史便上報說已經抓捕了阡能的叔叔阡行全一家，共計三十五口人，現在正囚禁在監獄中，請朝廷下令將他們處決。陳敬瑄問掌管文書的官員唐溪該怎麼辦。唐溪回答說：「將阡能親朋好友全都免罪的公告既已張貼出去，邛州刺史若非有特殊原因，是不會將阡行全一家人抓起來的。眼下您要是將阡行全一家人處決了，不光背棄了對百姓的承諾，還會讓阡能的同黨捲土重來！」陳敬瑄覺得有理，就委派一名官員去邛州將當地百姓集合起來，當眾釋放了阡行全一家，並藉機問刺史為什麼要抓他們。原來是阡行全家的耕地肥沃，刺史想買但阡行全無論如何都不肯賣，就這樣跟刺史結了仇。陳敬瑄想懲罰邛州刺史，命人叫他過來，豈料他竟被活活嚇死了。阡行全之後得知他們一家人之所以能被赦免，全是唐溪的功勞，於是偷偷送了些錢給唐溪。唐溪很氣憤，說道：「你這樣做就相當於讓我惹禍上身，這件事其實跟我一點兒關係都沒有，全因陳敬瑄太師既仁義又開通。」他將阡行全的錢全都退回去，將送錢的人全都趕走了。

王先成招安百姓

唐昭宗景福元年（八九二年），王建❶圍攻彭州，攻勢相當猛烈，卻始終未能攻克。彭州百姓紛紛逃進深山，躲避戰禍。每天，王建的部下都會到外面搶劫，他們稱之為「淘虜」。他們從百姓那裡搶來的財物先讓將領挑選，之後再分給士兵。

有個名叫王先成的，原本是個讀書人，因生逢亂世轉而投軍。在所有將領之中，他認為北面軍營的王宗侃是最賢能的，於是去勸導王宗侃：「原本彭州是從屬於西川的，陳敬瑄和田令孜為了讓楊晟跟他們一起對抗朝廷，便割了四個州給楊晟，還讓他擔當觀察使。眼下陳敬瑄和田令孜都已被朝廷剿滅，唯獨楊晟還在彭州掌權。彭州百姓都明白，彭州隸屬於西川，王建才是他們的長官，因此當王建率軍抵達彭州附近時，百姓們沒有到城裡去歸順楊晟，而是藏到了深山，因為他們想等王建來招安他們。王建大軍已抵達彭州很長時間了，卻

❶【王建】五代十國時期前蜀的開國皇帝。

在所有將領之中，他認為北面軍營的王宗侃是最賢能的，於是去勸導王宗侃……

沒有頒布招降令。不僅如此，他還任由自己的部下在城中肆意搶劫百姓的財物，讓百姓骨肉分離、飽受痛苦、滿心怨憤，他們這種行徑跟強盜沒什麼兩樣。只怕那些起初不願對楊晟臣服的百姓就要轉而思念楊晟了。」

這番話讓王宗侃悲傷不已，他讓王先成繼續往下說。王先成說：「有個情況比這還要危險：如今各軍營每天早上都會派出六七百名士兵前往深山，搶劫那裡的百姓，直到暮色四合才回來，沒有半點兒防備意識。他們之所以會這樣，全因彭州找不到一個才能出眾的人。要是有這樣一個人幫楊晟出謀劃策，讓他在城門內預先埋伏一千精兵，站在城樓上遠眺王建軍營，等營中士兵走到離軍營很遠的地方時，就派遣一百名弓弩手和一百名炮手進攻軍營一側，之後再馬上命令五百名苦力背負柴草、土石填平壕溝，鋪好道路，精兵隨後趕到後就不遺餘力地發起進攻，同時縱火將王建的軍營燒毀。另外，再從彭州的其餘三個方向發起突襲，增派援軍陸續出城進攻，各軍營自顧不暇自然來不及救助別人，於是王建大敗就成定局。」王宗侃聽後惶恐地說：「你有什麼對策嗎？」

王先成表示自己想寫一篇文狀❷，將內容一條條列出來，以方便稟報王建。王宗侃立即讓他草擬文狀。這篇文狀的大致內容是這樣的：「我王宗侃只負責統領北面軍營，可如今我要上報的這件事，卻要求王宗裕、華洪和王宗瑤這三面的軍營跟我同步行動，懇請統領西川軍的使牙督促他們這樣做。

一，懇請招安藏身於深山的百姓。

二，懇請嚴禁各軍營士兵出去搶劫百姓。在各軍營周邊地帶建立石碑，若要砍柴、放牧，只能在周邊七里的範圍內。若有誰超出了石碑的範圍，一定嚴懲不貸。

三，為了讓招安的百姓得以安身，設立招安寨，寨中要能同時容納數千人。從部將中選出一名慎重而又精幹的人，來擔當招安將領，晝夜堅守。

四，招安百姓一事，務必要安排一名總負責人，招安的公告眼下既已發出，各軍營為招安百姓，必會分別派兵趕到深山去。在當地藏身的百姓見狀必然會心生畏懼，絕對不願主動現

---

❷【文狀】中國古代向上司申報的文書。

身、歸降。要招安他們，一定要想一個合適的方法。懇請發布公告，將此事交由我全權負責。

五，懇請勒令四面軍營的指揮使把從前線搶奪回來的彭州百姓都送到軍營廣場中去，能認出自己親人的就讓他們團聚，將他們送去招安寨。要是有人膽敢藏匿百姓，要馬上處決，就算只藏了一個百姓也是一樣。另外，懇請命令成都各軍營也將所有從前線搶奪回來的百姓送到招安寨，在此之前還應發放一些糧食和錢給他們。

六，懇請在招安寨內部設立九隴行縣，縣令由過去的南鄭縣令王丕暫代。為安置百姓，還需設立曹局。從百姓之中挑選強壯者，讓他們帶著公告前去深山招安各自的親戚。

七，彭州當地的土壤適宜種麻。彭州百姓藏身於深山之前將很多麻藏了起來，為促進商業復甦，要讓縣令告知百姓將這些麻挖出來，賣掉之後可換成糧食和錢。」

王建收到這份文狀後十分高興，馬上下令付諸實踐。將士們第二天見到了他頒布的公告，軍令如山，誰也不敢不從。躲在深山中的百姓第三天便爭先恐後地跑來招安寨，容量不足的招安寨只能擴張。漸漸地，貿易市場出現了，百姓們將藏的麻挖出來拿到市場上賣。眼見再也無人去自己的村子大肆搶劫了，招安寨中的百姓陸續告別了九隴行縣縣令回到各自的街巷，又幹起了自己的本行。僅僅過了一個多月，招安寨便成了空寨。

唐昭宗退位

唐昭宗光化三年（九〇〇年），昭宗和宰相崔胤❶私底下計畫著想殺死所有宦官。其後，宋道弼和景務修兩名宦官死在了他們手上，這讓眾宦官愈發驚恐不已。昭宗自打從華州返回長安後，便情緒低落、暴躁無常，動不動就喝得大醉，以至於身邊左右人人自危。左軍中尉劉季述、右軍中尉王仲先、樞密使王彥範和薛齊等人便偷偷商議起來：「皇上的情緒讓人捉摸不透，還將一切事務交由宰相處理，終有一日皇上會把我們都害死的。既然這樣，我們何不輔佐太子登基，尊皇上為太上皇呢？只要我們讓岐州的李茂貞和華州的韓建率軍趕來支援我們，將所有藩鎮都掌控起來，就不用害怕任何人了。」

到了十一月，昭宗去禁苑狩獵，晚上喝得酩酊大醉，回到宮裡。這一夜，好幾名宦官和宮女都被他親手處決了。第二天早上，到了辰時宮門還關閉著。劉季述來到中書省跟崔胤

❶【崔胤】唐末宰相，一直想除掉宦官。

說：「宮裡肯定有事發生。我要進去查看一下，我身為內臣，有權視具體情況自主採取行動。」於是他帶領一千禁軍破門而入，終於查明了情況。回來以後，他跟崔胤說：「這樣的皇上還能治理國家嗎？從古至今就有廢黜昏君、擁立明君的傳統，這是為江山社稷著想並非謀反。」崔胤聽了也不敢提出異議，生怕自己性命不保。

十一月六日，劉季述集合了所有官員，在朝堂上安排了軍隊，擔當護衛工作。他草擬了一份聯名書，內容是崔胤等人請求太子代替皇上掌管政務。他給眾官員看了這份聯名書，並叫他們在上面簽名。眾官員被迫簽了名。昭宗那時候正待在乞巧樓，劉季述和王仲先在外面安排了一千名全副武裝的伏兵。然後劉季述二人便跟程岩等十多名官員進去，說有事要跟皇上商議。劉季述和王仲先進入大殿以後，伏兵們馬上衝進宣化門，湧到了思政殿前，昭宗見他們闖進來大吃一驚，從床上跌了下來，隨後他站起身來想要逃到外面。劉季述和王仲先卻扶住他，迫使他坐回去。

有宮女趕忙去通知何皇后，皇后匆匆趕過來，懇求劉季述等人道：「別讓皇上受驚，有什麼話慢慢說也無妨。」劉季述等人取出了眾官員已經簽過字的聯名書，對昭宗說：「皇上一早就對做皇帝心生倦怠了，大臣們對此也心知肚明，因此想請皇上去東宮頤養天年，讓太子代為打理政務。」昭宗卻說：「這是怎麼回事？你們昨天跟朕一起喝多了吧？」劉季述等人說：「南司眾官員急切想要這麼做，才簽下了這份聯名書。懇請皇上先到東宮去，等情況穩

昭宗卻說：「這是怎麼回事？你們昨天跟朕一起喝多了吧？」

定了再回來。」何皇后勸說昭宗馬上取出玉璽，交到劉季述手上，一切照劉季述的吩咐去做。

宦官攙扶起昭宗，坐車趕往少陽院，同行的有何皇后、嬪御、公主，還有十餘名近侍。劉季述指責昭宗道：「你有一項罪名，就是在某個時間某件事上沒有遵照我的意見行事。」他接連數了十項罪名都還沒數完。隨後他親自鎖上少陽院的大門，在鎖眼中灌入鐵水。他還吩咐左軍副使李師虔率領軍隊將少陽院圍起來，不管昭宗做什麼都要過來告訴自己。為了給裡面的人送飯，他命人在牆上打了個洞，但是武器和針、刀之類的東西全都不能往裡送，也不能給昭宗他想要的錢和紙筆。天氣嚴寒，嬪御、公主沒有衣服穿也沒有被子蓋，凍得受不了只能號啕大哭。劉季述等人冒充昭宗下令迎接太子到宮中掌管政務。七日，劉季述等人再度冒充昭宗下令傳位於太子李裕，同時太子改名為李縝。就這樣，昭宗變成了太上皇，何皇后變成了皇太后。太子十日登基為帝，改少陽院為問安宮。

為了博得大家的好感，劉季述賞賜了眾官員和參與這件事的所有將士。他還殺死了睦王李倚，杖斃了昭宗寵愛的所有宮女、大臣、道士和僧人。每天夜裡，他都會叫人用十輛車把當天夜裡殺死的人運出去，以恐嚇眾人。劉季述還想除掉司天監❷胡秀林。胡秀林毫不畏懼地說：「你囚禁了皇上還不算，現在又想濫殺無辜嗎？」聽了這話，劉季述便不敢再碰他了。劉季述也沒有殺死崔胤，因為他對朱全忠❸很是忌憚，最終只是將崔胤度支鹽鐵轉運使的官位免除了。

原先擔任左僕射的張浚已經退休，住在外地。他趕到洛陽，遊說張全義支持昭宗重掌朝政，還給各藩鎮寫了信，分別展開遊說。

有個名叫李愚的進士離開故鄉，住在華州。他對韓建說：「每次我在書中讀到有人做了大逆不道的事，就恨不能將他殺死，將死屍直接丟棄到大街上。您駐守潼關附近的軍事重地，知道宦官已將皇上囚禁了一個月有餘卻不發兵救助，任由惡人作惡，這真讓我想不通。我偷偷揣測，京城諸位大臣空有報國之心卻苦於手中無權，京城以外的各藩鎮大臣手握大權，但偏偏沒有報效國家的念頭。如今大唐能仰仗的，就只剩下忠心耿耿的韓公了。前些年，皇上流落到外地您非常悲傷，把皇上接到華州侍奉了很多年並重建宗廟、重整朝廷。到了今天，大家還在為此事稱讚您。現在韓公既是大將又是宰相，大權在握，情況跟先前迴然不同。眼下宮變已經發生了十天，您要是再猶豫下去，等山東那些諸侯合力進攻西面時，您便再也享受不到安寧的生活了。既然這樣，您不如馬上向各地發布公告，明示怎樣做才是順從朝廷，怎樣做又是大逆不道，這樣才會壯大您軍隊的聲勢，震懾住那幫惡人。劉季述和王仲先很快就將受到他們應有的懲處。這便是最佳的計謀。」韓建對李愚相當優待，但沒有接

---

❷【司天監】古代掌管天文曆法的機關。

❸【朱全忠】原名朱溫，後梁建立者，對崔胤非常看重。

納他的意見，李愚義無反顧地告別了他。

朱全忠當時正在定州軍營中巡查，收到消息說京城有變，二十三日就動身返回南面的大梁，第二天就到了。劉季述讓自己的養子劉希度趕赴大梁拜會朱全忠，承諾將大唐交由他統治，還讓供奉官李奉本向他出示了昭宗的誥書❹。朱全忠拿不定主意，便召來自己的僚佐❺，一塊兒商量。一部分人認為這是朝廷的要事，用不著藩鎮插手。唯獨天平節度副使李振說：「皇室遭遇劫難，正好給您提供了建立大業的機會，眼下您是朝廷唯一的依靠。劉季述身為宦官身分低微，卻如此大膽地犯上作亂。您要想讓眾諸侯聽命於您，一定要先征討劉季述。更何況，一旦太子登基，就相當於太阿倒持❻，大唐就會成為宦官的天下。」這番話讓朱全忠豁然開朗。他馬上將劉希度和李奉本關押起來，命令李振趕赴京城打聽消息。李振返回大梁後，朱全忠又命官員蔣玄暉到京師與崔胤暗暗謀劃，還將宣武進奏官程岩調到了大梁。

---

❹【誥書】皇帝冊封、賞賜官員的專用文書。

❺【僚佐】官衙中做輔助工作的官員。

❻【太阿倒持】太阿劍是春秋戰國時期的一把寶劍，楚國的鎮國之寶，太阿倒持就是倒拿著劍，把劍柄交給別人，即把大權交由別人把持，使自己受到威脅。

閔帝出逃

後唐清泰元年（九三四年）三月二十三日，閔帝（李從厚）委任康義誠為鳳翔行營都招討使，由王思同做他的副手。

潞王李從珂二十日進攻華州，生擒了藥彥稠，將其關押起來。二十五日，潞王大軍抵達閿（ㄨㄣˊ）鄉。朝廷派來的各路軍隊都很害怕鳳翔軍，只好歸降。

二十六日，康義誠率領宿衛兵從洛陽起程。侍衛指揮使安從進被閔帝任命為京城巡檢。潞王一早就命人送了密函給安從進，安從進私底下已經命令自己的親信做好了準備。

潞王抵達靈寶時，匡國節度使安重霸和護國節度使安彥威都選擇了歸降，唯獨保義節度使康思立死守陝城，在那裡等候康義誠。陝西原本駐守了五百名捧聖軍騎兵，這些人來到陝城門外衝著城樓上的守軍高喊：「十萬禁軍都已決定擁立新君登基，你們區區幾個人除了連累全城百姓枉死外，還能有什麼作為？」一聽到這話，捧聖軍便失去了迎戰的勇氣，爭先恐後出來歸降。無力阻撓他們的康思立也只好出城歸降。

二十七日，潞王抵達了陝州。幕僚對他說：「眼下就快到京城了，據說皇帝已從京城出走了。您還是暫時留在這裡，頒布公告安撫一下京城百官，不要急著進京。」潞王認為有道理就向京城百官頒布公告，安撫他們說自己只會向朱弘昭和馮贇兩人的家族問罪，不會牽涉到其他人。

康義誠率軍抵達新安後歸降潞王。康義誠抵達乾壕時，身邊僅餘數十名部將。途中他遇上了潞王的十幾名騎兵，就將自己身上的弓、劍都取下來，憑藉它們去歸降潞王，騎兵在前面給他們帶路。

閔帝二十八日收到消息，潞王已抵達陝州，康義誠也已歸降。閔帝驚慌失措，趕緊叫朱弘昭來商量對策。朱弘昭卻說：「這不是要逼死我嗎？」說完朱弘昭就跳井自殺了。安從進得知朱弘昭已死，就去到馮贇家把馮贇及其族人都殺掉了。隨後，他便帶著朱弘昭和馮贇的頭顱呈獻給了潞王。閔帝在危難關頭準備到魏州避禍，命令孟漢瓊先行一步過去將一切安排好，結果孟漢瓊卻獨自騎馬逃到陝州去了。

過去閔帝鎮守藩鎮時，非常寵信一個名叫慕容遷的牙將。閔帝登基後便任命慕容遷為控鶴指揮使。閔帝跟慕容遷偷偷商議，叫他帶著自己的部下保衛玄武門，閔帝自己則橫渡黃河逃往北面的魏州。閔帝當晚便帶領五十名騎兵從玄武門逃亡。他告訴慕容遷：「朕要立即趕赴魏州，你集合控鶴軍中一切有馬騎的將士隨我一塊兒過去，至於復辟一事等日後再商議吧。」慕容遷說：「皇上到哪裡臣就會跟到哪裡，絕無二心。」他佯裝追隨在閔帝身後，可閔帝一出城，他就停下腳步將自己關在了城門裡頭。

馮道等大臣二十九日入宮，走到端門時收到消息得知朱弘昭和馮贇已被處死，閔帝已向北逃亡。馮道等人準備回去，李愚卻說：「身為臣子，我們理應幫助皇上出逃，可我們卻沒能這麼做。如今太后還留在宮裡，我們在打道回府之前，理應先去中書省找個太監問問太后有什麼打算。」馮道說：「皇上已不再是天下的主人

閔帝當晚便帶領五十名騎兵從玄武門逃亡。他告訴慕容遷：「朕要立即趕赴魏州……」

了，我們也失去了仰仗。我們不該在皇上外出之際進宮，還是回去等待潞王向我們下達指令吧，他已命人在各處張貼公告了。」馮道說完這話就走了，走到天宮寺時見到了安從進的手下。對方跟他說：「潞王用不了多久就會過來，您應帶領眾官員到城外去迎接。」馮道於是進了天宮寺，讓眾官員到這裡集合。馮道見到中書舍人盧導後說：「你總算來了，趕緊草擬勸進❶文件吧，這才是當務之急。」盧導卻說：「我們身為朝廷官員只需要恭迎潞王進宮，不宜魯莽勸進，這種事情該由太后拿主意。」馮道說：「做事要以實際情況為依據，現在的情況就要求我們這麼做。」盧導說：「臣子瞞著君主向別人勸進，這怎麼能行呢？要是潞王批評我們不忠不願登基，我們又該怎樣應對？現在最好的法子就是您帶著所有官員入宮，懇請太后來決定這件事。」

　　馮道正要說話就見安從進的人過來了，催他說：「文武大臣都在哪兒？潞王已經到了，太后和太妃都已派出使臣出宮迎接去了。」聽到這話，馮道等官員各自散開。馮道、劉昫（ㄒㄩˋ）和李愚三位宰相很快就來到上陽門外，盧導從他們跟前走過，馮道叫他過來，又跟他說起勸進一事，得到的回覆還是跟先前一樣。李愚說：「一切正如舍人所言，我們幾個做了一件大錯事。」

　　康義誠抵達陝州後等待潞王懲處自己，潞王批評他道：「先帝駕崩的時候，是你們這些人作主讓皇上登基，眼下皇上還在為先帝服喪，你們負責處理政務，可你們卻中途變卦讓我弟弟淪落到這般田地，你們為什麼這樣做？」康義誠驚恐地向潞王叩頭，請他處死自己。潞王一直以來都對康義誠很反感，但是並沒有想要將他處死，於是就先放過了他。當時朝廷大軍已經全部投降潞王，潞王上疏太后懇請她示意自己接下來該做些什麼。為此他從陝州動身，開始朝東面進軍。

閔帝匆匆逃亡，到了衛州以東數里處，石敬瑭剛好也在那裡。閔帝見到他十分高興。石敬瑭問他：「皇上為何來此？我聽人家說康義誠已經帶領軍隊西征了，有什麼結果嗎？」閔帝就將康義誠背叛自己一事跟石敬瑭說了。石敬瑭聽後唉聲歎氣地說：「我去徵詢一下衛州刺史王弘贄的意見，他很有見識，聽聽他怎麼說。」

石敬瑭找到王弘贄詢問，王弘贄說：「過去也有不少逃亡的君王，可是他們都有很多追隨者，還帶著不少財物，追隨者能從他們身上看到希望樹立信心。可眼下皇上除了五十個騎兵外什麼都沒有，我們這些想為他盡忠的大臣也苦於找不到盡忠的方法。」

石敬瑭將王弘贄這些話說給閔帝聽。身為弓箭庫使的奔洪進和沙守榮氣乎乎地指責石敬瑭說：「您身為明宗的女婿，理應跟朝廷同甘共苦。眼下皇上來到這裡，將復辟的希望全都寄託在你身上，結果你卻這樣推脫，這是對皇上的大不敬。」沙守榮說完拔刀就朝石敬瑭

---

❶【勸進】勸説已經掌握政權並且想做皇帝的人登基。

刺過去，好在石敬瑭的親信陳暉迅速出手將他救下。沙守榮和陳暉在廝殺中雙雙喪命，奔洪進也自盡身亡。石敬瑭的牙內指揮使劉知遠率軍殺光了閔帝所有追隨者，只留下閔帝一個活口，隨後大搖大擺地離去，絲毫不理會閔帝。石敬瑭率領軍隊開赴洛陽。

就在同一日，太后下令讓各部門朝臣都趕去乾壕迎潞王進京。潞王一見到他們，馬上讓他們全都回去。

先前潞王被免除官職，從河中返回洛陽的私宅，王淑妃曾數次派遣孟漢瓊到他的私宅寬慰他。孟漢瓊覺得自己是他的恩人，便去澠池西拜訪他。見面以後孟漢瓊失聲痛哭好像有話要說，潞王跟他說：「你什麼也不用說，好多事我都已經了解了。」孟漢瓊覺得潞王已經相信了自己，便加入了追隨潞王的官員隊伍，結果潞王一聲令下將他處死在路邊。

石敬瑭起兵謀反

後晉天福元年（九三六年），石敬瑭數次寫奏章給末帝❶，說自己體弱多病難以再擔當河東節度使一職，請朝廷收回自己的兵權，將自己調到別處鎮守，以此試探末帝。在跟大臣們商量過後，末帝答應了石敬瑭這個請求，調他去鎮守鄆（ㄩㄣˋ）州。房暠（ㄍㄠˇ）、李崧和呂琦等大臣都覺得這樣做很不妥當，拼命勸阻。末帝左搖右擺，許久都沒拿定主意。

五月二日這天晚上，李崧遇上急事，告假去了外地，薛文遇獨自一人值夜班。這時，末帝過來了，跟薛文遇討論起了河東之事。薛文遇說：「有這樣一句俗語：『把房子蓋在路中央，三年都蓋不起來。』這樣的事只能您自己拿主意。朝臣們說話總會有所保留，畢竟他們真正在乎的只有他們自己。臣認為河東遲早都要造反，跟是否將他調到別處鎮守沒有關係，既然這樣您何不現在就動手除掉他呢？」先前有個道士說，今年會出現一名賢者輔佐國

❶【末帝】即李從珂，後唐最後一位皇帝，自焚而死，被史家稱爲末帝。

聽到這話，石敬瑭的部下非常氣憤，提議殺掉他。石敬瑭卻說：「你們別說了，我是不會讓人傷害他的。」

家社稷，使國家安定。末帝覺得薛文遇就是這名賢者，於是欣喜地跟他說：「我早有此打算，是你讓我下定了決心。」末帝馬上叫薛文遇起草官員任命文書，任命石敬瑭為天平節度使，至於河東節度使則由馬軍都指揮使、河陽節度使宋審虔擔當。眾官員聽到任命文書中提及「石敬瑭」三個字都驚恐萬分，連臉色都變了。

末帝六日任命建雄節度使張敬達為西北蕃漢馬步都部署，催石敬瑭快去鄆州赴任。石敬瑭滿心困惑，不知如何應對，便跟自己的部將商議起來：「回想當初，我第二回來河東上任，皇上曾面對面向我許諾不會再讓人過來取代我，眼下皇上冷不丁又改了主意。要是我不謀反，就這樣接受皇上的委任，主動權就落到了皇上手中，我一定難逃一死。既然這樣，我又豈能坐以待斃？為了確定皇上的心意，我會上疏說自己生病了。皇上若對我寬大為懷，我便繼續做他的臣子。他若派出軍隊來征討我，我一定會跟他對抗。」

石敬瑭的幕僚段希堯對此表示強烈反對。石敬瑭知道他是個非常坦率的人，並沒有怪罪他。節度判官趙瑩勸說石敬瑭遵從皇命。觀察判官薛融說：「我是個讀書人，對軍人行軍打仗的事情一竅不通。」都押牙劉知遠說：「眾將士追隨您多年，對您的所作所為全力支持。您千萬不能為了一道皇命而斷送了自己的性命。要知道眼下您已佔據了地利，您若起兵謀反並發布文書呼籲各節度使回應，很快便能一統天下，登基為帝。」

掌書記桑維翰說：「皇上登基的時候，您前去道賀。不能放蛟龍回大海的道理，皇上不可能不明白，可皇上卻讓您重新掌管了河東，可見連上天都想助您一臂之力啊。先帝駕崩，皇上繼位，文武百官和平民百姓都未對他臣服，因為他只是庶子。您作為明宗的女婿卻成了皇上眼中的逆賊，如今您要自保只能依靠自己的力量，皇上是不會因為您的順從而饒恕您的。契丹跟明宗的關係一直都很好，眼下契丹部落就在這附近的雲州和應州，只要您能迎合他們，他們便能在危急時刻迅速趕過來支援您，您根本不用憂心大業難成。」就這樣，石敬瑭下定決心，孤注一擲想要謀反。

朝廷先前因對石敬瑭存有疑心，任命楊彥詢為北京和太原的副留守。石敬瑭將自己要謀反一事告訴了他，他說：「河東的兵馬與糧草足以對抗朝廷嗎？」聽到這話，石敬瑭的部下非常氣憤，提議殺掉他。石敬瑭卻說：「你們別說了，我是不會讓人傷害他的。」

石敬瑭上奏章說：「請皇上讓位於許王李從益，皇上只是明宗的養子，根本沒有資格繼位。」末帝將奏章撕碎丟到地上，然後回覆他：「你跟鄂王李從厚十分親近，當日衛州發生了什麼事盡人皆知，許王發布的命令是不會有人服從的。」末帝十四日將石敬瑭貶為庶民。從十七日到十九日，末帝分別下令，安排張敬達、安審琦、張彥琪、武廷翰、相里金、楊光遠、高行周在軍中擔任要職。

張敬達帶著三萬大軍駐紮到了晉安鄉，二十日上報說安審信已經叛變，去晉陽投奔石敬瑭了。安審信和石敬瑭的交往由來已久。先前雄義都指揮使安元信率領六百多人駐守代州，代州刺史張朗對他照料有加。為了報答這份恩情，安元信偷偷遊說張朗說：「石敬瑭謀反肯定能取得成功，您若想自保，就可以私底下命人歸降他。」張朗不聽，兩人就此開始互相猜疑。

之後安元信殺張朗未果，就帶著部下投靠了安審信。安審信帶著數百名騎兵跟安元信一起在百井搶劫了一番，之後趕赴晉陽。石敬瑭詢問安元信：「你捨棄強大的朝廷來投靠弱勢的我，原因何在？」安元信說：「我不會像術士一樣觀測星象，我只是看時勢而動。君王治理天下當以誠信為本。您是皇上的至親且身分高貴，皇上連您都不信賴，又怎會信賴那些跟他關係不親近、身分又低微的人呢？所以皇上哪裡能稱得上強大，他過不了多久就要被推翻了。」石敬瑭聽了十分高興，便讓他在軍中擔任要職。駐守在代北的安重榮聞訊也帶著五百騎兵來晉陽投奔石敬瑭。

後周世宗擊敗北漢

後周太祖顯德元年（九五四年）三月九日，後周世宗柴榮命令馮道將太祖❶的靈柩送去山陵，鄭仁誨則留下來駐守東京❷。

十一日，後周世宗從大梁啟程，抵達懷州時是十六日。世宗打算加快行進速度，晚上也不休息。控鶴都指揮使趙晁偷偷跟通事舍人❸鄭好謙說：「要打擊逆賊需沉住氣一步步來，畢竟眼下逆賊的勢頭正強。」鄭好謙將這話說給世宗聽。世宗氣憤地說：「說這話的人肯定有人在背後教他。你告訴朕，說這話的是什麼人，你要是不說朕便處死你。」鄭好謙說出了趙晁的名字，世宗便將他們都囚禁在了懷州的監獄中。

❶【太祖】指後周太祖，即五代後周的建立者郭威，柴榮的養父。
❷【東京】今河南開封，也叫汴京。
❸【通事舍人】掌管禮儀的官員。

世宗十八日抵達澤州，住在城東北。北漢世祖❹在從潞州經過時，並不知道世宗已經到了，因而沒有發起進攻，而是直接朝南面進軍，當天晚上駐軍在高平城南。十九日，後周的先鋒軍隊遇見了北漢的軍隊，將北漢軍打得接連敗退。世宗打算一鼓作氣，就命令各支軍隊拼命往前衝。後周將士們都非常恐慌，因為他們當時並無援軍。可是世宗卻愈發堅定了信念，讓樊愛能和何徽帶領右路軍去東面，白重進和李重進帶領左路軍隊去西面，向訓和史彥超帶領騎兵中的精兵在中間，殿前都指揮使張永德則統領禁兵，近身保護世宗。世宗騎上身穿盔甲的戰馬，親臨戰場督戰。

北漢世祖見後周並沒有多少兵力，相信勝券在握。作戰前，他找來契丹軍幫忙，這時又後悔起來，他對將領們說：「這些契丹軍根本派不上用場，我一個人帶領漢軍就足以將敵軍擊敗。今天我們除了能擊敗周軍並壯大漢軍聲威外，還能在契丹軍面前展示我軍有多麼強大。」將領們全都高聲贊同。楊袞騎馬到前面查看了一下周軍的動靜，回來後稟報北漢世祖：「我們不能魯莽出兵，周軍並不容易對付。」北漢世祖不肯聽，說道：「別說了，我要出兵了，這樣的良機我可不想錯過。」就在這時，忽然颳起了一陣很強的東北風，沒過多久風向轉變變成了南風。北漢樞密副使王延嗣誤以為上天也想幫北漢，所以才變了風向，就命令司天監李義去跟北漢世祖說：「眼下正是出兵的好時機。」北漢世祖正想動身，他的戰馬卻被樞密直學士王得中拉住了。王得中又上前勸阻，北漢世祖卻說：「我已經決定了，你要是不想死的話，就不要再胡言亂語。」他首先命令東面軍出兵，讓張元徽統領騎兵一千人，前去進攻後周的右路軍。

戰爭一開始，樊愛能和何徽便帶領騎兵潰逃，上千名步兵狼狽逃竄，衝著北漢高呼萬歲並向其投降。後周世宗眼見軍情緊急，便帶上近身侍衛親自到戰場上鼓舞士氣。那時候，宋太祖趙匡胤還是後周軍隊的一位將領，他對同僚說：「皇上不顧性命親自來督戰，我們一定要表現得更加勇猛。」他還告訴張永德：「敵軍雖然頑強，但要擊敗他們也並非難事，你統領的士兵中有不少人能用左手射箭，你帶著他們攀上高處，作為左翼朝下面攻擊，我的軍隊則是右翼，我們從兩個方向重擊敵軍，定能大破敵軍。」

張永德和趙匡胤分別統領兩千軍隊，依照趙匡胤的計謀進攻敵軍。趙匡胤在戰場上表現得異常勇猛，士兵們在他的激勵下也都將生死置之度外，最終將北漢軍打得丟盔棄甲。

北漢世祖聽說世宗親自督戰，便許諾給張元徽高額的賞賜叫他快點出兵。結果張元徽騎馬不慎跌倒，後周士兵乘機殺死了他，北漢軍因他的死而鬥志消沉。南風越來越強了，北漢世祖舉起紅旗，親自上陣集合軍隊但也於事無補。出於對周軍的畏懼，楊衮沒有去救北漢世祖，再加上北漢世祖言過其實讓他滿心憎恨，他索性率領軍隊撤回去了。

---

❹【北漢世祖】北漢，五代十國時期的十國之一，北漢世祖即北漢的建立者劉崇。

北漢世祖在高平時換上一身粗布衫，戴著斗笠，騎上一匹契丹黃騮馬，帶著一百多名騎兵逃走了。

樊愛能和何徽帶著騎兵數千人向南逃走，沿途搶劫軍備。運輸軍備的人各自逃竄，不少人在逃跑時丟掉了性命。

樊愛能一行人中途遇見了劉詞，他們勸劉詞不要向北面進軍，但劉詞還是一意孤行。北漢世祖的軍隊僅餘一萬多人，他們躲到山中一條河流後面列好軍陣。劉詞在近黃昏時抵達，跟其餘軍隊共同對北漢軍發起進攻，再度將其擊敗，並殺死了王延嗣。後周軍一路追擊北漢軍，追到高平才停下來，北漢軍的死屍遍布了整個山谷。

後周世宗這天黃昏在郊外安營紮寨，處死了所有降敵的步兵。後周軍大獲全勝的消息傳到了樊愛能等人那裡，他們便陸續率軍返回了。

第二天早上，後周世宗在高平整肅軍隊，從北漢降兵中挑出數千人組成效順指揮軍，由將領唐景統領他們去保衛淮上，餘下的兩千多降兵都被釋放了。二十三日，世宗抵達潞州。

北漢世祖在高平時換上一身粗布衫，戴著斗笠，騎上一匹契丹黃騮馬，帶著一百多名騎兵逃走了。逃到半夜三更竟然迷失了方向，朝晉州方向走了一百多里路後才察覺。北漢世祖不分晝夜地一路向北逃亡，連吃飯都吃不安穩，接連趕了好幾天路才好不容易趕到晉陽。

為了整頓軍隊，世宗想處死樊愛能等人卻一直猶豫不決。二十五日，世宗在行宮的營帳中躺著，一邊歇息，一邊詢問陪伴在旁的張永德應該怎樣處置他們。張永德說：「樊愛能等人身為將領，以往沒立下什麼功勞，眼下見到敵軍又率先逃走，確實應該處死。更何況，不管皇上的軍隊有多麼驍勇龐大，沒有嚴明的軍法都不可能幫皇上統一各地。」世宗聽後馬上命人捉拿了樊愛能、何徽及其部將之中軍使以上級別軍官，共計七十餘人。世宗質問這些人說：「你們做了這麼久的將領，打仗對你們來說並非難事。你們若不是想向劉崇出賣朕，又怎麼會臨陣脫逃呢？」說完，世宗就將他們都處死了。

何徽過去保衛晉州曾立下軍功，世宗想對他網開一面，可是為了不破壞已經樹立的嚴明軍法還是將他處死了，事後世宗賞了棺材給他，將他送回故鄉埋葬。經過此事之後，軍中傲慢的將領和散漫的士兵都害怕起來，那些縱容將士的行為從此便銷聲匿跡了。

之後世宗賞賜了高平一戰中的功臣。其中，趙匡胤因智勇雙全得到了張永德的盛讚，被擢升為殿前都虞侯和嚴州刺史。趙晁也被釋放出獄。

巧讀資治通鑑 / （北宋）司馬光原著；高欣改寫.
-- 一版.-- 臺北市：大地, 2019.01
面：　公分. --（巧讀經典：2）

ISBN 978-986-402-299-1（平裝）

1. 資治通鑑　2. 通俗作品

610.23　　107022276

巧讀資治通鑑

巧讀經典 002

作　　者	（北宋）司馬光原著、高欣改寫
發 行 人	吳錫清
主　　編	陳玟玟
出 版 者	大地出版社
社　　址	114台北市內湖區瑞光路358巷38弄36號4樓之2
劃撥帳號	50031946（戶名：大地出版社有限公司）
電　　話	02-26277749
傳　　眞	02-26270895
E - mail	support@vastplain.com.tw
網　　址	www.vastplain.com.tw
美術設計	成樺廣告印刷有限公司
印 刷 者	博客斯彩藝有限公司
一版一刷	2019年01月

大地

定　　價：280元